Touren für Genießer

Das Allgäu für Wandermuffel

Gemütlich unterwegs auf 30 leichten und kurzweiligen Bergtouren

J. BERG

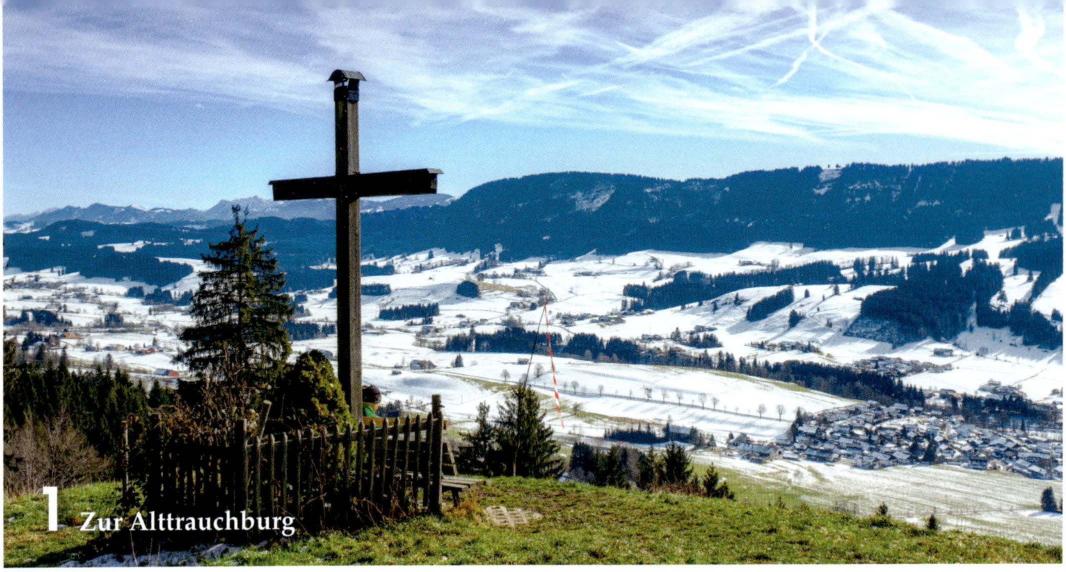

Inhalt

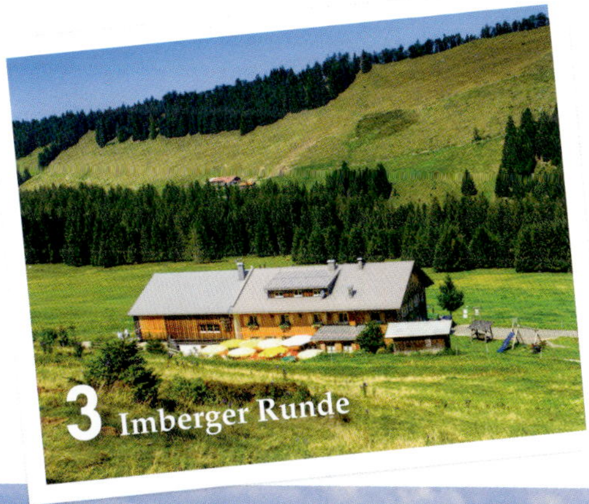

3 Imberger Runde

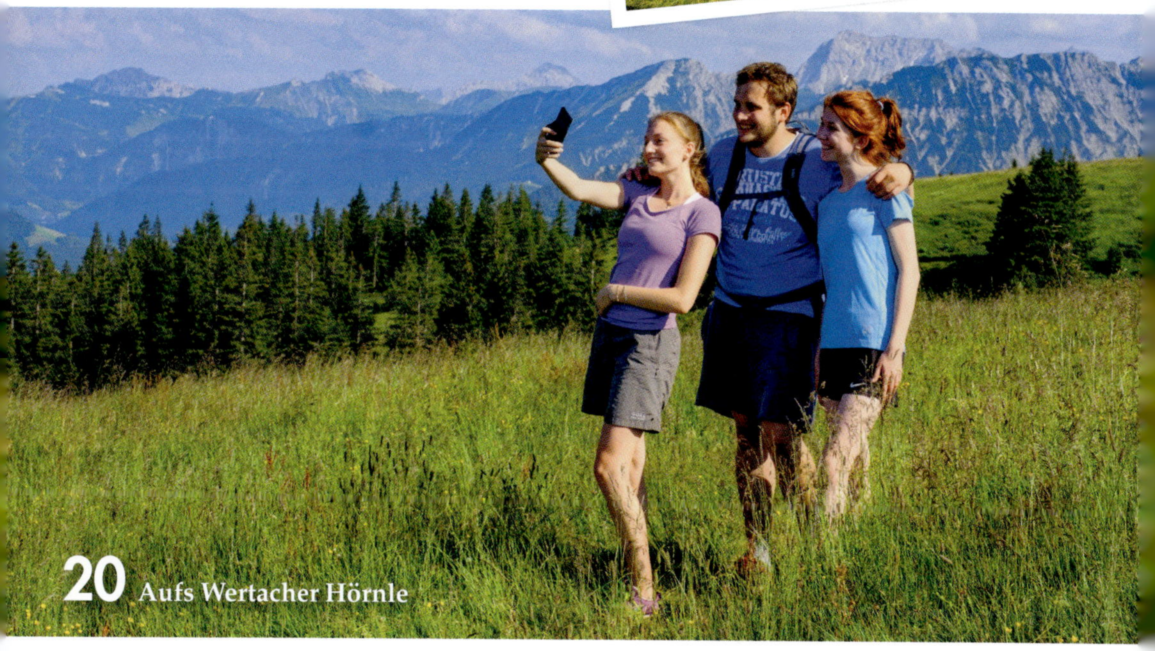

20 Aufs Wertacher Hörnle

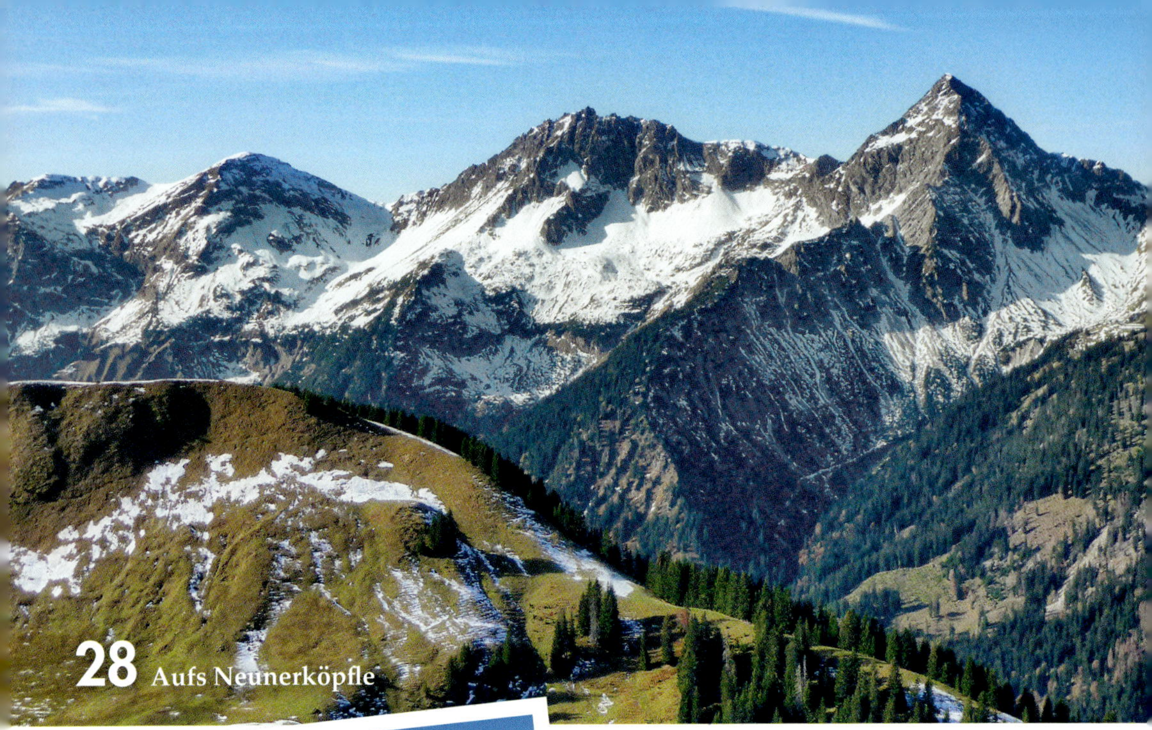
28 Aufs Neunerköpfle

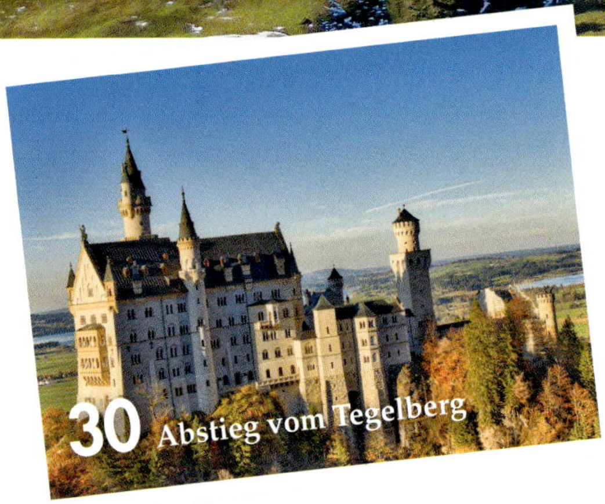
30 Abstieg vom Tegelberg

Tourenüberblick

	Tour	km	▲	🕒	🍴	☺	🏛	❄	☀	🌳	🚡	🏖	🚌
1	Zur Alttrauchburg	8,0 km	400/400 m	3.00 Std.	•	•	•	•					•
2	Zum Hochhäderich	4,2 km	290/290 m	2.15 Std.	•	•			•				•
3	Imberger Runde	6,3 km	170/170 m	2.30 Std.	•	•			•		•		•
4	Am Hochgrat	1,5 km	170/170 m	1.15 Std.	•	•			•		•		•
5	Siedelalpe und Alpsee	12,4 km	350/350 m	3.30 Std.	•	•	•		•			•	•
6	Auf den Hochholder	6,8 km	180/180 m	2.00 Std.	•	•		•					•
7	Rettenberger Falkenstein	8,0 km	360/360 m	3.00 Std.	•	•			•				•
8	Am Mittagberg	3,0 km	180/180 m	1.15 Std.	•	•			•		•		•
9	Hörnertour	5,5 km	280/500 m	2.30 Std.	•	•			•		•		•
10	Großer Ochsenkopf	5,5 km	350/350 m	3.00 Std.	•	•			•		•		•
11	Riedberger Horn	7,4 km	460/460 m	3.30 Std.	•	•			•				•
12	Über das Fellhorn	5,9 km	120/730 m	3.30 Std.	•	•			•		•		•
13	An der Kanzelwand	7,2 km	470/470 m	3.30 Std.	•	•			•		•		•
14	Walmendinger Horn	0,5 km	50/50 m	0.30 Std.	•	•			•		•		•
15	Ochsenhofer Köpfe	10,2 km	310/975 m	4.30 Std.	•	•			•		•		•
16	Zur Alpe Widderstein	5,0 km	200/200 m	1.45 Std.	•	•			•				•
17	Untere Gutenalpe	14 km	240/240 m	4.15 Std.	•	•			•				
18	Zum Gaisalpsee	7,9 km	660/660 m	4.30 Std.	•		•			•			•
19	Rund ums Giebelhaus	6,0 km	150/150 m	1.50 Std.	•	•	•		•				•
20	Aufs Wertacher Hörnle	3,5 km	300/300 m	1.15 Std.	•	•			•				•
21	Auf die Ellegghöhe	9,5 km	200/200 m	3.15 Std.	•	•			•			•	•
22	Burgkranzegger Horn	8,0 km	280/280 m	2.30 Std.		•	•	•	•			•	•
23	Zur Beichelsteinalpe	6,0 km	140/140 m	1.45 Std.	•	•		•	•				
24	Zur Gundhütte	6,8 km	310/310 m	2.30 Std.	•	•		•	•				•
25	Breitenberg	3,7 km	340/340 m	2.30 Std.	•	•			•		•		•
26	Pirschling – Schönkahler	9,4 km	560/560 m	4.15 Std.		•			•				•
27	Am Füssener Jöchle	4,6 km	375/375 m	2.30 Std.	•	•			•		•		•
28	Aufs Neunerköpfle	10,8 km	760/760 m	5.15 Std.	•	•			•		•		•
29	Auf die Krinnenspitze	8,4 km	500/500 m	3.45 Std.	•	•			•		•		•
30	Abstieg vom Tegelberg	15,6 km	160/1040 m	5.00 Std.	•	•	•		•		•		•

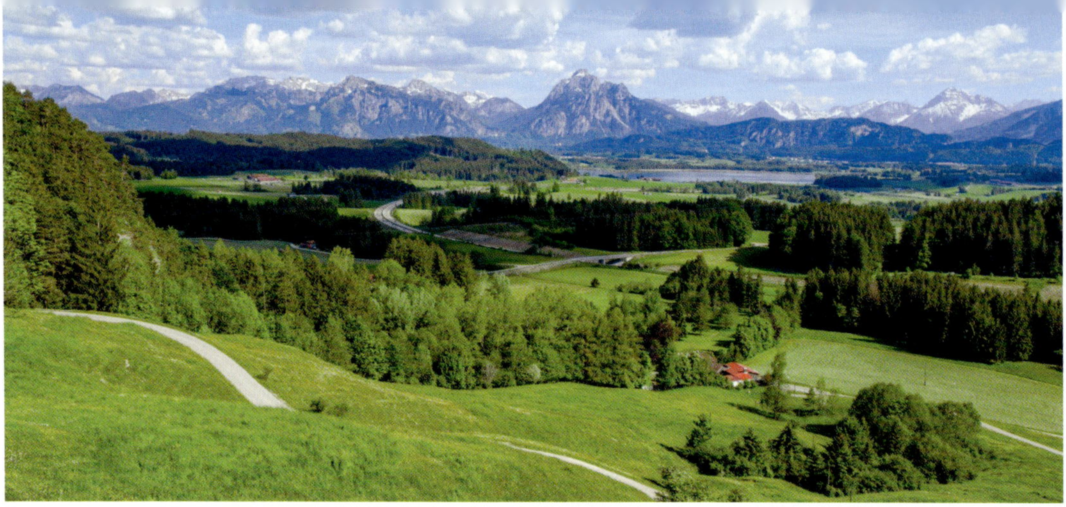

Auch Wandermuffel dürfen weite Aussichten genießen (Tour 23).

Vorwort

Wandermuffel? Im ersten Moment dachten wir uns, was das nun wieder für eine verrückte Idee sei. Bei genauem Hinsehen erkannten wir aber den Reiz an der Aufgabe: die Sammlung einfacher Touren, bei denen man ohne viel körperliche Mühe die Schönheit der Allgäuer Berge erleben kann.

Es ist einfach traumhaft, das Panorama in diesen Bergen zu genießen, und wir möchten mit diesem Buch auch all jene einladen, diese Welt zu erleben, die nicht so gern lange zu Fuß unterwegs sind oder dies vielleicht aus körperlichen Gründen auch nicht können.

Unsere Region beginnt ganz im Osten mit dem Tannheimer Tal, einem der schönsten Hochtäler Europas. Weiter nach Westen folgen die Allgäuer Voralpen und die Region um Oberstdorf. Auch das Kleinwalsertal darf nicht vergessen werden.

Sie finden in diesem Buch neben gemütlichen Gipfelwanderungen, die von einer Seilbahnstation aus starten, auch traumhafte Touren zu Bergseen und schönen Hütten oder auch zu regionalen Sehenswürdigkeiten. Immer wieder locken bei den Touren schöne Einkehrmöglichkeiten, die eine Wanderung zu einem runden Erlebnis machen.

Wer auf den Geschmack gekommen ist und vielleicht doch einmal eine längere Wanderung ausprobieren möchte, dem legen wir die Varianten ans Herz, mit denen wir die Touren angereichert haben.

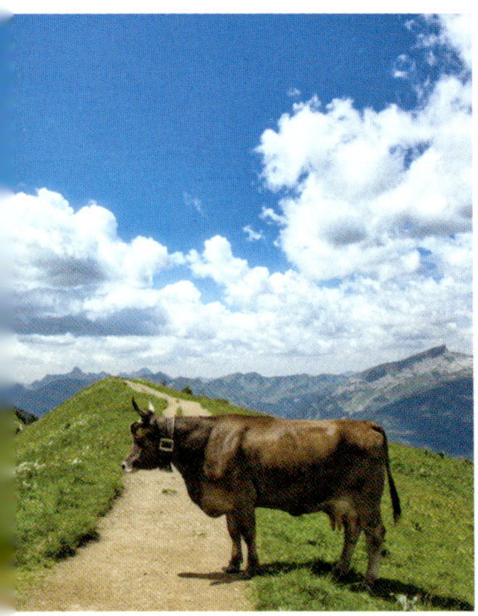

Wird uns hier der Weg versperrt? (Tour 12)

Wir wünschen viel Spaß beim Entdecken der Allgäuer Bergwelt!
Lisa und Wilfried Bahnmüller, Janina und Markus Meier

Einleitung

Anreise

Alle Ausgangspunkte sind auf gut ausgebauten Straßen erreichbar: das Tannheimer Tal von der A 7 über die Ausfahrt Oy-Mittelberg, ebenso die Allgäuer Voralpen, die Region Oberstdorf und das Kleinwalsertal von der A 7 und über die B 19.

Vor allem nach Oberstdorf und ins Kleinwalsertal hinein ist die Anfahrt mit den öffentlichen Verkehrsmitteln ideal, gibt es doch eine direkte Bahnverbindung nach Oberstdorf. Aber auch die anderen Touren in den Voralpen und im Tannheimer Tal sind gut mit »Öffis« zu erreichen.

Ausrüstung

Die meisten in diesem Buch beschriebenen Touren sind sehr einfach. Trotzdem kann eine Bergwanderausrüstung nicht schaden, vor allem dann, wenn man sich für eine der vorgestellten Varianten entscheidet. Sie sollte allerdings der Jahreszeit und dem Wetter angepasst sein.

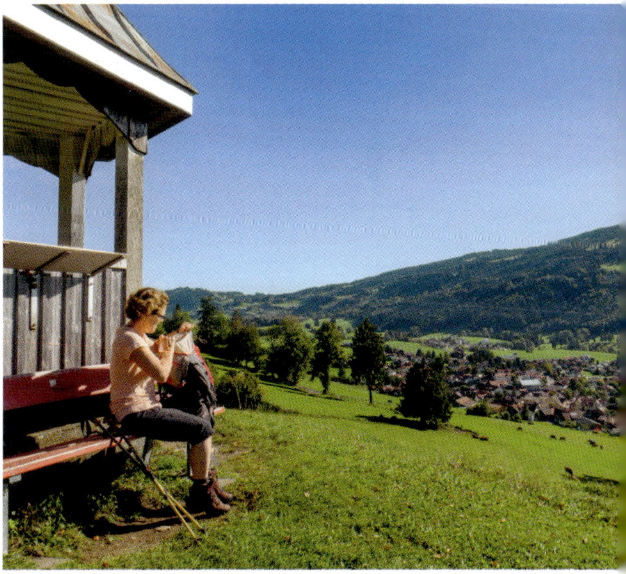

Am Aussichtspavillon über Rettenberg (Tour 7)

Bei der Bekleidung hat sich das Zwiebelprinzip mit mehreren Schichten bewährt. Die Materialien von Shirts, Hemden und Unterwäsche sind idealerweise aus Kunstfaser oder Merinowolle. Während Kunstfaser die Feuchtigkeit vom Körper weg transportiert, wärmt Merinowolle sogar im feuchten Zustand noch. Zudem riecht sie auch nach Tagen nicht unangenehm. Eine lange Berghose gehört zur Standardausrüstung und ist auch an heißen Sommertagen, wenn Shorts ausreichen, zumindest im Rucksack mit dabei. Ein Fleecepullover gegen Auskühlung und für Regenwetter ein Anorak gehören ebenso in den Rucksack wie bei kühleren Temperaturen Handschuhe und Mütze.

Die Bergschuhe sollten passen, eine gute Profilsohle aufweisen und idealerweise über die Knöchel gehen. Vor langen Wanderungen sollte man die Schuhe einlaufen. Gute Wandersocken

haben eine Polsterung an den empfindlichen Stellen, die den Tragekomfort deutlich erhöht. Einige haben auch eine Bezeichnung für rechts und links, die man unbedingt beachten sollte.
Weitere wichtige Ausrüstungsgegenstände sind ein guter Rucksack, Sonnenschutzcreme, Sonnenbrille, Taschen- oder Stirnlampe, ein Mobiltelefon, ein Erste-Hilfe-Set, Biwaksack, Brotzeit und Getränke. Bei langen Abstiegen können Teleskopstöcke von Vorteil sein und die Gelenke deutlich entlasten.

Tourenplanung

Eine sorgfältige Tourenplanung bildet die Grundlage für eine sichere und gelungene Tour. Normalerweise empfehlen wir eine gute topografische Karte, für die kurzen hier vorgestellten Touren reicht aber auch eine Kompass-Wanderkarte aus. Aufgrund der Routenbeschreibungen in diesem Buch kann auf weitergehende Literatur verzichtet werden. Zur konkreten Planung sollten unbedingt Erkundigungen über die aktuellen Verhältnisse eingeholt werden – am besten im Internet auf diversen Tourenforen. Gezielte Informationen vermitteln auch die Internetseiten der Seilbahnen bzw. hilft auch die telefonische Nachfrage bei Hüttenwirten oder Fremdenverkehrsämtern.

Vordere Krumbachalpe am Mittagberg (Tour 8)

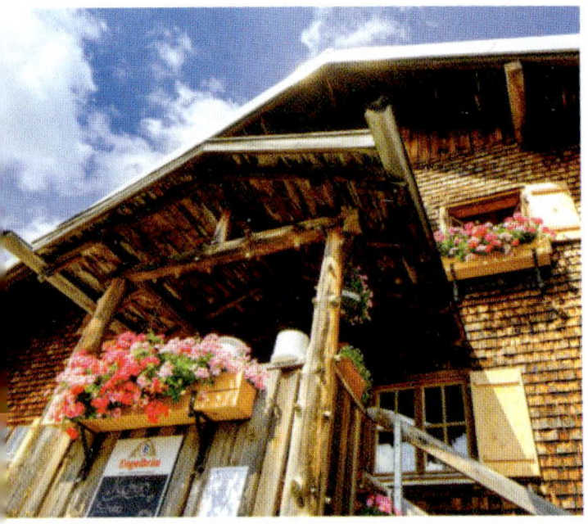

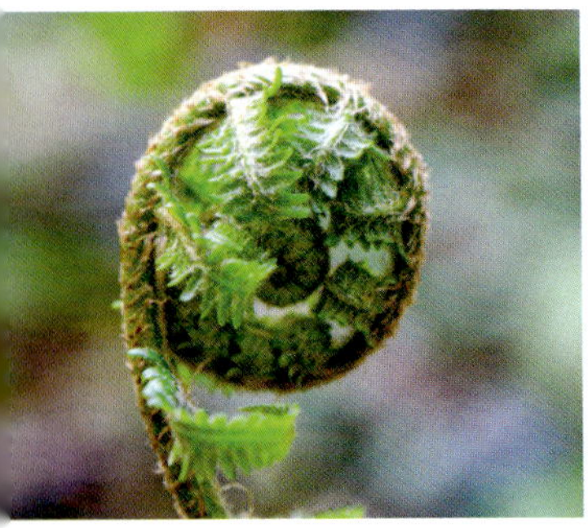

Auch kleine Details in der Natur verleihen Schwung.

Wetter

Da man sich beim Wandern in der freien Natur bewegt, spielt das Wetter eine entscheidende Rolle. Heute sind die Wetterprognosen für die nächsten 24 bzw. 48 Stunden sehr genau. Infos darüber bekommt man über den Alpenvereinswetterbericht unter www.alpenverein.de oder telefonisch unter 089/2905070. Leider beobachtet man häufig, dass viele Wanderer das Wetter unterschätzen, was zu gefährlichen Situationen führen kann. Wenn für den Nachmittag Gewitter angekündigt sind, sollte man unbedingt früh aufbrechen, um rechtzeitig die Tour beendet zu haben, auch wenn sich am Morgen noch keine Wolke am Himmel zeigen sollte.

Notfälle

Die Bergunfallstatistik besagt eindeutig, dass die meisten Bergunfälle beim Bergwandern passieren. Deshalb kommt es neben

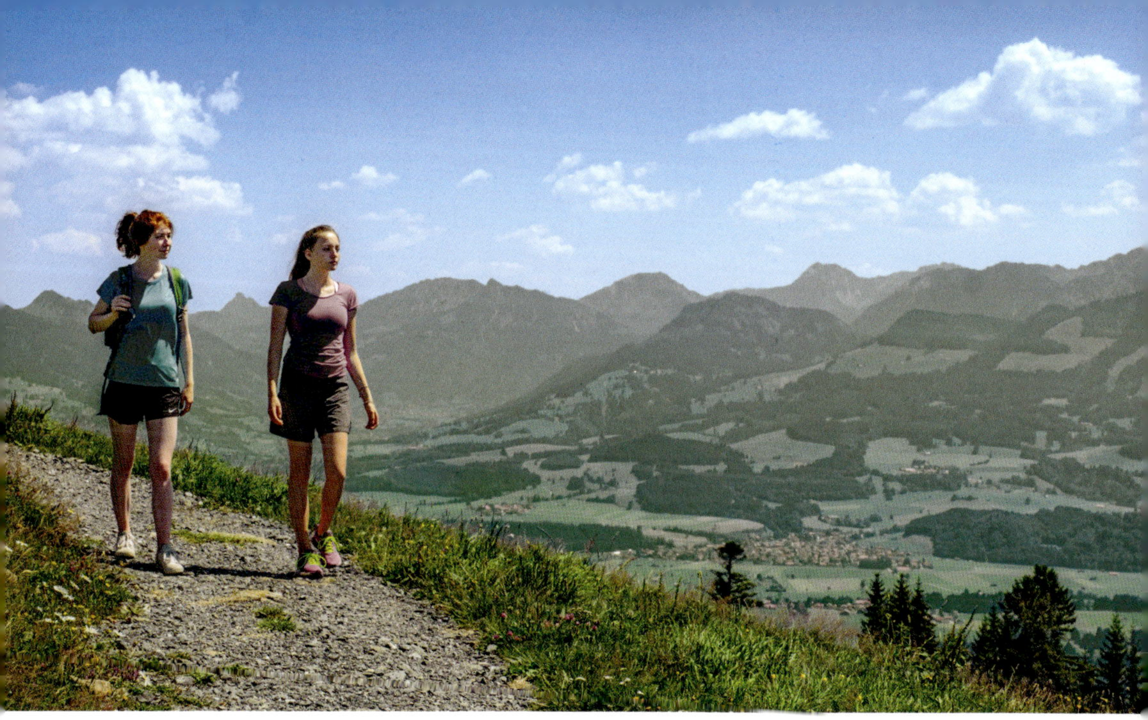

einer guten Tourenplanung besonders auf das richtige Einschätzen des eigenen Leistungsvermögens an! Sollte es doch einmal zu einem Unfall kommen, heißt es ruhig bleiben und Erste Hilfe leisten. Es ist wichtig, schnell Hilfe zu holen, z. B. mit dem Mobiltelefon, das inzwischen auf jeder Tour im Rucksack mit dabei ist. Die internationale Notrufnummer ist die 112. Folgende Angaben sind erforderlich:

Aussichtsreich geht's über die Gipfel zwischen Ofterschwang und Bolsterlang (Tour 9).

- Wo ist der Unfall passiert: eindeutige Ortsangabe (Koordinaten, Kartenblatt)?
- Was ist passiert (Art und Schwere der Verletzungen)?
- Wie viele Personen sind verletzt?
- Welche Verletzungen haben die Personen (Art und Schwere der Verletzung)?
- Warten auf Rückfragen

Nach dem Notruf sollte man das Handy angeschaltet lassen und nicht mehr telefonieren – so hat die Rettungsleitstelle die Möglichkeit, bei Fragen zurückzurufen.

Alpines Notsignal Sollte man einmal keinen Handyempfang haben, so muss man das Alpine Notsignal senden, um Hilfe zu holen:
- Sechsmal in einer Minute ein optisches oder akustisches Signal geben (Pfeifen, Rufen, Lichtsignal) – dies wiederholt man dann

nach einer Pause von einer Minute so lange, bis man Antwort erhält.

- Die Antwort besteht aus drei Signalen innerhalb von einer Minute.

Hubschraubereinsatz Hierbei signalisiert man mit der YES-Position, dass man Hilfe benötigt. Der Hubschrauber ist einzuweisen. Hierzu sollte der Einweiser mit dem Rücken zum Wind stehen und sich nicht bewegen, wenn der Hubschrauber sehr nahekommt (evtl. knien). Der Landeplatz sollte frei von losen Gegenständen sein.

Bergsteigerhotel Grüner Hut in Hinterstein (Tour 19)

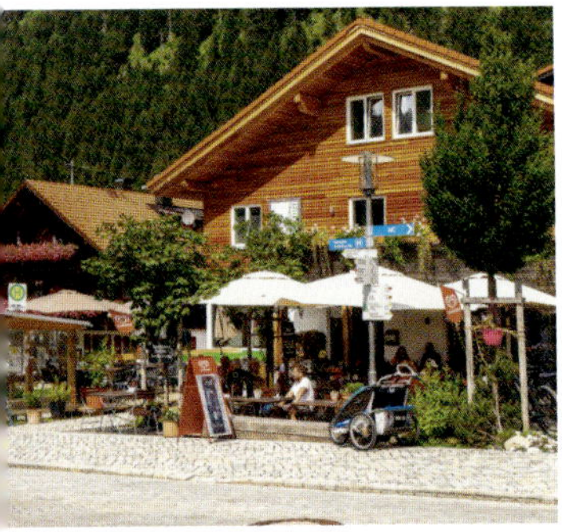

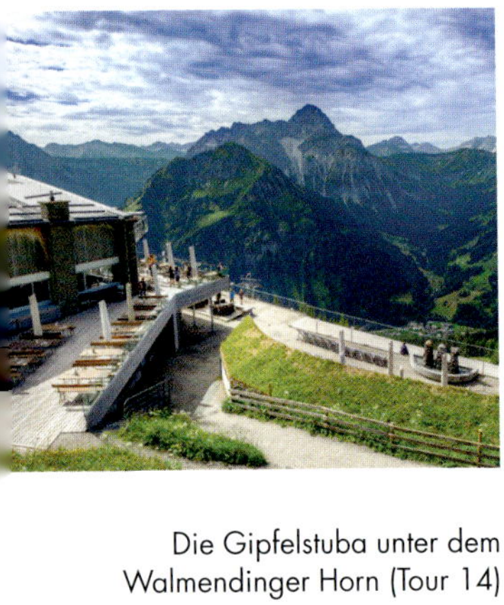

Die Gipfelstuba unter dem Walmendinger Horn (Tour 14)

Alpine Gefahren

Wetter Wie schon beschrieben kann sich das Wetter im Gebirge innerhalb eines Tages ändern. Wetterstürze bringen natürlich auch Gefahren mit sich. Während bei Gewitter die unmittelbare Gefahr eines Blitzschlags besteht, kann bei Wetterstürzen mit Neuschnee einfaches Wandergelände plötzlich vereisen oder die damit verbundene Kälte bei unzureichender Ausrüstung schnell zu Unterkühlung führen. Bei Gewittergefahr sollte man nach Möglichkeit umkehren. Auf alle Fälle sind Grate und Gipfel ebenso wie Wasser führende Rinnen und Gräben zu meiden, Drahtseile dürfen nicht mehr berührt werden! Man sollte Mulden aufsuchen und sich auf eine isolierende Unterlage (Rucksack) setzen.

Verhältnisse Nicht nur ein plötzlicher Wettersturz kann durch Schnee, Vereisung oder Nässe zu Gefahren führen. Im Frühsommer behindern häufig Altschneefelder auf den Wegen ein einfaches Fortkommen. Hier sollte man als Anfänger dann besser umkehren.

Steinschlag und Wechten Auf diese alpinen Gefahren sollte man auf den in diesem Buch vorgestellten Touren nicht treffen.

Subjektive Gefahren Man sollte bei der Auswahl der Touren die konditionelle Verfassung und das persönliche Können berücksichtigen. Kondition kann man sich durch regelmäßiges Training aneignen. Die Touren in diesem Buch sind nicht besonders lang – zu Beginn wählt man also lieber eine kleinere Tour, ehe man bei einer größeren Tour oder Variante überfordert ist und sich (und andere) damit in Gefahr bringt. Während der Tour sollte man ausreichend Pausen einlegen und unbedingt genügend trinken. Das persönliche Können erwirbt man durch Üben, z. B. mit einem erfahrenen Begleiter auf der Tour oder, noch besser, durch entsprechende Kurse in den Sektionen des Deutschen Alpenvereins. Es gilt: Notfalls lieber die Tour abbrechen, als sich zu gefährden!

Umweltschutz

Unsere Alpen sind durch den Tourismus einer immer stärkeren Belastung ausgesetzt. Wir können durch eine Anreise mit öffentlichen Verkehrsmitteln einen kleinen Beitrag zur Entlastung leisten. Deshalb haben wir, wo es möglich und sinnvoll ist, die Anreise mit öffentlichen Verkehrsmitteln bei den Touren angegeben.

Zudem versteht es sich natürlich von selbst, den eigenen Müll wieder mit ins Tal zu nehmen, genauso, wie man Blumen – und seien sie noch so schön – auf der Wiese stehen lässt. Man will ja selbst auch nicht durch eine Müllhalde und über abgerupfte Wiesen laufen.

Allgäuer Braunvieh-Kälber verbringen ihren Sommer auf der Alpe.

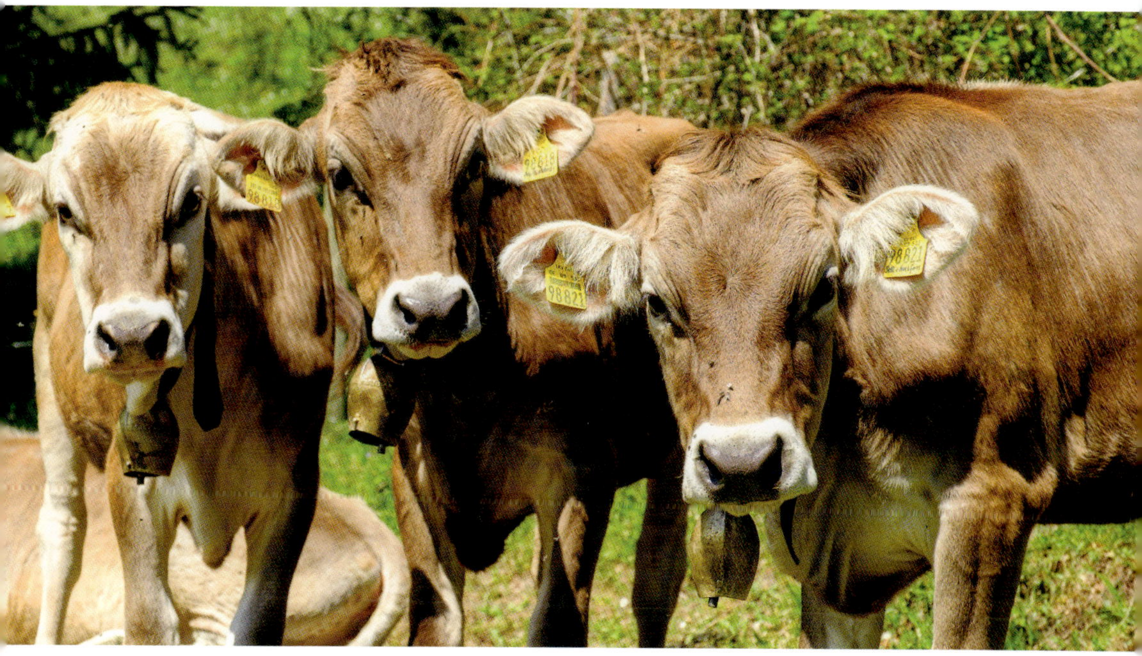

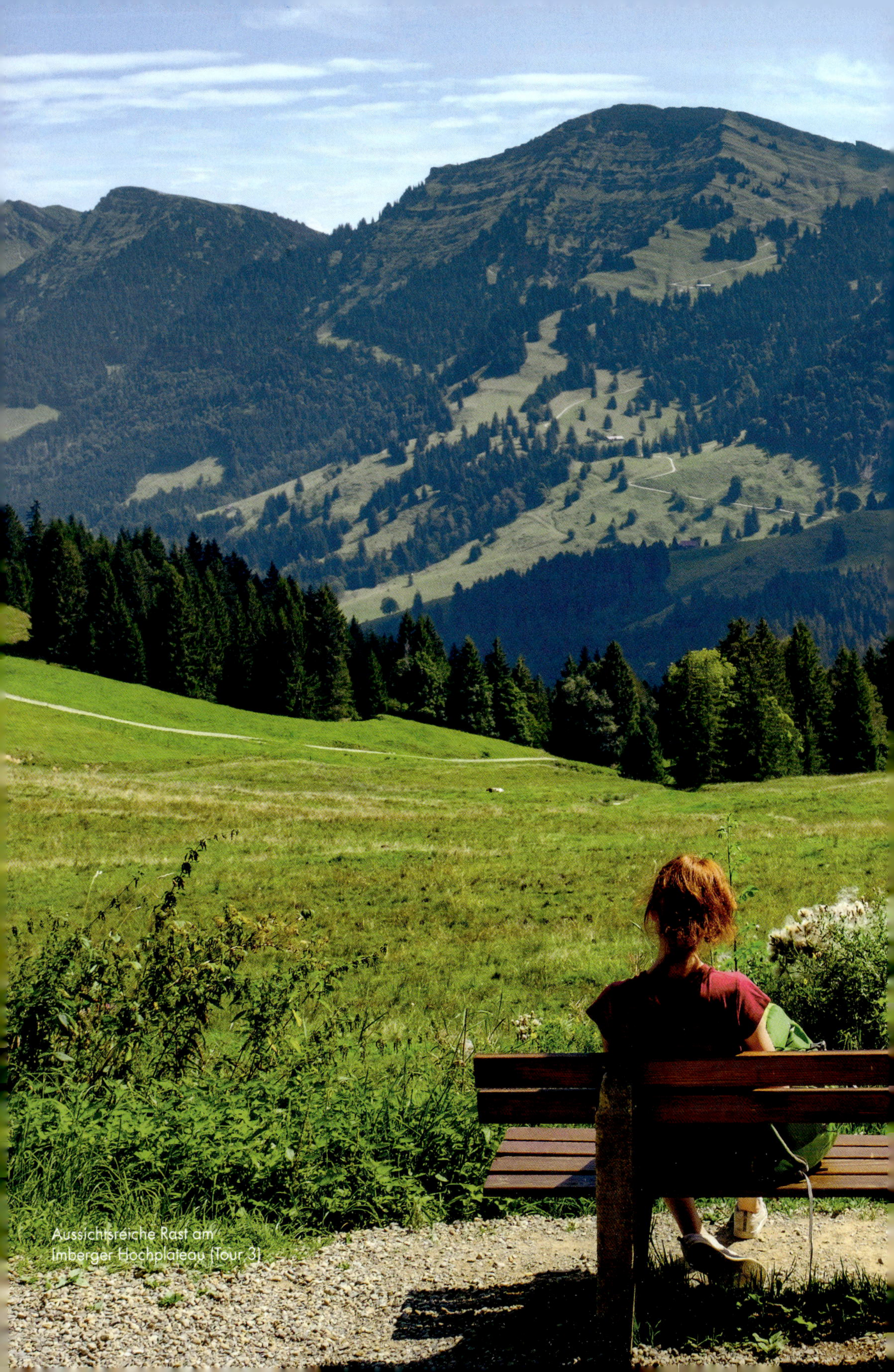

Aussichtsreiche Rast am Imberger Hochplateau (Tour 3)

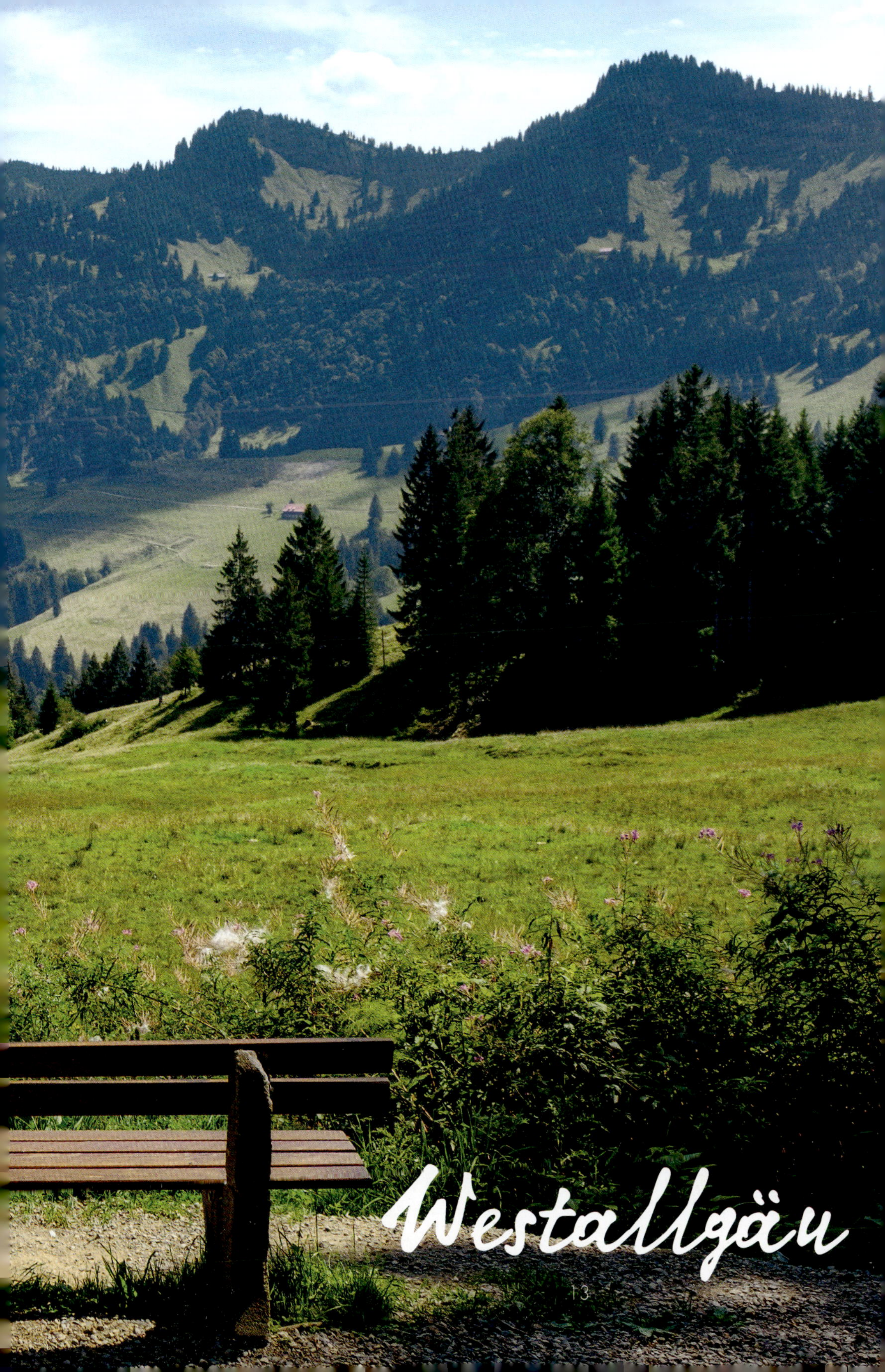

Westallgäu

1 Zur Alttrauchburg

Von der Burgruine zum Sonnengrat

mittel | 8 km | 400 Hm | 3 Std.

Tourencharakter
Nicht zu lange Rundwanderung, die aber knackig ansteigt. Auch der Abstieg zur Burgruine ist sehr steil, kann aber ausgelassen werden. Nach Regen sind die Waldwege matschig.

Ausgangs-/Endpunkt
Weitnau, Gasthaus Goldener Adler

GPS-Daten
47.641072, 10.125112

Anfahrt
Bahn & Bus: Mit der Bahn nach Immenstadt, weiter mit dem Bus in die Dorfmitte von Weitnau; Auto: Weitnau liegt an der B 12; in der Ortsmitte beim Feuerwehrhaus gibt es einen Parkplatz.

Einkehr
Die Burggaststätte Alttrauchburg hat von Ostern bis Allerheiligen geöffnet (Mi–Fr). In Weitnau gibt es einen guten Bäcker oberhalb vom Gasthaus Adler, wo wir uns für die Gipfelbrotzeit eindecken können. Mehrere Gaststätten in Weitnau

Karte
Kompass-Wanderkarte 1:50 000, Nr. 187 Oberschwaben

Information
www.weitnau.de

Auf dem Sonneneck genießen wir hemmungslos die grandiose Aussicht. Die Wanderung bei Weitnau lässt sich fast das ganze Jahr über begehen, sind die Aufstiegswege doch nach Süden hin ausgerichtet und schnell schneefrei. Zudem ist die imposante Ruine Alttrauchburg frei zugänglich.

Aufstieg mit Säntis-Blick Los geht es in der Dorfmitte von Weitnau am historischen Gasthaus Goldener Adler. Gegenüber wandern wir in nördlicher Richtung in den Widmannweg und queren den Weitnauer Bach. Vorbei an der ehemaligen Brauerei steigt der Weg an, und wir verlassen, alle Abzweigungen ignorierend, den Ort. Die Straße wendet sich leicht nach rechts, und wir genießen erste schöne Aussichten über Weitnau und das gleichnamige Tal.

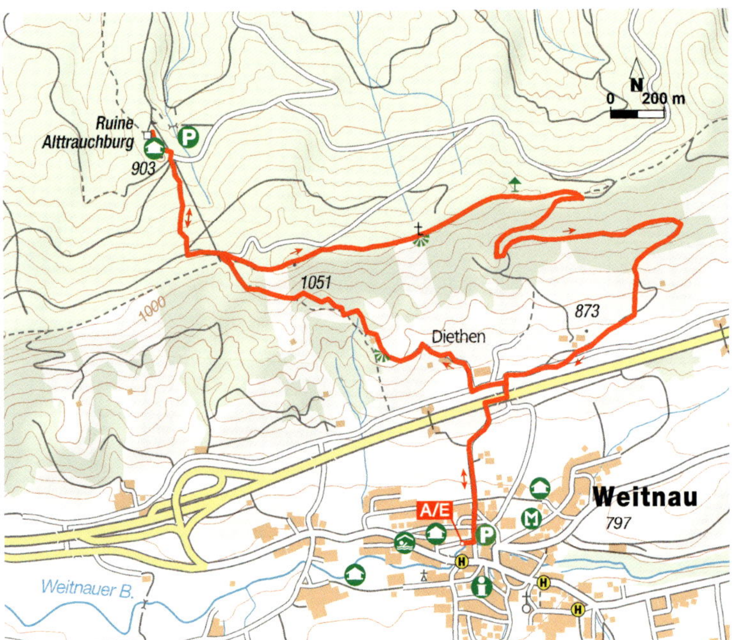

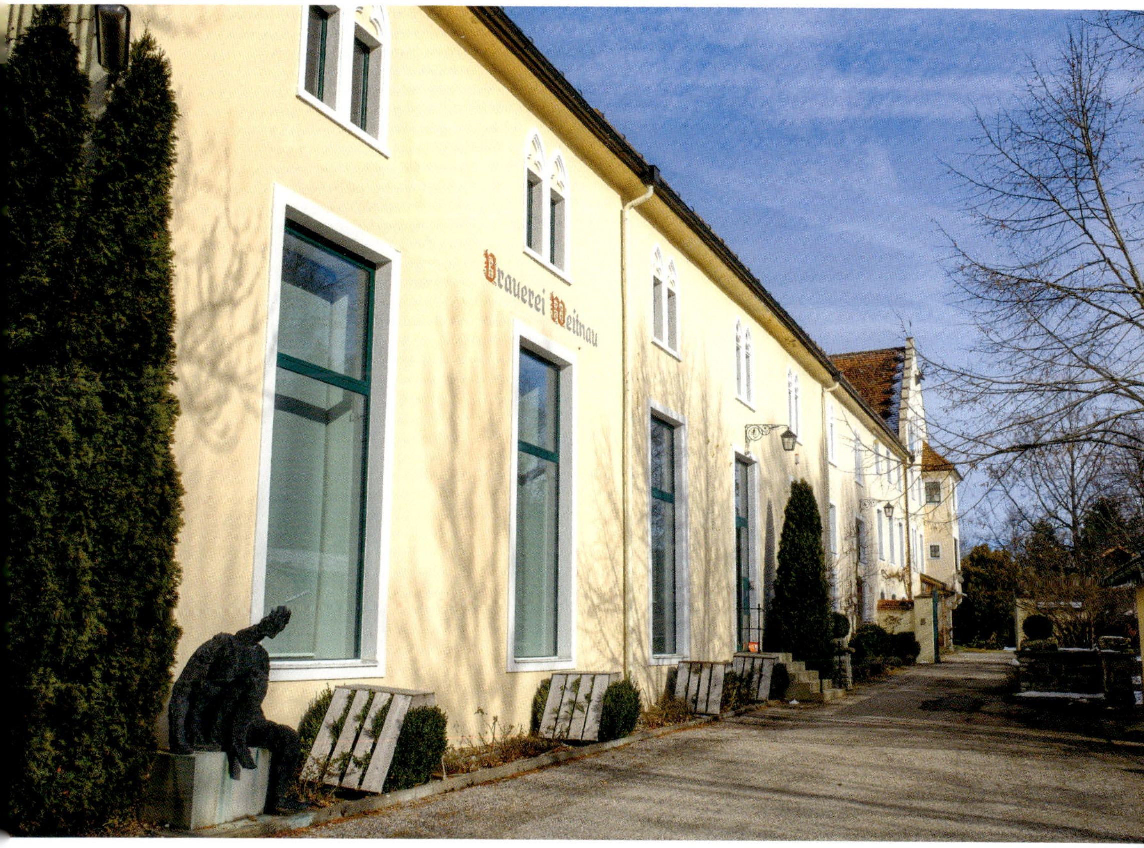

Die ehemalige Brauerei von Weitnau

Unser Wanderweg führt unter der B 12 hindurch und teilt sich dahinter; von rechts werden wir später zurückkommen. Wir halten uns nun links und folgen der Beschilderung »Burgwanderweg/Ruine Alttrauchburg«, die uns gleich darauf nach rechts weist. Vorbei an zwei Allgäuer Bauernhöfen steigt der Weg nun steiler an, und wir kommen auf Betriebstemperatur! Nach dem zweiten Hof geht der Weg in einen Feldweg über, und direkt vor uns taucht am Horizont der Schweizer Säntis auf. Die ersten Rastbänke locken, doch wir wollen unseren Wandereifer noch nicht bremsen.

Kurz darauf führt der Weg in den Wald und wird noch steiler. Es hilft nun nichts: Der innere Schweinehund gehört überwunden, und bald darauf haben wir es auch schon geschafft. Auf einer kleinen Almwiese rasten wir nun und belohnen uns mit der tollen Aussicht. Im Süden riegelt auf der anderen Seite von Weitnau der Hauchenberg mit seinem Aussichtsturm den Blick fast völlig ab. Trotzdem ist der Hochgrat in der Nagelfluhkette hoch genug, um dahinter emporzuragen. Sowohl nach Osten wie auch nach Westen schweift der Blick weit: Zwischen der Benediktenwand im Tölzer Land und dem Säntis in der Schweiz lassen sich viele Berge ausmachen.

Zur Ruine Alttrauchburg Nach diesem Rast-Intermezzo geht es in den Wald hinein. Wir kommen an eine Weggabelung, wo wir uns entscheiden müssen: Der kürzeste Weg für alle, die sich gar nicht mehr motivieren lassen, führt nach rechts auf den Sonnengrat. Alle anderen machen sich zu einem Abstecher auf, um die Ruine Alttrauchburg mit der Gaststätte zu besuchen. Zwischen uns und der Einkehrmöglichkeit liegt jedoch eine Steilstrecke

Die Burgruine Alttrauchburg ist frei zugänglich.

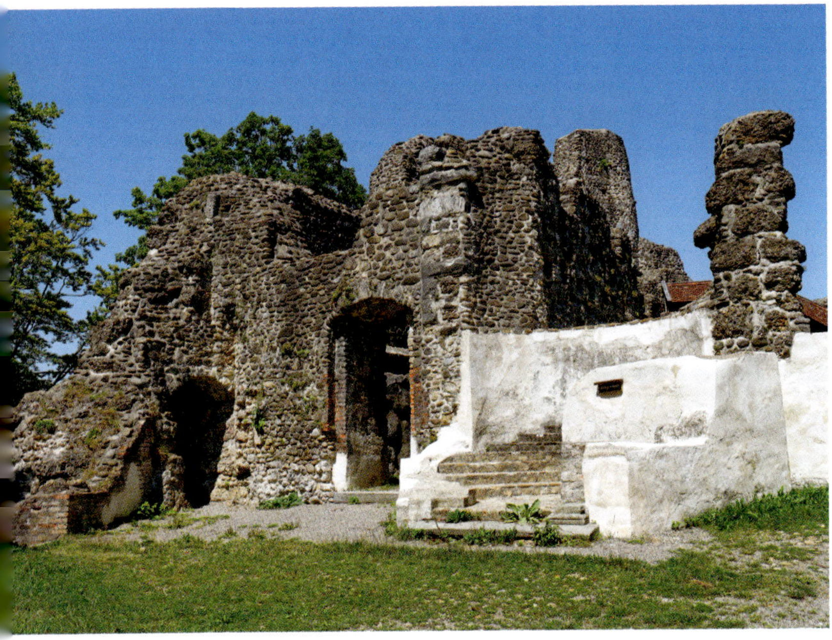

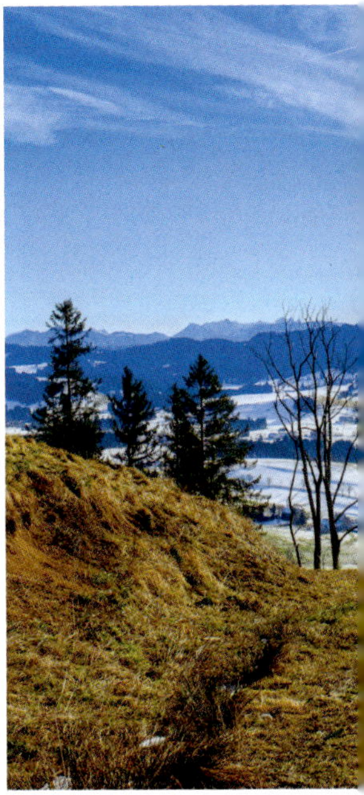

bergab, die wir später auch wieder aufwärts bewältigen müssen. So wandern wir direkt von der Weggabelung hinunter zur Forststraße und auf ihr nach links. Anfangs gemächlich, geht es an der nächsten Wegkreuzung links auf einen kleineren Steig, der fast in der Direttissima abwärts führt. Dafür haben wir es schnell geschafft: Unten stoßen wir erneut auf eine Weggabelung, wo wir geradeaus mit wenigen Schritten die Gaststätte und die Ruine Alttrauchburg erreichen. Eine Besichtigung des gar nicht so kleinen Burggeländes ist natürlich ein Muss. Genauso lockt aber auch die gleichnamige Gaststätte zur Einkehr.

Auf dem Sonnengrat Mit hoffentlich nicht zu vollem Bauch machen wir uns nach der Besichtigung wieder an den Aufstieg. Zurück an der Abzweigung folgen wir nun weiter der Beschilderung zum Sonnengrat, diesmal nach links in Richtung Sonneneck. Noch ein kleines bisschen geht's bergauf, dann passieren wir den höchsten Punkt der Tour und kommen leicht abwärts zum Sonneckkreuz mit Rastbank. Auch hier ist die Aussicht paradiesisch schön, und wir wissen jetzt jeden Schritt zu schätzen.

Für den Abstieg geht es wieder in den Wald und zunächst in östlicher Richtung weiter. Dann stoßen wir auf eine größere Forststraße, der wir nach rechts folgen. Sie bringt uns mit sanftem Gefälle in großen Schleifen zurück ins Tal. Am Schluss wandern wir über Felder und treffen wieder auf die Unterführung an der B 12. Die letzten Meter geht es auf dem Hinweg zurück in die Weitnauer Ortsmitte.

Mächtige Burganlage

Die Alttrauchburg geht auf das frühe 13. Jh. zurück, als dort ein Berthold von Trauchburg einen Wohnturm erbauen ließ. Die Herren von Waldburg, die das Gemäuer 1306 erwarben, bauten die Burg systematisch aus, bis sie 1690 als Reichsgrafen nach Kißlegg übersiedelten. Damit war die große Zeit der Burg vorbei, und man nutzte sie nun als Steinbruch. Ab 1985 wurde sie vom Markt Weitnau saniert und ist heute frei zugänglich.

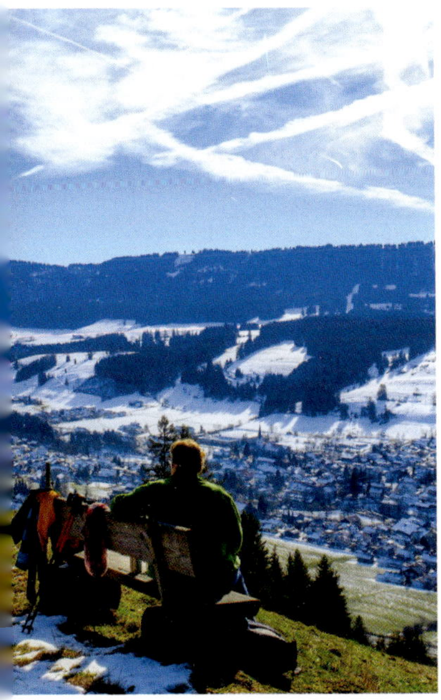

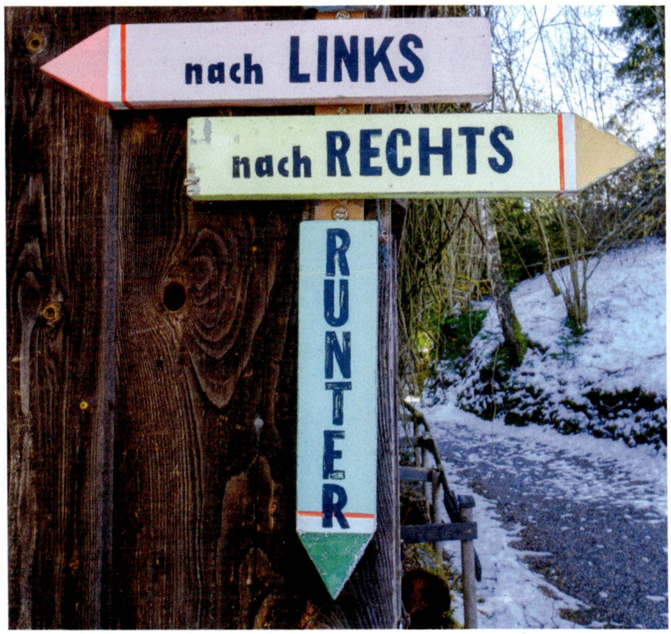

Die Qual der Wahl hat man an der Burggaststätte Alttrauchburg.

Links: Beim Aufstieg: Weit ist die Aussicht über das Tal von Weitnau.

2 Zum Hochhäderich

Aussichtsgipfel in der Nagelfluhkette

mittel	4,2 km	290 Hm	2.15 Std.

Tourencharakter
Teilweise schmale, aber einfache Wanderwege

Ausgangs-/Endpunkt
Alpengasthof Hörmoos (1283 m)

GPS-Daten
47.491294, 10.005891

Anfahrt
Bahn & Bus: Mit dem Zug nach Oberstaufen und mit dem Bus zum Alpengasthof
Auto: Nach Oberstaufen und weiter nach Steibis; ab dort mit dem Bus zum Alpengasthof

Einkehr
Berggasthof Hochhäderich

Karte
Kompass-Wanderkarte 1:50 000, Nr. 3 Allgäuer Alpen/Kleinwalsertal

Information
www.steibis.de

Der Hochhäderich ist der markante Gipfel am westlichen Ende der großartigen Nagelfluhkette, die beim Mittag über Immenstadt beginnt und über den Hochgrat nach Westen zieht. Der grandiose Grenzgipfel zu Vorarlberg wird auch gern aus dem Allgäu besucht.

Gipfelhütte und Gratweg Am beliebten Hochhäderich lockt zusätzlich eine Hütte: Das Berggasthaus Hochhäderich liegt sehr sonnig und aussichtsreich unterhalb des Gipfels. Viele Gäste kommen von der österreichischen Seite herauf; wir wollen hier aber den Zugang aus dem Allgäu vorstellen. Neben dem nahen Gipfel interessiert uns natürlich der Gratweg bis zum Hochgrat. Wir begnügen uns allerdings mit dem Abschnitt Falken – Hochhäderich, der gut als Tagestour mit anschließender Einkehr bewältigt werden kann – für Wandermuffel ist das ein spannendes Unterfangen.

Zum Hochhäderich Von Steibis fahren wir zunächst gemütlich mit dem Bus zum Alpengasthof Hörmoos, wo wir mit der eigentlichen Tour beginnen. Wir folgen dem Fahrweg am Hubertushaus vorbei, gehen noch kurz in Richtung Süden und biegen dann gleich nach rechts ab, um auf dem Alpweg hinauf zur Kleinhädrichalpe zu wandern. Hier zweigen wir nach links ab und steigen über die freie Wiese entlang des Kamms aufwärts bis zu einer geschotterten Fahrstraße. Auf dieser gehen wir um das Eck und spazieren hinüber zum Berggasthaus Hochhäderich. Bevor wir in dem gemütlichen Gasthof einkehren, unternehmen wir noch kurz einen Abstecher zum Gipfel des Hochhäderich.

Variante: Überschreitung des Falken
(3.30 Std./420 Hm/7 km)

Der Grat der Nagelfluhkette ist ein großartiges Wandergebiet. Der absolute Klassiker ist die Überschreitung des gesamten Kamms vom Mittag zum Hochgrat und weiter zum Hochhä-

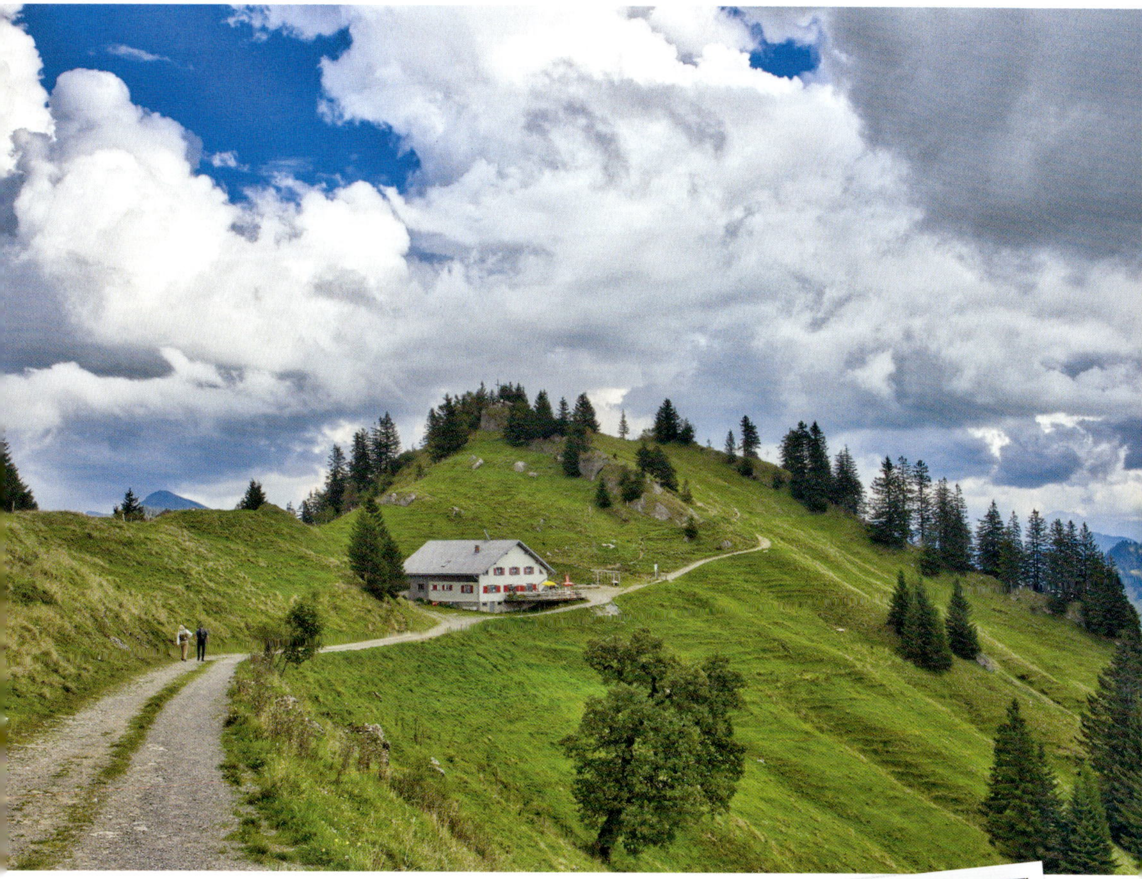

derich. Als lohnende Tagestour empfehlen wir den Aufstieg zum Falken und den Übergang zum Hochhäderich. Einige Stellen im Aufstieg zum letzten Gipfel sind versichert und erfordern deshalb Trittsicherheit und Schwindelfreiheit. Sind diese Voraussetzungen vorhanden, erleben wir eine wirklich grandiose Grattour auf zwei tolle Gipfel, die man mit etwas Übung noch gut unternehmen kann. Vom Alpengasthof Hörmoos folgen wir der asphaltierten Straße aufwärts bis zu einer Wegverzweigung. Hier gehen wir geradeaus über den freien Rücken hinauf bis zu einer weiteren Wegteilung. Jetzt nehmen wir den linken Weg, der unter dem Grat nach Osten bis zum großen Berggasthof Fal-

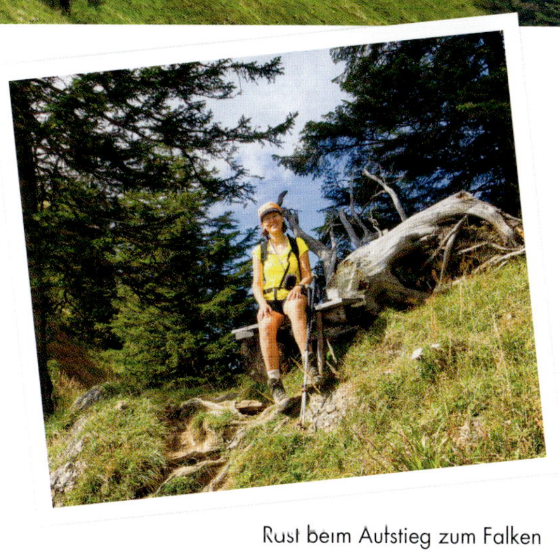

Rust beim Aufstieg zum Falken

Ganz oben: Gleich ist der Hochhäderich mit seinem Berggasthaus erreicht.

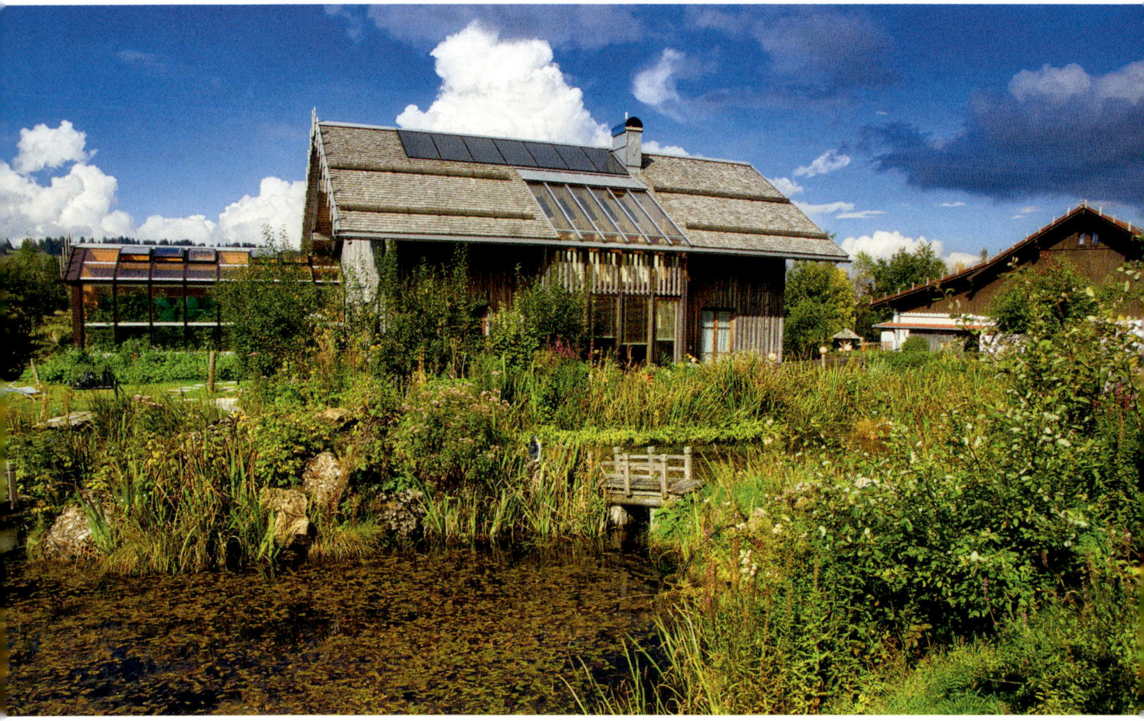

Die Kräuteralp Hörmoos

kenhütte führt. Dort machen wir erst einmal eine kurze Pause und sammeln ein wenig unsere Kräfte, bevor wir zum Grat aufsteigen, den wir an der Einsattelung vor dem Falkengipfel erreichen. Nun wandern wir auf dem Steig zum Gipfel des Falken mit seinem großen Kreuz. Oben setzen wir uns neben dem Kreuz ins weiche Gras und bewundern die grandiose Aussicht.

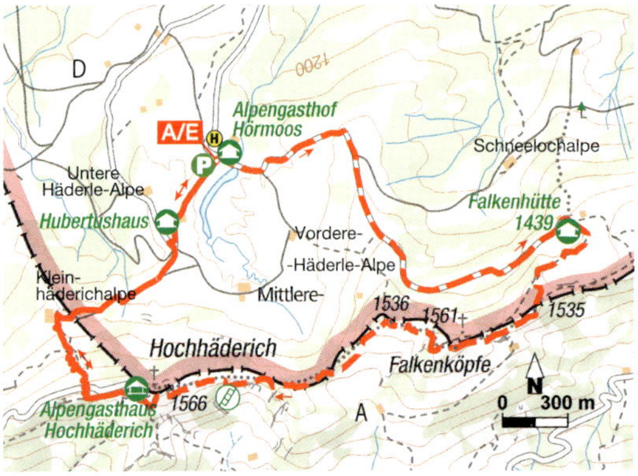

Nach einer Pause machen wir uns an den Weiterweg. Hierfür steigen wir vom Falken in westlicher Richtung in eine Einsattelung ab, wo wir wieder nach rechts zurück zum Ausgangspunkt wandern könnten. Wir wollen aber hinauf zum Hochhäderich und zum Berggasthaus, sodass wir auf dem Steig ein Stück aufwärts wandern, bis dieser nach rechts abbiegt. (Achtung: Die Abzweigung ist leicht zu übersehen, da auch geradeaus Steigspuren weiterführen – dieser früher begangene Weg ist aber deutlich schwieriger als die Umgehung des Gratkopfs auf der rechten Seite!) Auf diesem teilweise etwas feuchten

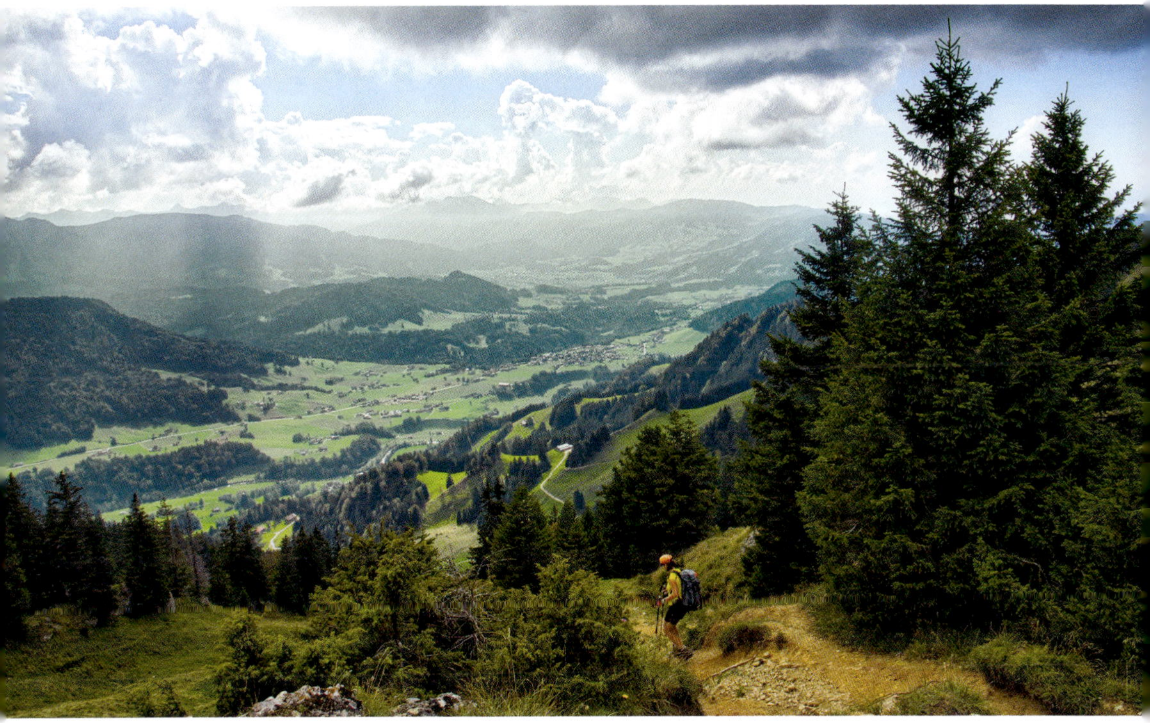

Im Gipfelbereich hat man eine großartige Aussicht.

Steig gelangen wir aber ohne größere Schwierigkeiten bis zum Gratansatz des Hochhäderich, wo der Klettersteig zum Gipfel beginnt. Über diesen schönen Nagelfluhgrat, der an den ausgesetzten Stellen versichert ist, tänzeln und kraxeln wir hinauf zum geräumigen Gipfelbereich. Nun sind es nur noch ein paar Meter, und wir sitzen neben dem Kreuz auf dem Hochhäderich. Nochmals genießen wir ein wunderbares Panorama: Der Blick reicht gen Norden bis weit ins Alpenvorland, aber auch die umliegenden Gebirgsgruppen von Bregenzer Wald und Allgäuer Alpen präsentieren sich wunderbar. Wir erkennen einige bekannte Gipfel wie Trettach, Hohen Ifen und Widderstein.

Über den bereits beschriebenen Anstiegsweg wandern wir zurück zum Alpengasthof Hörmoos.

Kräuteralp Hörmoos

Neben dem Alpengasthof befindet sich die Kräuteralp Hörmoos, eine in Eigeninitiative angelegte private Anlage mit Wildwuchs-Kräutergarten und Kräuter-Schaugarten. Im Haus steht die höchstgelegene Destille im Allgäu: Hier werden die Kräuter aus dem eigenen Garten zu edlen Tropfen verarbeitet. Bei der Bayerischen Obstbrand-Prämierung wurden sechs Destillate mit Gold ausgezeichnet. Die Produkte kann man im Alpengasthof Hörmoos oder in Steibis im Ökohaus Gerda Schneider erwerben.

3 Imberger Runde

Alp-Erlebnis für alle

leicht | 6,3 km | 170 Hm | 2.30 Std.

Tourencharakter
Durch die Auf- und Abfahrt mit der Imbergbahn leichte Rundwanderung. Auf dem Alperlebnisweg können vor allem Kinder viel entdecken, aber die Länge nebst allen Variationen macht diese Tour ebenfalls für wandermuffelige Erwachsene sehr interessant.

Ausgangs-/Endpunkt
Steibis, Talstation der Imbergbahn

GPS-Daten
47.521029, 10.022804

Anfahrt
Bahn & Bus: Mit dem Zug nach Oberstaufen und weiter mit dem Bus nach Steibis bis Haltestelle Imbergbahn
Auto: Von Oberstaufen nach Steibis und am Ortsende rechts der Beschilderung zur Imbergbahn folgen

Einkehr
Viele Möglichkeiten am Weg: Alpe Glutschwanden, Alpe Hochwies, Berggasthof Hochbühl (Mi Ruhetag), Imberghaus

Karte
Kompass-Wanderkarte 1:50000, Nr. 3 Allgäuer Alpen/Kleinwalsertal

Information
www.oberstaufen.de

Wunderbar wanderbar lohnt sich der überaus sonnige Rundweg auf dem Imberger Hochplateau nicht nur für Familien mit Kindern – er ist abwechslungsreich und führt an vielen Einkehrmöglichkeiten vorbei.

Aufwärts schwebend Wir starten gleich einmal wandermuffelfreundlich und schweben mit der Imbergbahn ohne jeden Kalorienverbrauch auf den Berg. Oben angekommen, wenden wir uns minimal nach rechts und folgen dann gleich dem Wanderschild links auf den kleineren Weg, der an der Skihütte vorbeiführt. Zunächst fast eben und mit herrlichen Ausblicken auf die Wände der Nagelfluhkette unter dem Hochgrat geht es durch ein Waldstück. Dahinter stoßen wir auf eine kleine Almstraße; von links werden wir hier später zurückkommen. Wir queren jedoch die Straße und bleiben auf dem gut ausgeschilderten Alperlebnisweg.

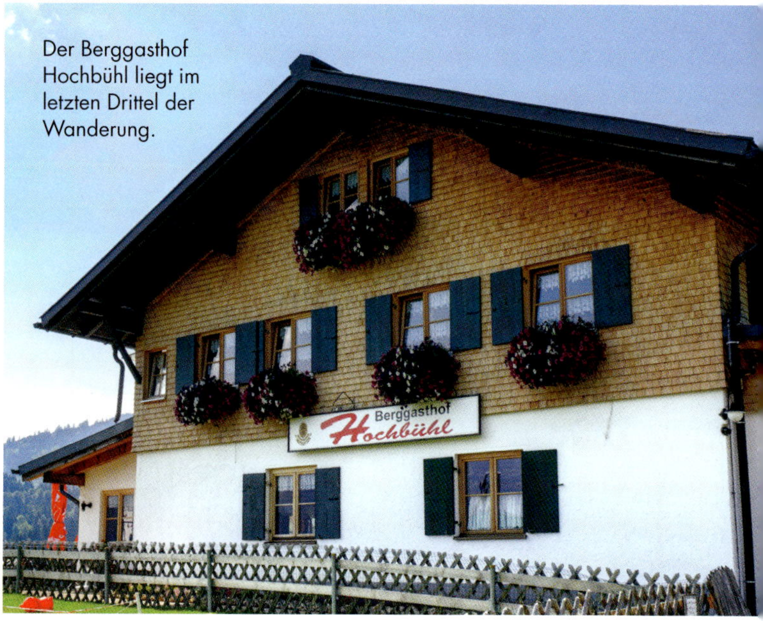

Der Berggasthof Hochbühl liegt im letzten Drittel der Wanderung.

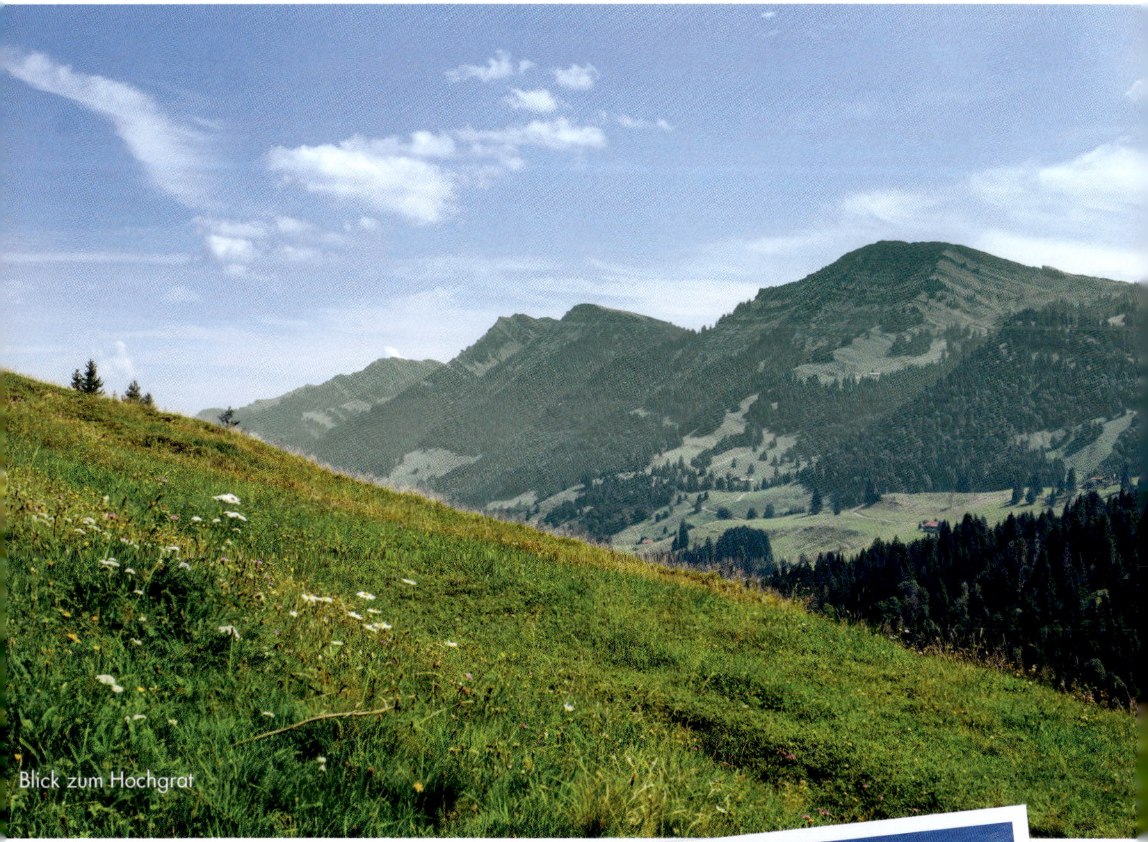
Blick zum Hochgrat

Zur Alpe Glutschwanden Nun steigen wir sonnig an einer Alpwiese entlang den Hang empor. Unter uns sehen wir den Berggasthof Hochbühl, den wir am Rückweg besuchen werden. Wir passieren einige Mitmach- und Rätselstationen und freuen uns über den herrlichen Panoramaweg. Vorbei an der Alpe Häusslers Gschwend erreichen wir leicht abwärts die Alpe Glutschwanden, in der wir eine erste Rast einlegen können. Wer sich jetzt bereits mit einem »Einfach, schnell und gut« zufriedengeben möchte, kann hier abkürzen und dem Lanzenbach direkt nach links folgen.

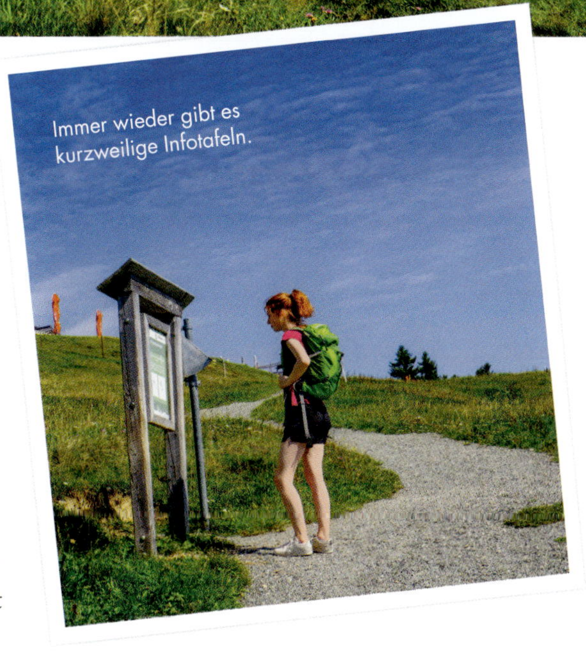
Immer wieder gibt es kurzweilige Infotafeln.

Hochwiesalpe und Lanzenbach Für noch mehr Genuss halten wir uns rechts und wandern im Linksbogen sachte aufwärts. Die nächste Einkehrmöglichkeit, die Alpe Hochwies, liegt ebenfalls sehr sonnig und idyllisch neben einer kleinen Kapelle und erfreut mit regionalen Allgäuer Spezialitäten. Nach der Alpe biegen wir links ein und steigen hinab zum Lanzenbach, den wir queren. Auf der anderen Bachseite müssen wir die verlorenen Höhenmeter wiedergewinnen. So treffen wir auf die Alpstraße, der wir kurz nach links folgen, um dann erneut nach links auf den steil ansteigenden Wanderweg auszuweichen.

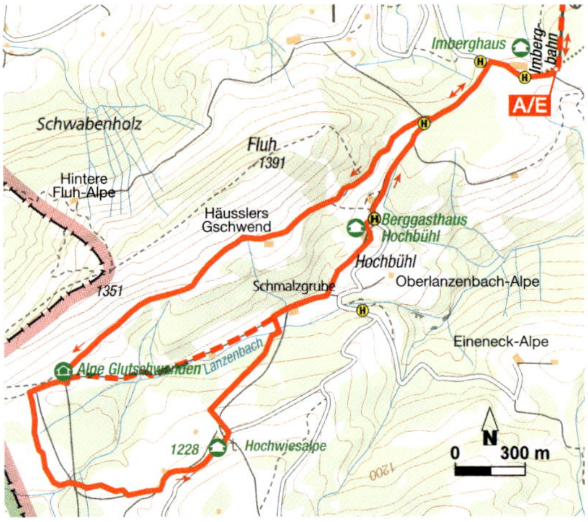

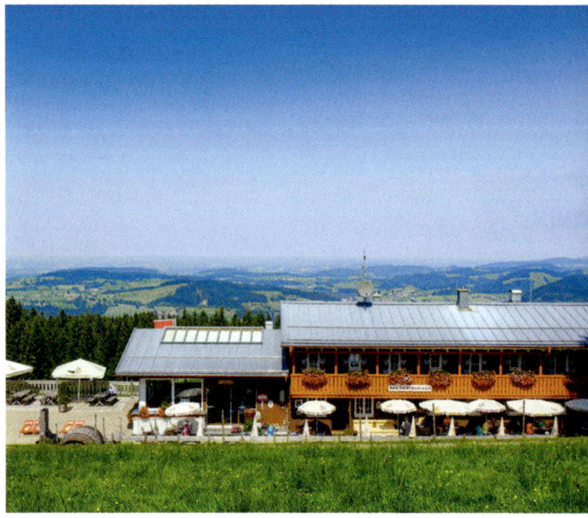

Das Imberghaus mit seiner sonnigen Terrasse

Galtalpe

Hoch oben im Naturpark Nagelfluh liegt auf dem Imberg unter dem Hochgrat das größte zusammenhängende Galtalpengebiet Deutschlands. Im Gegensatz zur Sennalpe, auf der Milchkühe weiden, werden auf eine Galtalm zur Sömmerung nur Jungtiere, sogenanntes Galtvieh, aufgetrieben.

Alpe Hochbühl mit Finale Wir erreichen rasch den Berggasthof Hochbühl. Allein die Aussicht ist schon unbezahlbar, und so hoffen wir auf ein freies Terrassenplätzchen. Bei Allgäuer Kässpatzen und Zwetschgendatschi kann ein Alperlebnistag gern enden! Wenn die Lebensgeister dann völlig ermattet sind, lässt sich die Tour erneut abkürzen: Dafür steigen wir einfach vor dem Berggasthof in den Almbus und fahren bequem zur Bergstation zurück. Aber auch zu Fuß ist es nicht mehr weit: Wir folgen ebenfalls der kleinen Almstraße, erreichen die Stelle, die wir vom Hinweg kennen, und wandern eben zur Talstation der Imbergbahn zurück.

Rechte Seite: Sogar direkt neben der Bergstation des Imberglifts steht ein Gipfelkreuz.

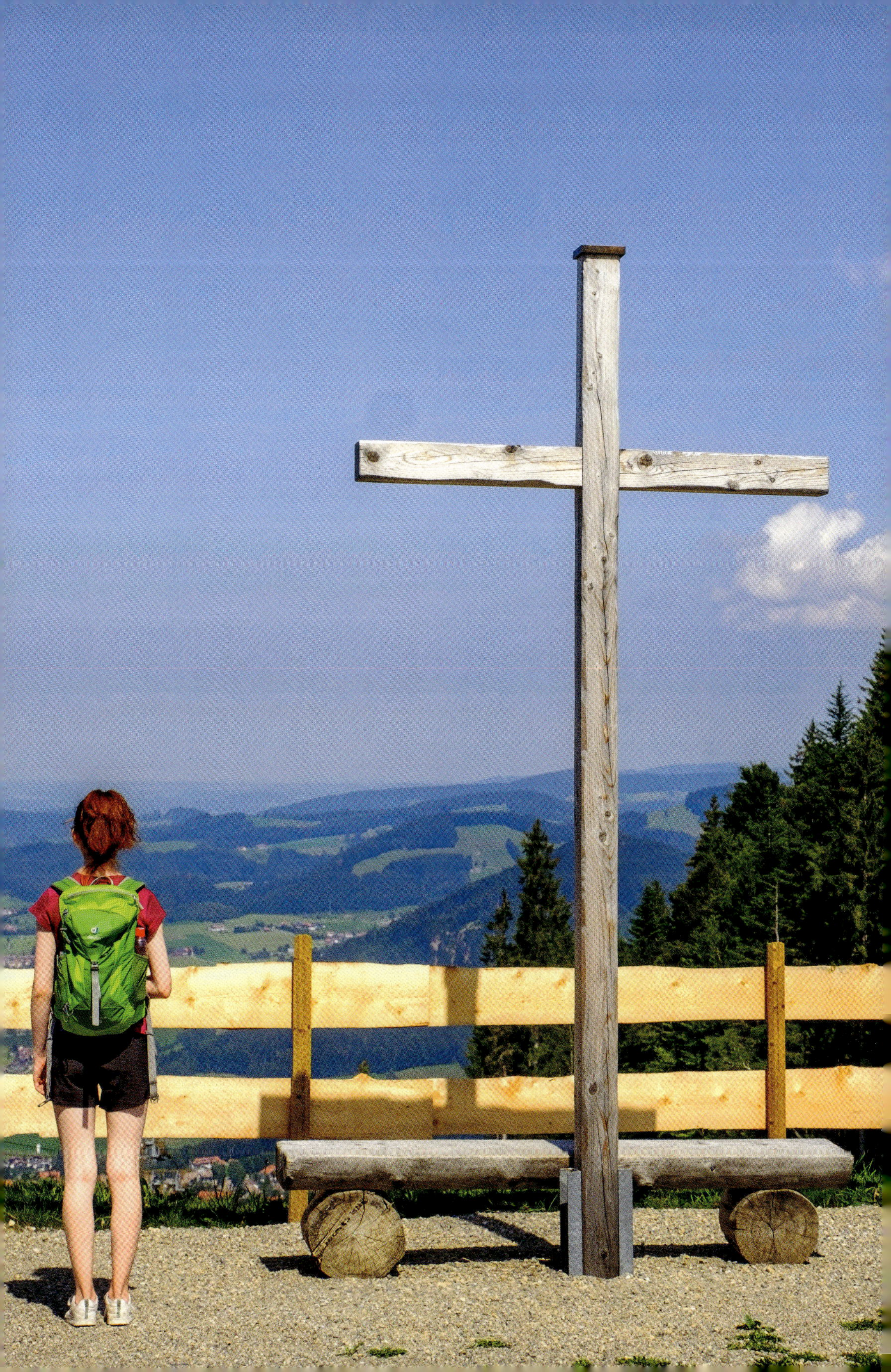

4 Am Hochgrat

Gemütliches Wanderziel

leicht | 1,5 km | 170 Hm | 1.15 Std.

Tourencharakter
Einfacher, gut zu begehender Wanderweg

Ausgangs-/Endpunkt
Steibis, Bergstation der Hochgratbahn

GPS-Daten
47.492325, 10.02873

Anfahrt
Bahn & Bus: Mit dem Zug nach Oberstaufen und mit dem Bus zur Hochgratbahn
Auto: Nach Oberstaufen und weiter über Steibis zum Parkplatz an der Hochgratbahn

Einkehr
Bergrestaurant an der Hochgratbahn

Karte
Kompass-Wanderkarte 1:50 000, Nr. 3 Allgäuer Alpen/Kleinwalsertal

Information
www.steibis.de

Der Hochgrat ist der markante Gipfel in der zentralen Nagelfluhkette. Durch die Hochgratbahn ist er von der Bergstation schnell erreicht und somit ein ideales, gemütliches Wanderziel. Eine Hütte, ein weiterer Gipfel und ein Panoramaweg runden das Angebot ab.

Kurzer Weg zum Hochgrat Nur etwas mehr als 100 Höhenmeter sind es von der Bergstation zum großen Gipfelkreuz auf dem Hochgrat. Der Weg ist einfach zu begehen, lediglich im Gipfelbereich passen wir auf, dass wir nicht zu nahe an die felsigen Nordabstürze kommen. Ein solides Seilgeländer schützt uns vor dem Abgrund. Oben am Gipfel bietet sich uns dann ein großartiges Panorama: Nicht nur die Gipfel des Allgäuer Hauptkamms präsentieren sich uns, auch die Eisgipfel der Schweiz und der Zentralalpen sind von hier oben zu erkennen.

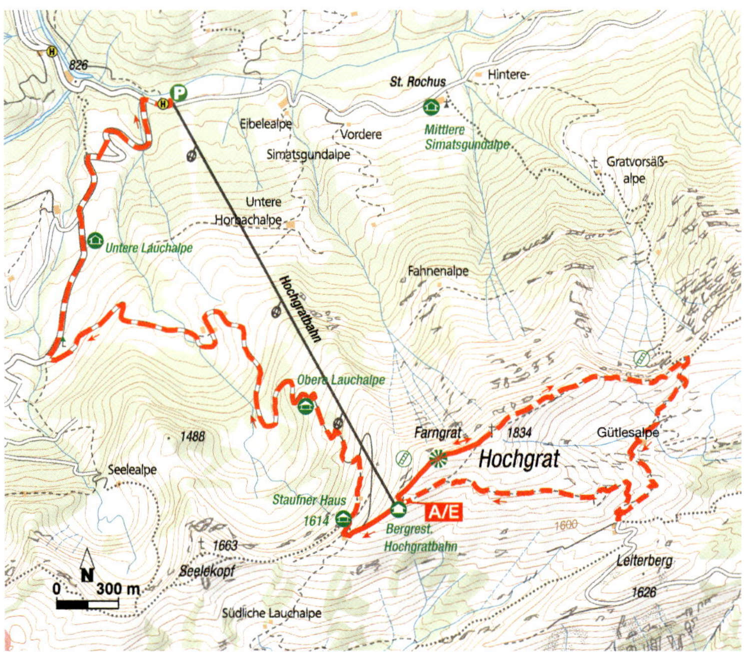

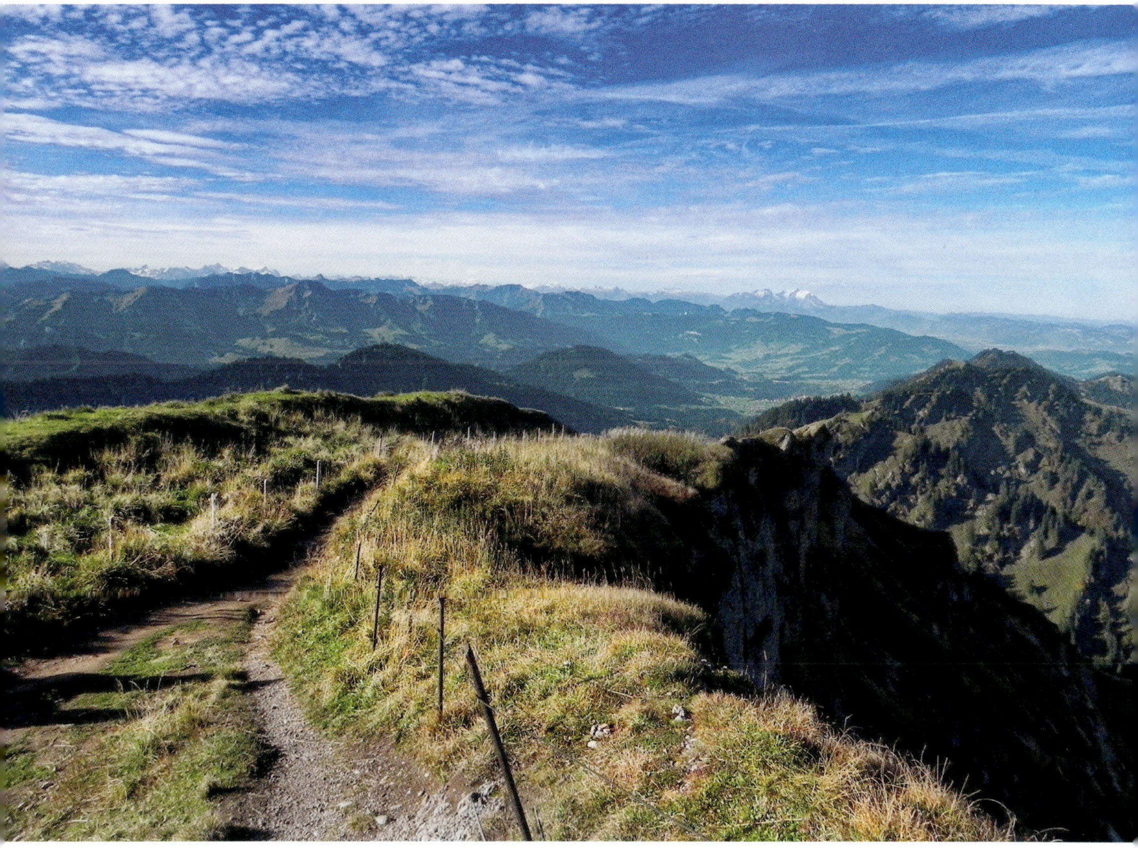

Die Aussicht reicht bis in die Schweizer Berge.

Wem der Anstieg zum Hochgrat genügt, der geht wieder gemütlich zurück zur Bergstation. Anschließend empfiehlt es sich noch zum nahen Staufner Haus abzusteigen. In der gemütlichen Alpenvereinshütte können wir einkehren und den Wandertag ausklingen lassen. Anschließend gehen wir wieder zurück zur Bergstation und schweben mit der Seilbahn hinunter ins Tal.

Variante: Panoramarundweg
(2.15 Std./310 Hm/4,3 km)

Besonders schön ist der Panoramarundweg am Hochgrat. Hierfür wandern wir wie oben beschrieben auf den Hochgrat und steigen dann vom Gipfel des Hochgrats auf steilem, aber gutem Steig hinunter in die Brunnenauscharte. Hier würde die grandiose Nagelfluhüberschreitung in östlicher Richtung bis zum Mittag oberhalb von Immenstadt weiterziehen. Allerdings ist diese anspruchsvolle Wanderung für Wandermuffel zu lang.

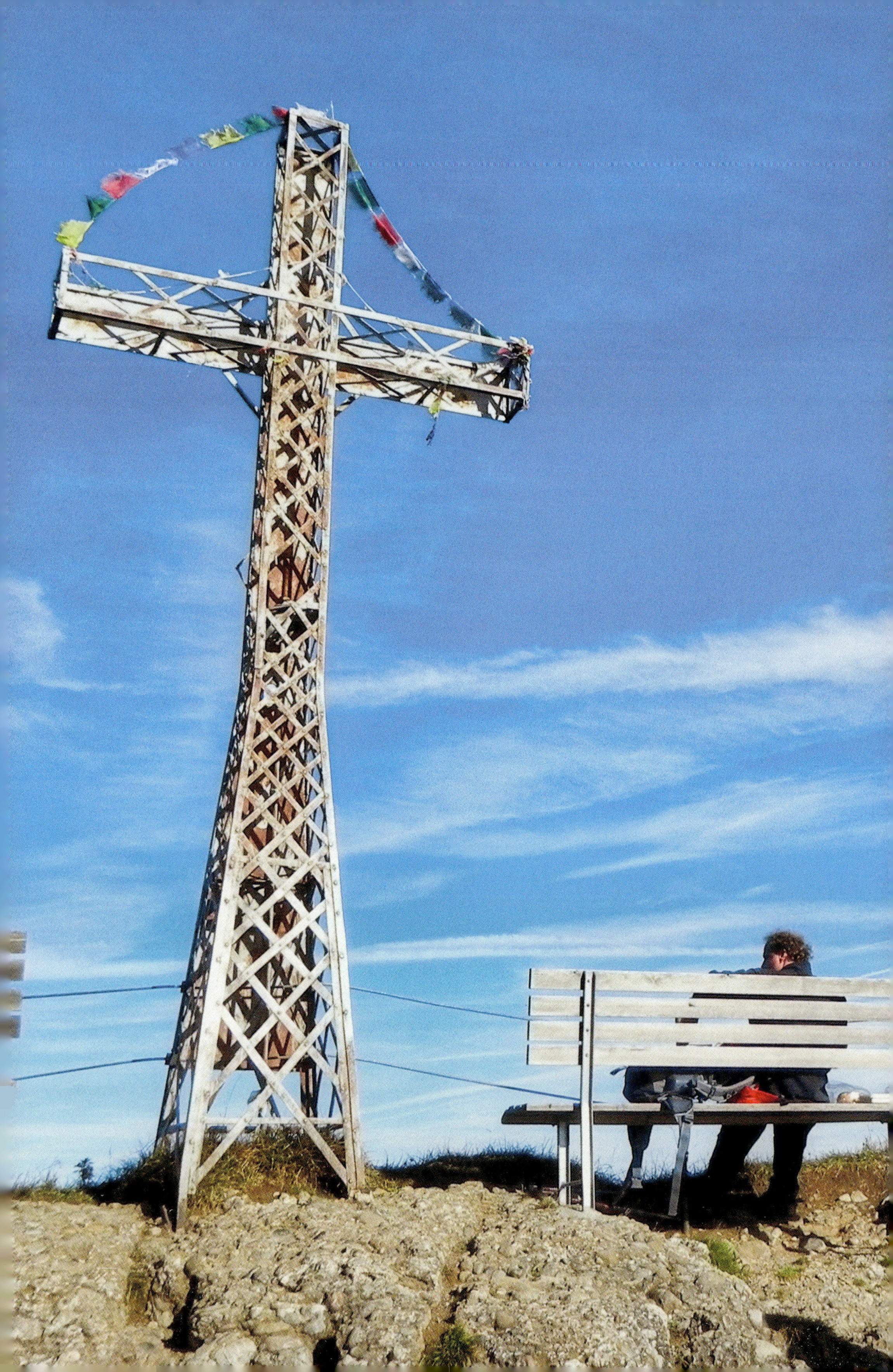

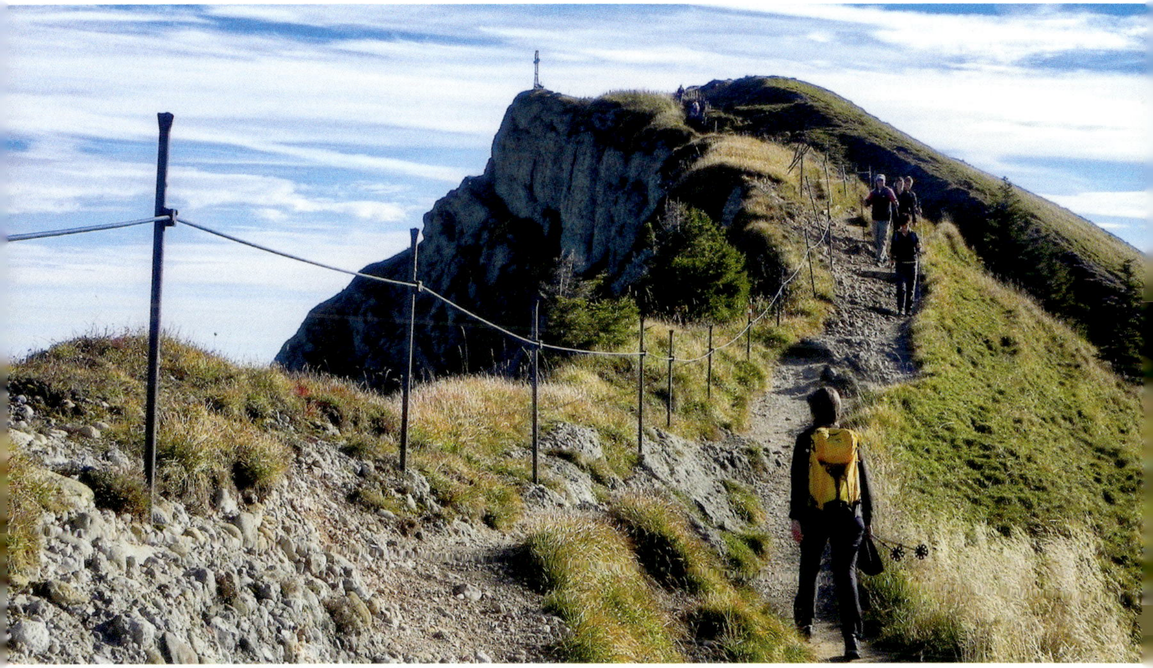

Daher machen wir uns an den Rückweg über den Panoramaweg zur Bergstation der Seilbahn: Von der Scharte führt der Wanderweg in südwestlicher Richtung über die Gütlesalpe zur Alpe Obergelchenwang. Ab hier beginnt der schöne Anstieg über die Südhänge des Hochgrats hinauf zur Bergstation der Hochgratbahn.

Premiumweg

Vom Hochgrat startet der Premiumweg »Luftiger Grat«. Seilversichert geht's auf den Seelekopf und weiter über den Grat zum Einegundkopf. Über die Falkenhütte und die Oberstiegalpe wandern wir hinunter zur Talstation der Seilbahn. Der Weg erfordert Trittsicherheit, daher ist er eher Wanderern mit etwas Übung und Kondition zu empfehlen.

Natürlich können wir auch zu Fuß zur Talstation der Hochgratbahn absteigen. Dazu wandern wir in Richtung des Staufner Hauses, in dem wir uns vor dem Abstieg stärken. Dann geht es über die ebenfalls bewirtschaftete Obere Lauchalpe weiter bergab. Vorbei an einem Wasserfall kommen wir zu einer 1000-jährigen Eibe. An einer Wegteilung halten wir uns rechts und wandern weiter bergab. Wir passieren die Untere Lauchalpe und erreichen bald die Talstation der Hochgratbahn. Dies ist der leichteste Abstieg ins Tal; es gibt auch von der Brunnenauscharte einen Weg, dieser ist aber nur für geübte Wanderer zu empfehlen.

Oben: Das Seilgeländer bewahrt uns vor der schaurigen Nordseite.

Linke Seite: Gipfelrast am Hochgrat

5 Hoch über dem Alpsee

Zwischen See, Alp und Bergen

mittel | 12,4 km | 350 Hm | 3.30 Std.

Tourencharakter
Aussichtsreiche, etwas längere Höhenwanderung. Keinerlei technische Schwierigkeiten. Im Sommer Badesachen nicht vergessen

Ausgangs-/Endpunkt
AlpSeeHaus in Bühl am Großen Alpsee

GPS-Daten
47.569521, 10.193223

Anfahrt
Bahn & Bus: Mit dem Zug nach Immenstadt, von dort weiter mit dem Bus zum Alpsee (www.rva.de)
Auto: B 19 nach Immenstadt und auf der B 308 Richtung Oberstaufen. Kurz nach Immenstadt liegt Bühl am östlichen Ende des Großen Alpsees. Dort gibt es viele Parkplätze. Alternativ Parkplatz am Freibad

Einkehr
Jugetalpe und Siedelalpe locken in bester Aussichtslage unterhalb des kleinen Gipfels (nur während der »Alpzeit« geöffnet). Mehrere Cafés und Restaurants am Alpsee

Karte
Kompass-Wanderkarte 1:50 000, Nr. 3 Allgäuer Alpen/Kleinwalsertal

Information
www.alpsee-gruenten.de

Neben dem Forggensee gehört der Große Alpsee zu den größten Wasserflächen des Allgäus. Er ist von allen Seiten von mehr oder weniger hohen Bergen umrahmt. Das allein schon ist ein guter Grund für die Wanderung. Obendrein blühen im Sommer die Alpwiesen in allen Farben, dazu gibt es am Weg reichlich Möglichkeiten zur Einkehr.

Aufstieg muss sein Wir starten am AlpSeeHaus und wandern über die Brücke am Ablauf der Konstanzer Ache, die leicht durch die Figur des Hl. Nepomuk, der vor Wassergefahren schützen soll, zu identifizieren ist. Unmittelbar danach biegen wir links ein und folgen dem Uferweg entlang des Alpsees, wo noch viel Trubel herrscht. Vorbei an den Restaurants und Kiosken sowie der großzügigen Seebrücke erreichen wir das Freibad. Kurz hin-

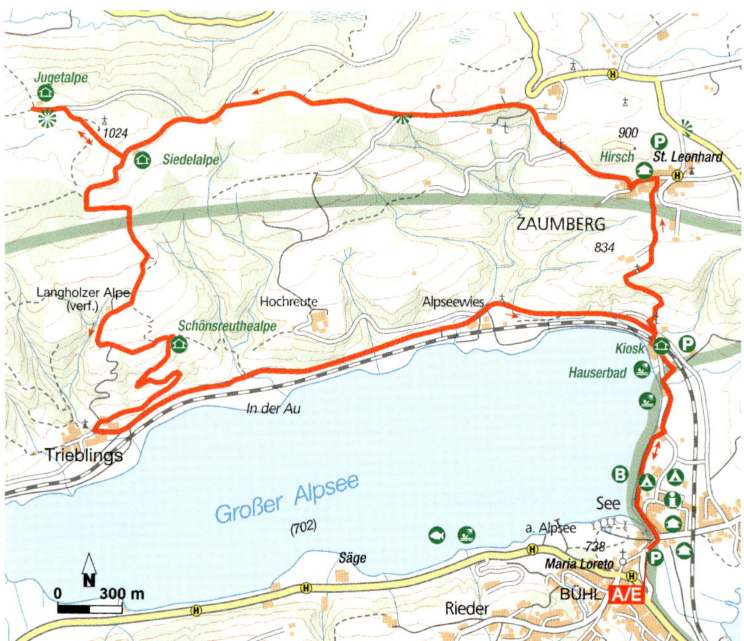

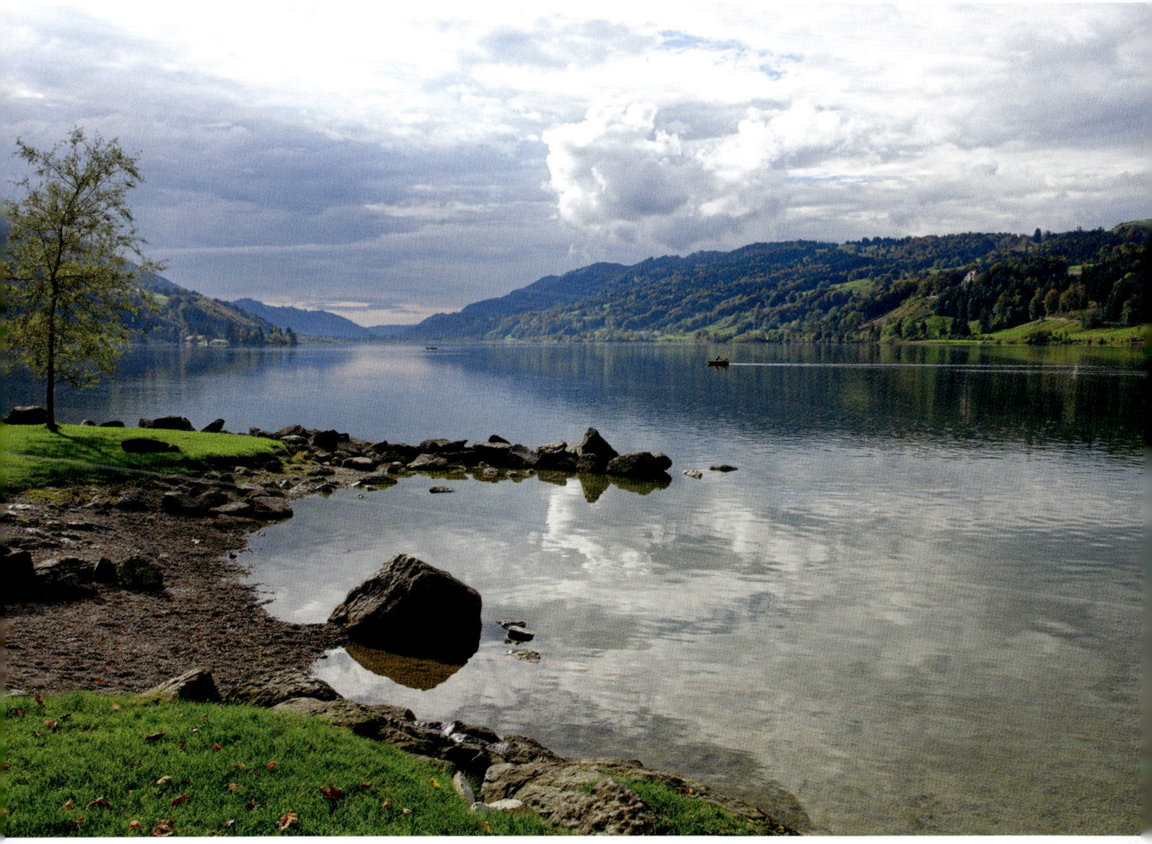

ter dem Eingang des Bads biegen wir rechts ab und wandern unter der Bahnlinie hindurch (hier liegt auch der alternative Parkplatz). Auf der anderen Seite der Unterführung beginnt der Aufstieg Richtung Zaumberg. Gleich zu Beginn ist es ein bisschen steiler, aber irgendwo und irgendwie müssen die Höhenmeter ja geschafft werden.

Der Große Alpsee ist immer einen Besuch wert.

Allgäuer Wippen So sind wir schnell im kleinen Dorf Zaumberg angelangt. In die einzige Straße des Orts biegen wir links ein und halten uns 100 Meter später an der Weggabelung rechts. Jetzt ist unsere Wanderung zur Siedel- und Jugetalpe bereits ausgeschildert. Leicht ansteigend geht es auf einem

Kirchenensemble von Bühl

Am Ende der Wanderung sollten wir noch unbedingt zu dem auf dem Hügel gelegenen Kirchenensemble von Bühl steigen. Die beiden Kirchen sind kunsthistorisch äußerst interessant und durch Treppen miteinander verbunden. Im kühlen und fast schon dunklen Untergeschoss von St. Stephan befindet sich eine Hl. Grabkirche mit einer sehr seltenen runden Darstellung der Kreuzigung Christi.

von Bäumen gesäumten Forstweg hinauf. Trotzdem können wir immer wieder einen Blick über den See erhaschen. Schließlich wird es etwas flacher, und wir erreichen die ersten Alpwiesen. Wir queren sie durch Viehsperren, die hier als typische Allgäuer Wippe zum Einsatz kommen. Dann führt der Weg in Sichtweite

AlpSeeHaus

Neben der Tourist-Info ist im AlpSeeHaus auch das Naturparkzentrum Nagelfluhkette untergebracht. Gegen Eintritt können wir uns die multimediale Erlebnisausstellung über die Allgäuer Bergwelt ansehen. Überdies gibt es im Foyer des Hauses frische Käsespezialitäten der Bergkäserei Diepolz, aber auch Getränke und Kaffee und Kuchen.

Kürzere Variante

Für ganz große Wandermuffel gibt es eine noch viel kürzere Variante hinauf zur Jugethöhe: Sie beginnt in der Nähe von Zaumberg am Parkplatz Schlettermoos (dann nur 1.30 Std. Wanderzeit, 75 Hm).

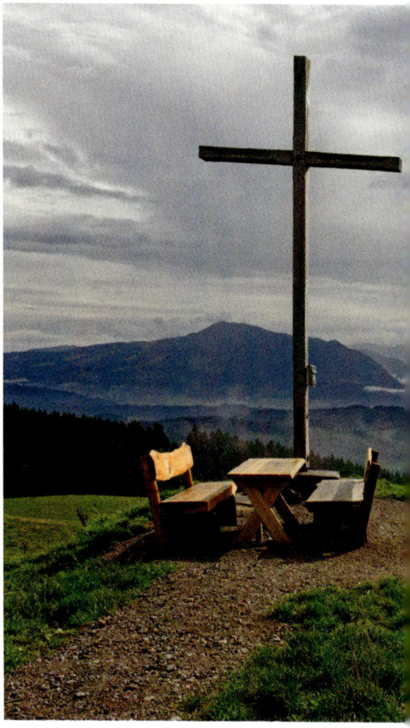

zur Siedelalpe leicht abwärts zu einer größeren querenden Alpstraße. Jetzt haben wir es schon fast geschafft. Schnurgerade nach links geht es auf der breiten Alpstraße auf die Alpe zu.

Siedelalpe oder Jugetalpe? Jetzt müssen wir uns entscheiden: Kehren wir sofort ein, oder schaffen wir noch den Aufstieg zur Jugethöhe? Das ist das Gipfelkreuz hinter dem Haus, das auf einem Wiesenbuckel thront und auch Köpfle genannt wird. Wenige Meter von der Jugethöhe entfernt liegt noch die Jugetalpe, die wir ebenfalls für eine Einkehr in Erwägung ziehen können. Beide Alpen sind auf jeden Fall sehr für eine Brotzeit oder zum Durstlöschen zu empfehlen. Die Aussicht über den blauen und in der Sonne glitzernden Alpsee auf die Berge der Nagelfluhkette mit den Gipfeln Hochgrat, Rindalphorn und Stuiben ist einfach wunderschön. Hinter Immenstadt reihen sich die unzähligen

Gipfel der Allgäuer Hochalpen aneinander. Das war jetzt doch jeden einzelnen Schritt wert!

Abstieg über Trieblings Egal für welche Alpe wir uns entscheiden – der Rückweg beginnt wieder an der Siedelalpe. Dort wen-

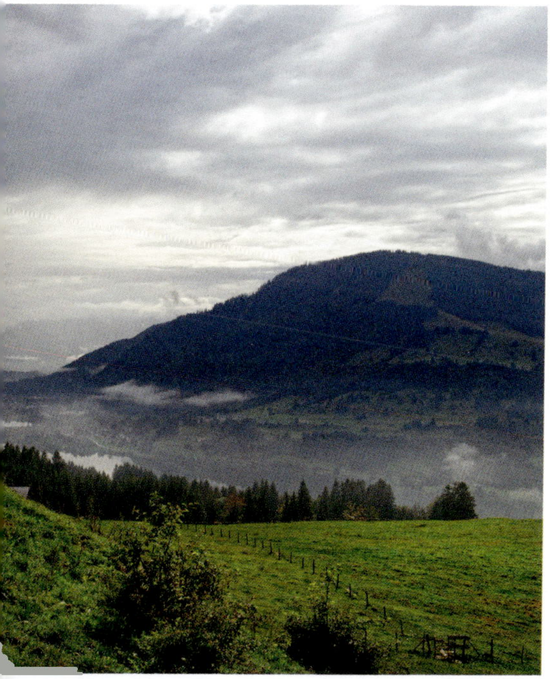

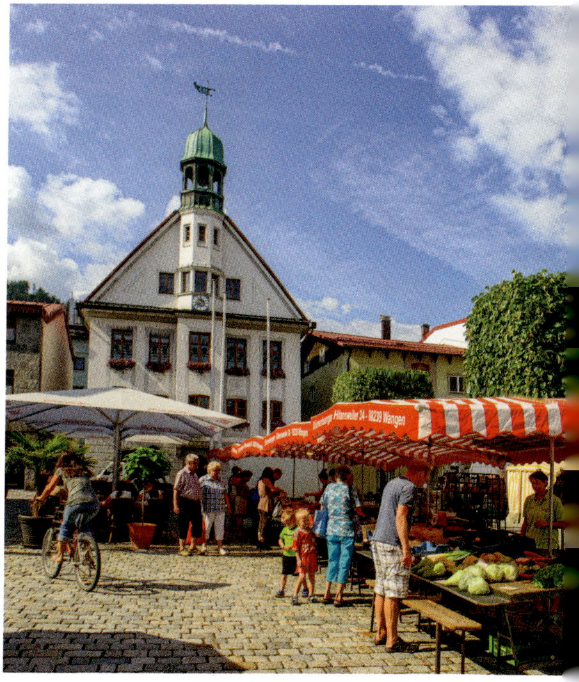

den wir uns nach rechts, um ein Stück weiter über die Wiesen zu wandern. Trieblings am Alpsee ist bereits ausgeschildert. Bevor wir ein Waldstück erreichen, weist uns das Schild zur Alpe Schönsreuthe nach links abwärts über die Alpwiesen. Der schmale Trampelpfad führt uns zur 100 Höhenmeter tiefer gelegenen nächsten Einkehrmöglichkeit: der Schönsreuthealpe. Ab da können wir uns nicht mehr verlaufen: Über die Serpentinen der Alpstraße steigen wir die letzten Höhenmeter nach Trieblings am Alpsee hinab. Dort steuern wir die Gleise an, queren diese und wandern schließlich nach links auf dem Fußweg weiter, der uns fast eben entlang des Seeufers zum Ausgangspunkt zurückbringt. Wer im Sommer seine Badesachen eingepackt hat, kann sich nun an einem der etwas ruhigeren Badeplätze ins Wasser stürzen – als Wandermuffel waren wir ja doch ganz schön fleißig, das haben wir uns verdient!

Im Anschluss an die Wanderung besuchen wir noch Immenstadt.

Links: Vom Gipfelkreuz am Köpfle blickt man auf den Alpsee und ins Tal der Iller.

6 Auf den Hochholder

Wer kennt denn den?

leicht | 6,8 km | 180 Hm | 2 Std.

Tourencharakter
Rundwanderung, die am Anfang bergab und erst am Ende kurz und knackig bergauf führt. Der Aufstieg führt ziemlich steil und ohne Schatten über eine Wiese. Dazwischen teilen wir uns für ein kurzes Stück die Strecke mit Autos.

Ausgangs-/Endpunkt
Knottenried, Dorfmitte

GPS-Daten
47.600377, 10.186229

Anfahrt
Bahn & Bus: Mit der Bahn nach Immenstadt und weiter mit dem Bus
Auto: Knottenried liegt nördlich von Immenstadt. Einige wenige Parkplätze direkt in der Ortsmitte, ein größerer Wanderparkplatz am nordöstlichen Ortsrand

Einkehr
Auf halber Strecke in Akams direkt neben der Kirche der Gasthof Zum lustigen Hirsch, eine große, aber sehr gemütliche Einkehrmöglichkeit mit nettem Biergarten (Di Ruhetag)

Karte
Kompass-Wanderkarte 1:50000, Nr. 187 Oberschwaben

Information
www.alpsee-gruenten.de

Gerade einmal 200 Höhenmeter müssen wir bewältigen, wenn wir auf den Hochholder wollen. Kaum einer kennt diesen Aussichtshügel, der noch vor den Bergen liegt. Umso mehr überwältigt uns die Aussicht weit ins Tal der Iller hinein und zu den höchsten Allgäuer Gipfeln.

Einsam zum Hochholder Wir beginnen unsere Wanderung in der Dorfmitte von Knottenried am Infohäuschen neben dem Maibaum. Für wenige Schritte folgen wir der Straße noch nach Norden und biegen dann rechts in die abwärts führende Straße ein. Der Hochholder ist nun bereits ausgeschildert. Wer den Parkplatz am Dorfende nutzt, geht zurück in den Ort und biegt dann links in diese Straße ein. Sie führt uns über Felder aus dem Ort zu einem Bauernhof mit mehreren Gebäuden. Wir wandern

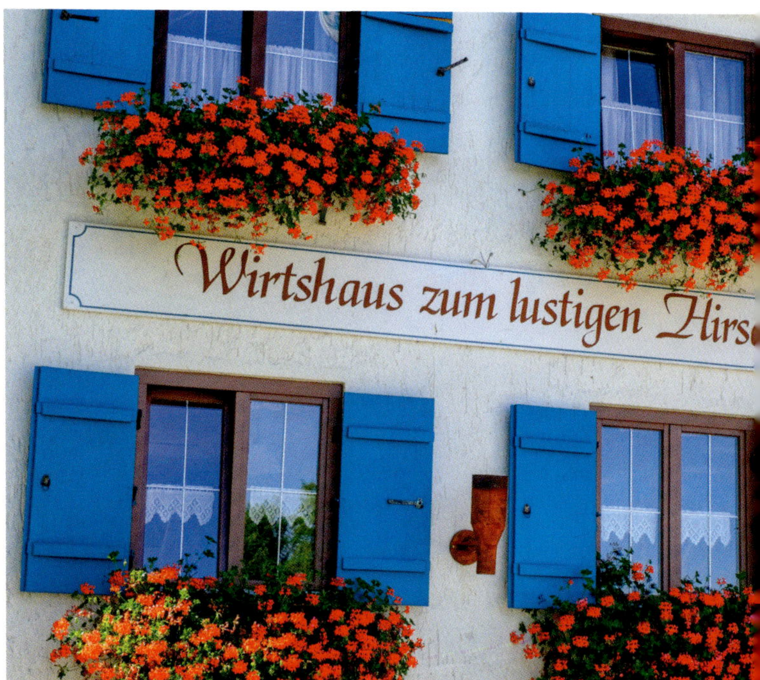

zwischen den Gebäuden hindurch; dahinter beginnt ein Feldweg, der über eine Viehweide zum Waldrand führt. Dort passieren wir einen Unterstand und tauchen in den stillen Wald ein. Die Luft ist gleich ein paar Grad kühler, und im Herbst riecht es hier äußerst fein nach Schwammerln. Ein paar Stufen führen abwärts zu einem quer verlaufenden Waldweg, dem wir nach links folgen. Am Waldrand teilt sich der Weg erneut. Wir halten uns links und wandern nun leicht aufwärts wieder in den Wald hinein. Zu unserer Linken passieren wir ein kleines Hochmoor – im Herbst wächst hier der blaue Enzian in ganzen Büscheln, und in der Luft liegt der Duft des Indischen Springkrauts.

Wanderpause mit Bergkulisse Kurz darauf zweigt rechts ein schmaler Weg ab, der zum Hochholder ausgeschildert ist. Jetzt sind es nur noch wenige Minuten auf dem wurzeligen Pfad, dann treten wir aus dem Wald auf eine weite grüne Wiese, die nach Süden hin sanft abfällt. Etwas nach links erreichen wir an der großen Wetterfichte vorbei mit einem letzten kleinen Aufschwung den Gipfel des Hochholders. Jetzt gönnen wir uns erst einmal eine Wanderpause und genießen die grandiose Sicht über das Illertal zwischen Martinszell und Oberstdorf. Vom Grünten

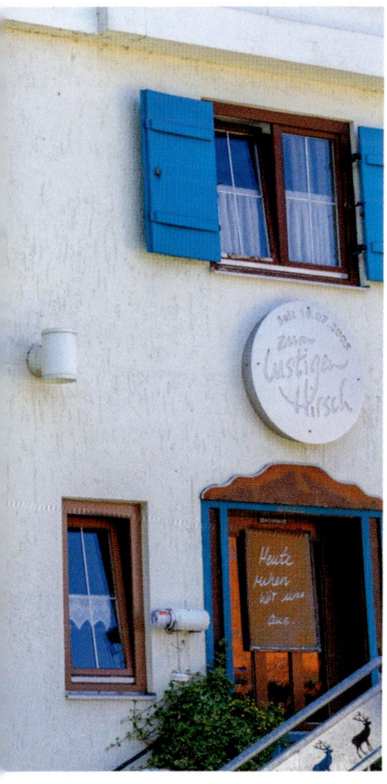

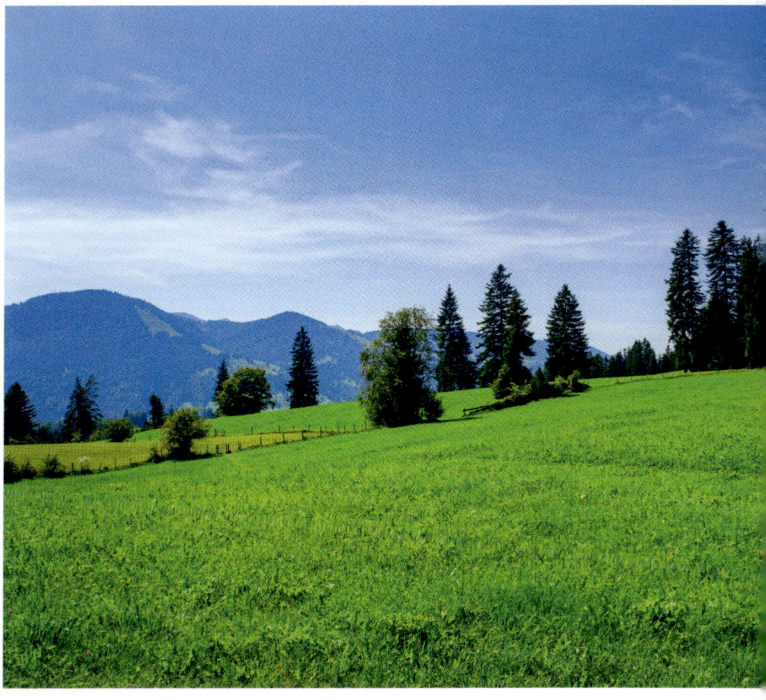

Links: Perfekt für eine Einkehr liegt das Wirtshaus auf halber Strecke.

Eine hügelige Landschaft prägt das Allgäu nördlich vom Alpsee.

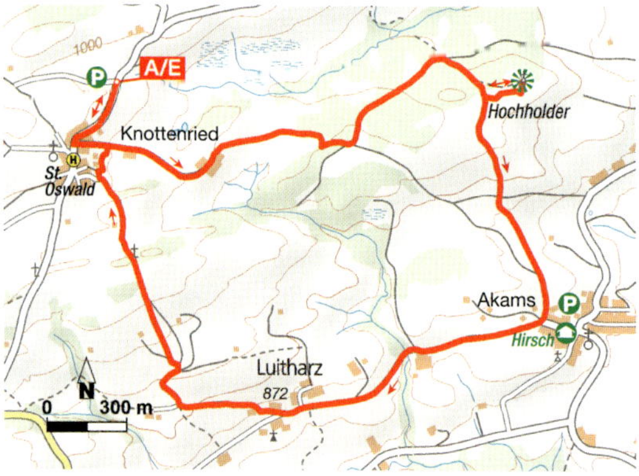

Museum und Käserei

Ganz in der Nähe liegt das Allgäuer Bergbauernmuseum in Diepolz. Das kleine, aber feine Freilichtmuseum schenkt uns lebendige Einblicke in ein längst vergangenes Allgäuer Bauernleben. Ebenfalls einen Besuch wert ist die daneben liegende Bergkäserei Diepolz mit ihren leckeren Käse- und Milchprodukten. Wer will, deckt sich dort noch vor der Wanderung mit einer Brotzeit ein.

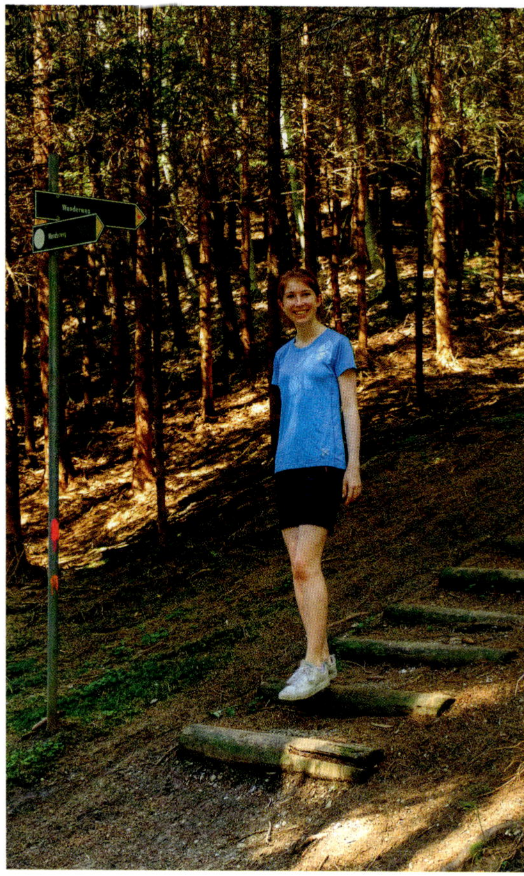

Der Hochholder ist ein unbekanntes Ziel, und das verspricht einsame Wege.

über die Allgäuer Hochalpen im Süden bis hin zur Nagelfluhkette reihen sich die Berge aneinander – eine Augenweide, die jeden Schritt wert ist.

Wiesenwege nach Akams Vom Gipfel gehen wir zurück zum Waldrand, dort dann durch ein Viehgatter und auf einem Pfad über die Wiese in südlicher Richtung weiter (Schild »Akams«). Nach der nächsten Wiese wird der Weg zu einem Forstweg und führt uns steiler abwärts zu den Häusern von Akams. Nach links können wir dort im Gasthof Zum lustigen Hirsch einkehren. Ansonsten folgen wir rechts der kleinen Teerstraße, die wir uns mit wenigen Autos teilen müssen. Zum Glück sind diese wirklich rar, und so können wir die Aussicht weiterhin genießen.

Über Luitharz Schließlich kommen wir in den Weiler Luitharz, an dessen Ende wir rechts der kleinen asphaltierten Straße berg-

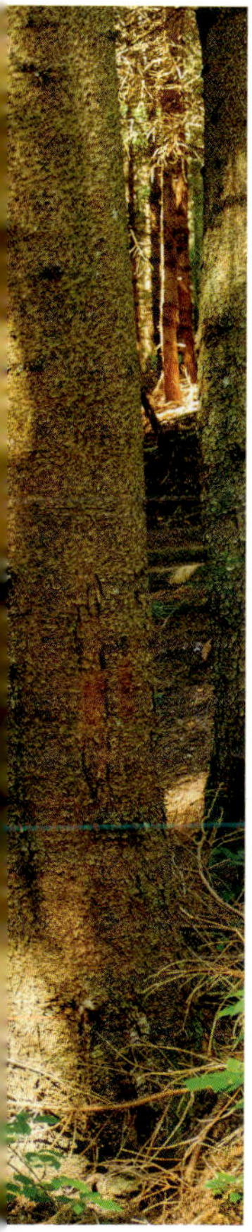

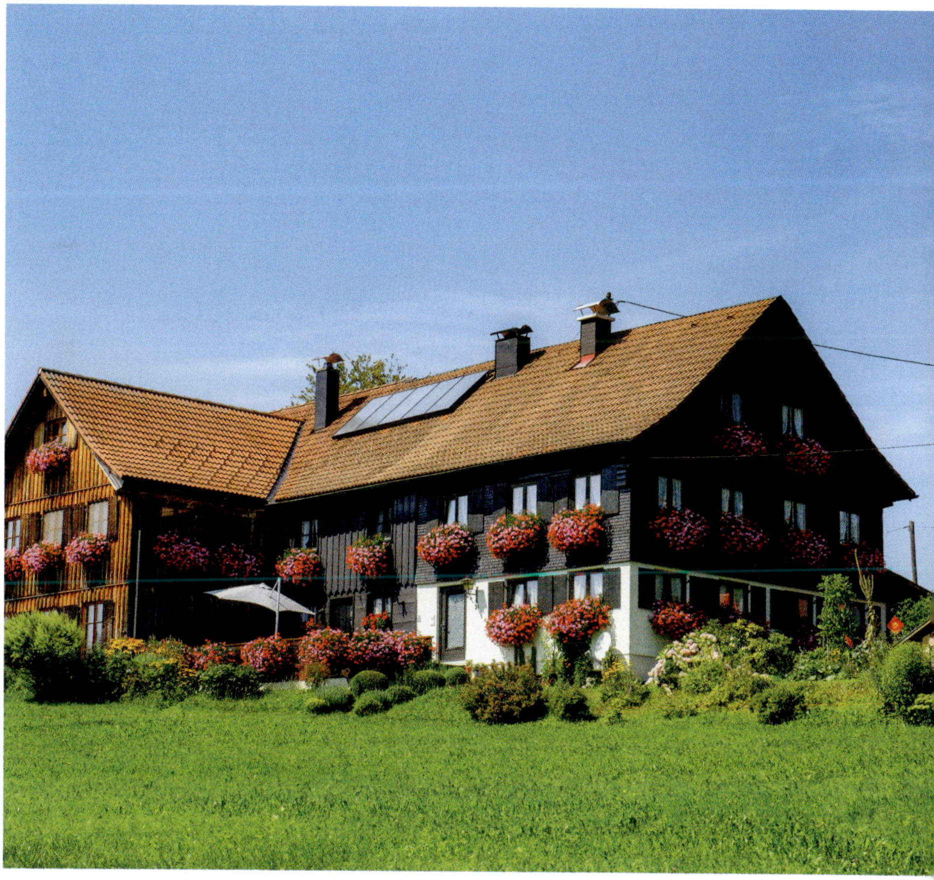

auf folgen (Schild »Knottenried«). An einem Feldkreuz mit einer Rastbank verlassen wir die Straße nach rechts und wandern steiler aufwärts. Sie wird zum Feldweg und verzweigt sich gleich nochmals, wir halten uns ganz links und steuern nach wenigen Schritten auf den Strommasten zu. Nun verliert sich der Weg fast völlig. Wir steigen einfach am Rand des Zauns in der Direttissima über die Wiese bergan. Erst ganz oben, wenn es schon wieder flacher wird, stoßen wir auf einen Wegweiser. Am Waldrand entlang queren wir die nächste Wiese, dann führt ein Pfad am Rand eines Brombeergestrüpps leicht abwärts. Vor uns sehen wir nun schon wieder die Häuser von Knottenried, die wir dann am Rand einer Wiese entlang einfach ansteuern. Hinter dem ersten Haus biegen wir noch einmal rechts ab, passieren ein paar moderne Neubauten und halten uns dann wieder links. Jetzt sind wir wieder auf der Straße, die wir vom Hinweg schon kennen. Sie bringt uns zum Ausgangspunkt zurück.

Prächtig geschmückte Bauernhöfe in Akams passieren wir am Rückweg.

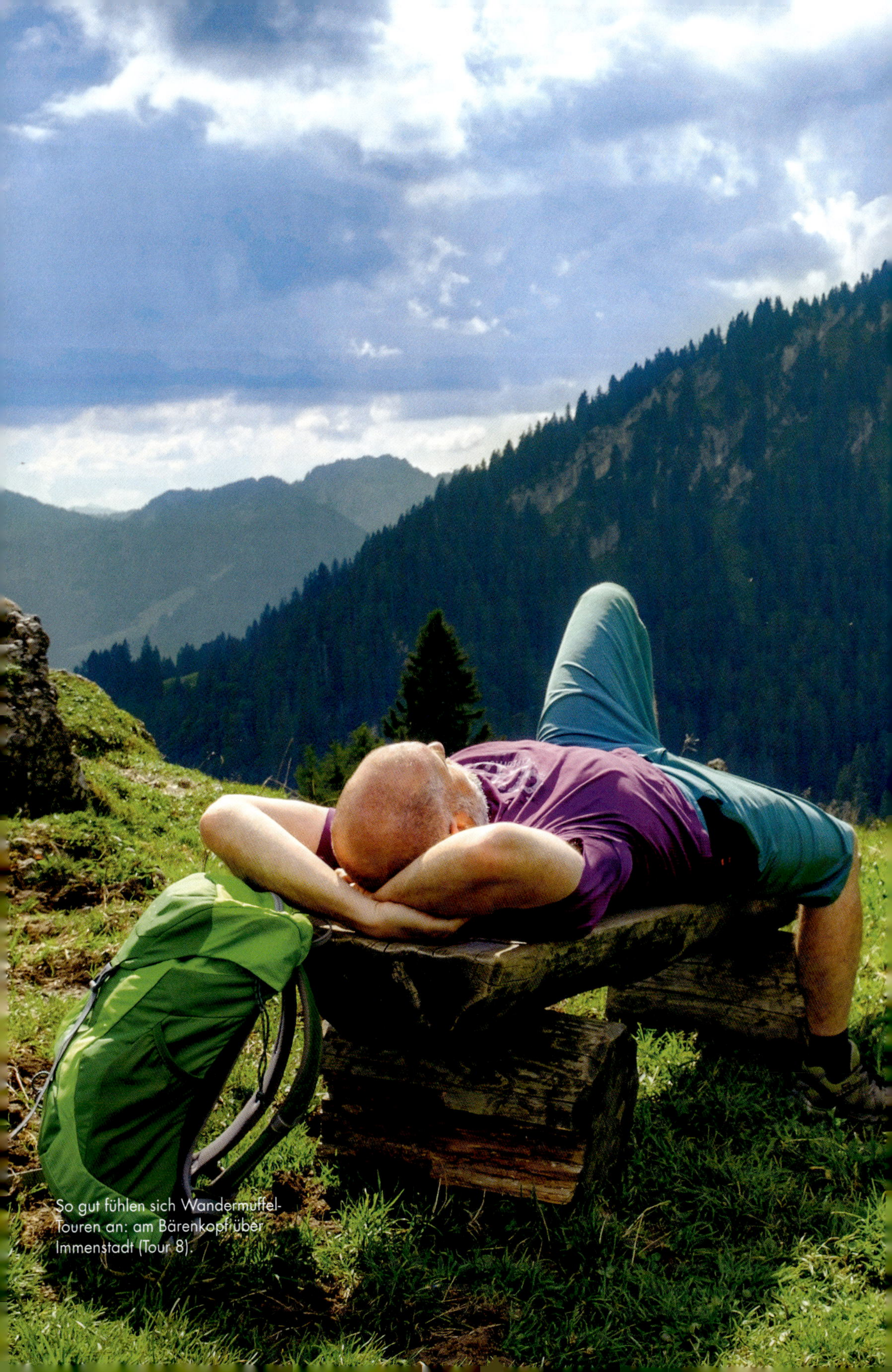

So gut fühlen sich Wandermuffel-Touren an: am Bärenkopf über Immenstadt (Tour 8).

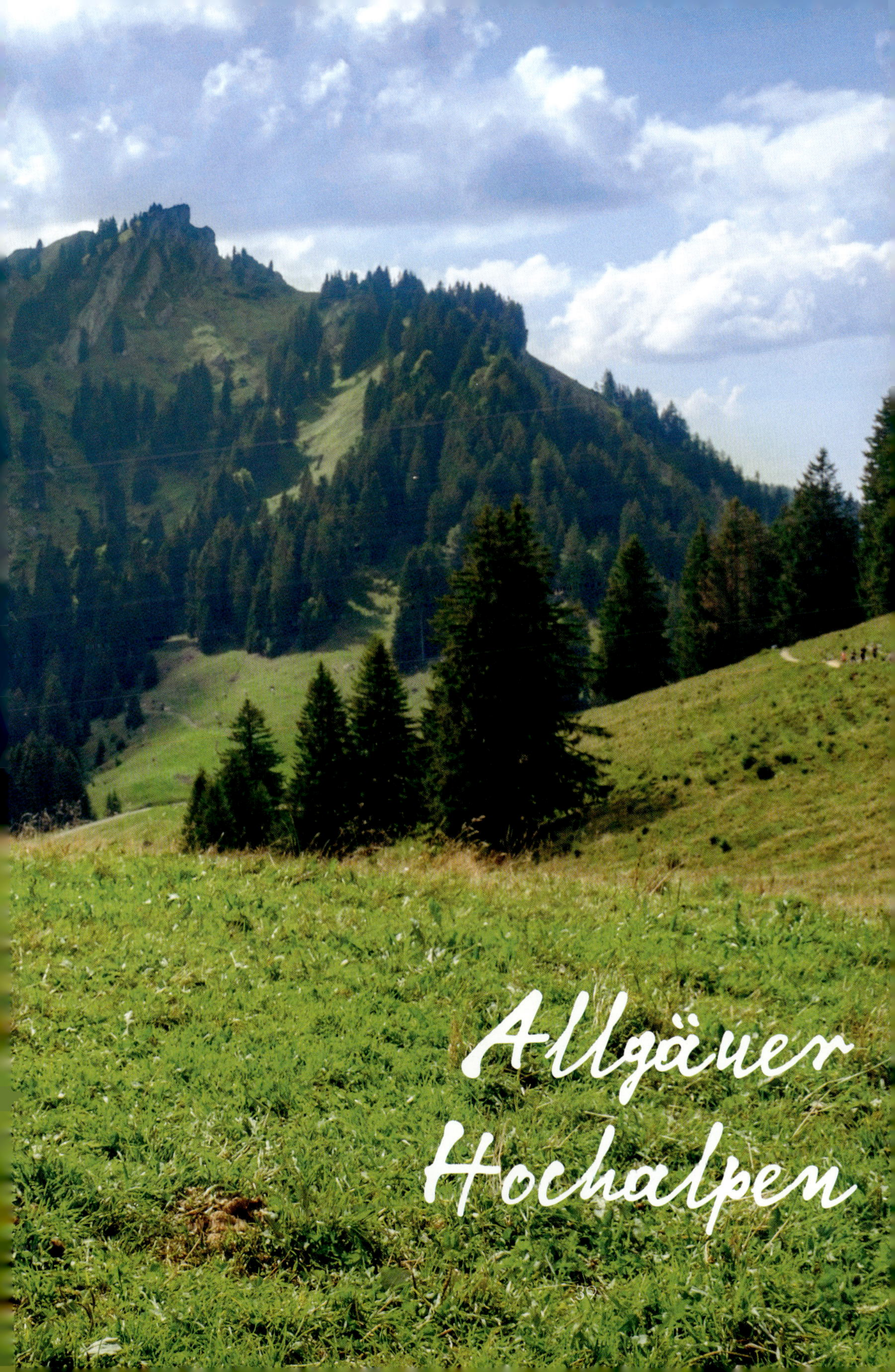
Allgäuer
Hochalpen

7 Zum Rettenberger Falkenstein

Bellevue am Gratweg

mittel | 8 km | 360 Hm | 3 Std.

Tourencharakter
Kleine, einfache Bergtour. Trittsicher sollte man auf den wurzeligen Wegen sein. Vor der Gratwanderung muss man keine Angst haben, außer man ist extrem schwindelgefährdet. Der Weg führt immer mit gutem Abstand an der steil nach Norden abfallenden Kante des Falkensteins entlang.

Ausgangs-/Endpunkt
Tourist-Info Rettenberg

GPS-Daten
47.574401, 10.292915

Anfahrt
Bahn & Bus: Mit der Bahn nach Immenstadt oder Pfronten, weiter mit dem Bus nach Rettenberg
Auto: Rettenberg liegt östlich von Immenstadt. Parkplätze am Freibad (neben der Tourist-Info) oder am Friedhof

Einkehr
Alpe Stockach mit sensationeller Aussicht über das Illertal, einem Spielplatz für Kinder, kleinen Brotzeiten und extrem leckerem Kuchen (Mo Ruhetag)

Karte
Kompass-Wanderkarte 1:50000, Nr. 3 Allgäuer Alpen/Kleinwalsertal

Information
www.alpsee-gruenten.de

»Gipfeltour für Einsteiger« könnte man diese kleine Bergtour oberhalb von Rettenberg nennen, denn sie beinhaltet alles, was zu einer rundum gelungenen Wanderung gehört: nette verschlungene Wege, Aussichtsplätzchen vom Feinsten, einen felsigen Gipfel und eine urige Alm, die hier im Allgäu natürlich Alpe heißt.

Auf die Gebhardshöhe Obendrein gibt es für die größten Wanderverweigerer unter uns die Möglichkeit, die Wanderung abzukürzen. Dafür fehlt dann zwar das Gipfelerlebnis, aber einige der Highlights wie die Alpe Stockach werden trotzdem nicht umgangen. So kann jeder selbst entscheiden, wie lange er den Wandermuffel im Zaum zu halten vermag.

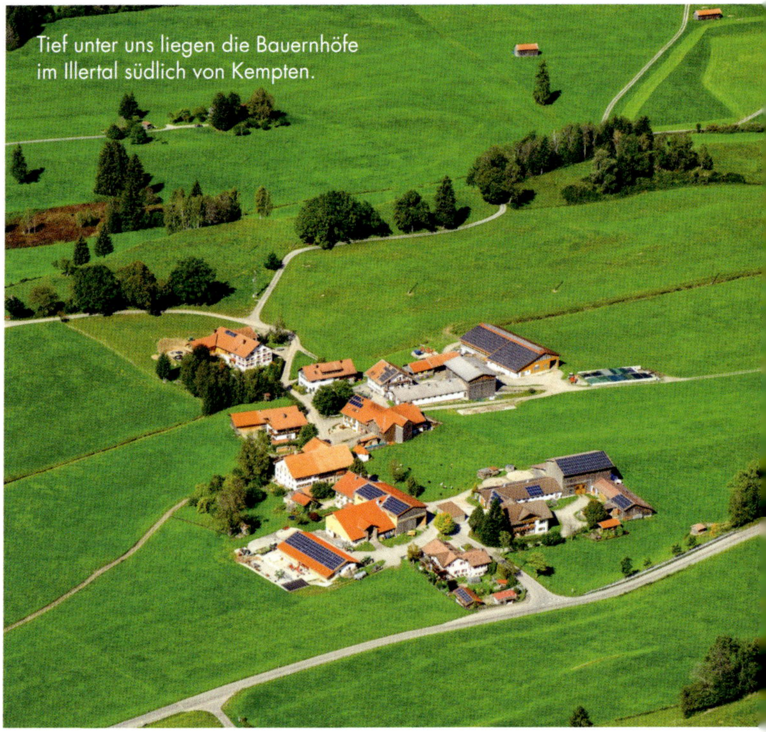

Tief unter uns liegen die Bauernhöfe im Illertal südlich von Kempten.

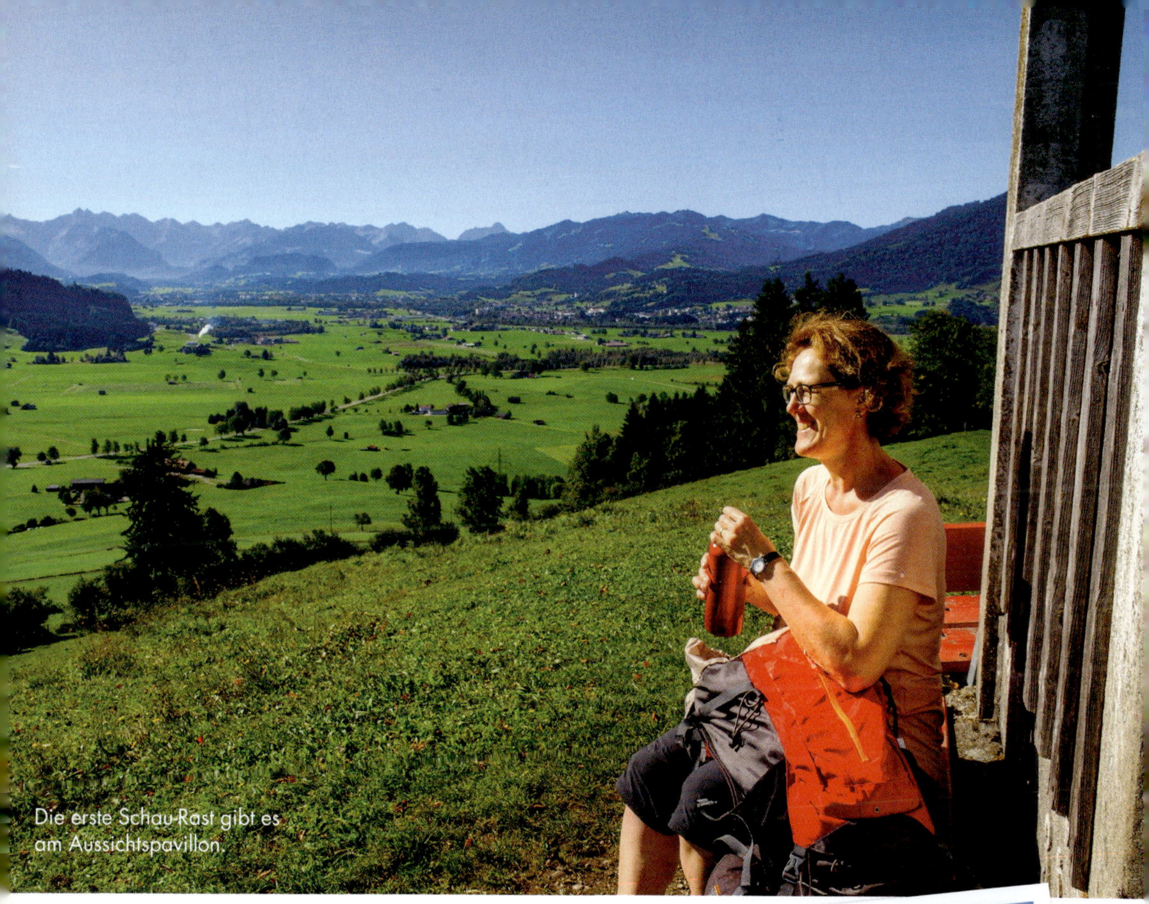

Die erste Schau-Rast gibt es am Aussichtspavillon.

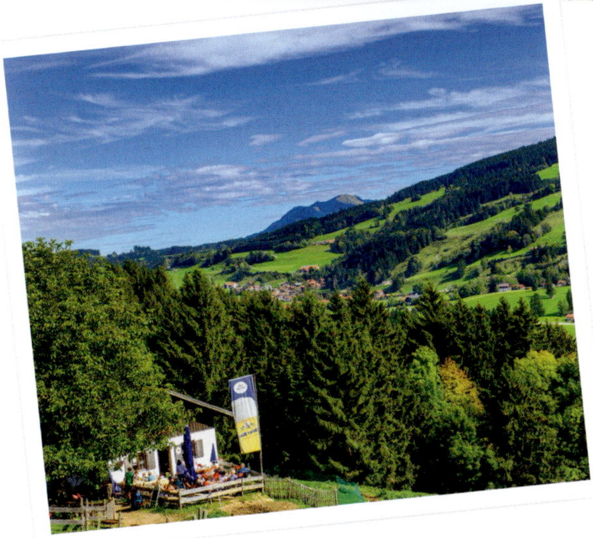

Die kleine Alpe Stockach über Rettenberg

Wir starten an der Rettenberger Tourist-Info im Bichelweg und gehen die wenigen Schritte zur großen Hauptstraße. Dieser folgen wir nach links, passieren die Kirche und erreichen dann den Brauereigasthof Engel. Auf der gegenüberliegenden Straßenseite beginnt die Bergstraße, der wir über die Linkskurve folgen. Hier dürfen wir uns nicht wundern, denn die Gebhardshöhe, über die wir zum Falkenstein wandern wollen, ist mehrfach und in verschiedene Richtungen ausgeschildert. Jetzt zu Beginn stellen wir den Wandermuffel aber noch zurück und entscheiden uns für die etwas längere Variante, die dem Wandertrilogie-Symbol (drei übereinander gestapelte Steine) folgt. So teilt sich der Weg gleich nach den letzten Häusern. Wir halten uns links und wan-

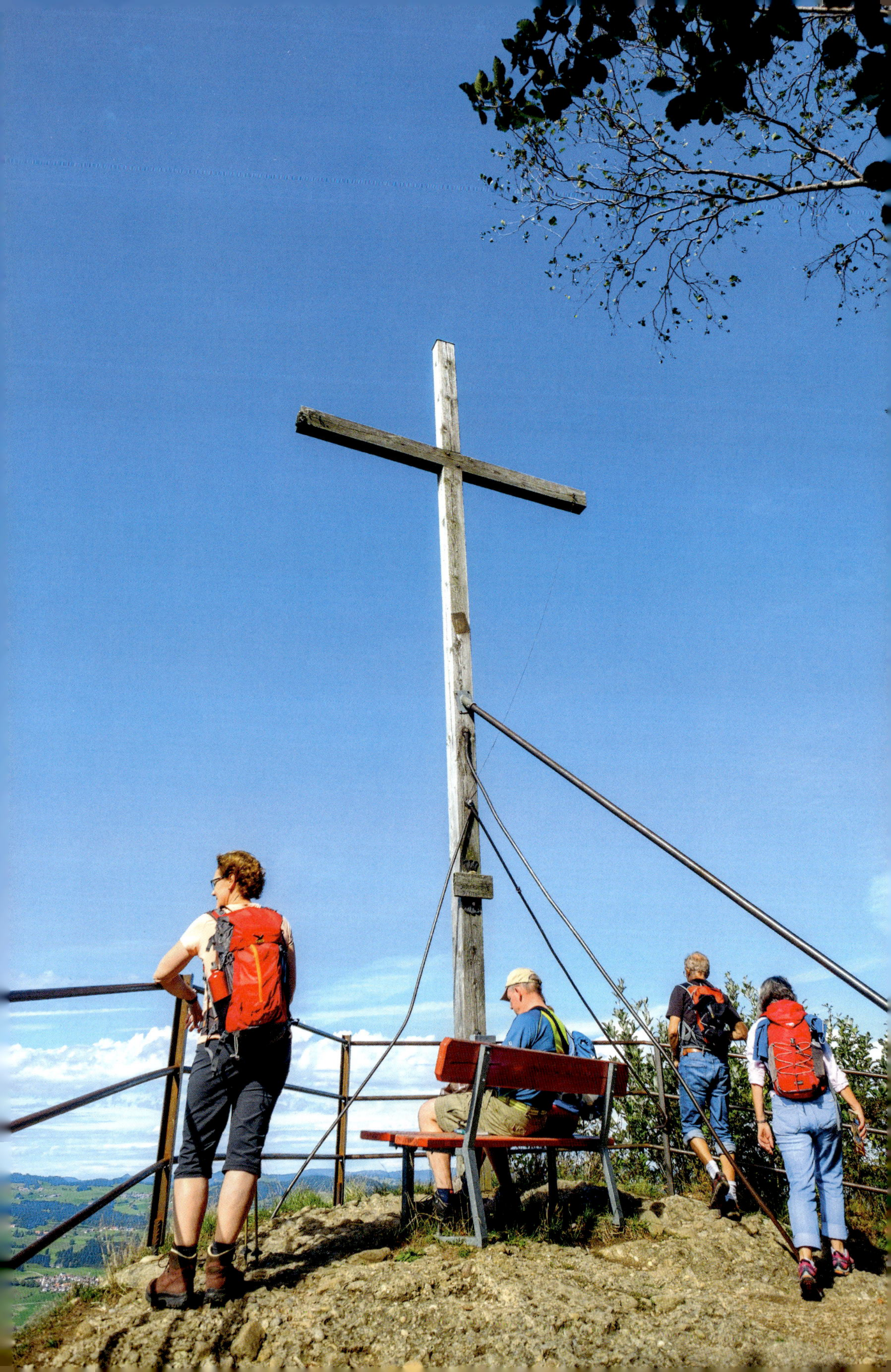

dern am Rand einer Wiese mit sensationeller Aussicht über das Illertal und auf die Allgäuer Hochalpen zum Waldrand. An einer knorrigen alten Eiche stoßen wir auf einen querenden Wanderweg. Diesem folgen wir nun nach rechts bergauf und steigen so auf die Gebhardshöhe, wo wir kurz darauf den sechseckigen Aussichtspavillon erreichen. Dieser Logenplatz schenkt uns ein wunderbares Alpenpanorama – ein perfekter Platz für eine Schaurast.

Linke Seite: Geschafft! Wir stehen am Gipfelkreuz.

Auf der anderen Seite von Rettenberg erhebt sich der Grünten.

Über den Gratweg Nach dem Pavillon geht es noch ein Stück über eine Wiese, dann verzweigt sich der Weg im Wald. Für den Weiterweg folgen wir geradeaus dem anfangs steileren Pfad mit der Beschilderung »Zum Falkenstein über den Gratweg«. Der von Wurzeln überzogene Pfad wird gleich wieder flacher und führt nun im leichten Auf und Ab vorbei an vielen alten Bäumen. Wir passieren die Abzweigung zur Alpe Stockach, die wir erst am Rückweg besuchen wollen (sollte jemand gar keine Lust mehr haben weiterzugehen, dann steht dem direkten Abstieg zur nur wenige Minuten entfernten Alpe natürlich nichts im Wege – hier wäre also die Abkürzungsmöglichkeit).
Kurz danach teilt sich der Weg am Waldrand; von rechts werden wir später zurückkommen. Wir halten uns jetzt links und folgen weiter der Beschilderung am Gratweg. Immer wieder öffnet sich der Wald und gibt Blicke auf den Grünten frei. Bald genießen wir auch die

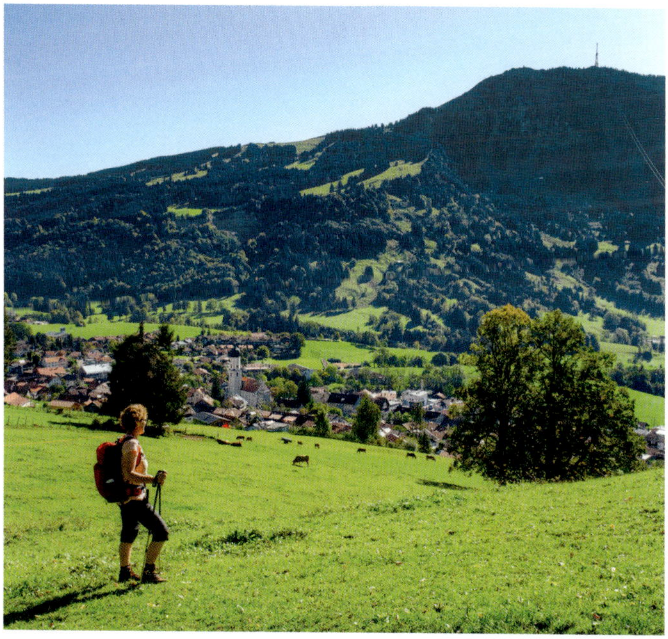

Aussichten

Die Aussicht vom Falkenstein reicht weit nach Norden über Martinszell und den Niedersonthofener See bis nach Kempten. Sogar den Alpsee bei Immenstadt können wir entdecken. Und für alle ganz Neugierigen: Die große Firma im Tal gehört zum Bosch-Konzern. Leider ist am Gipfel nicht viel Platz, die einzige Rastbank ist oft belegt. Für eine längere Brotzeitpause suchen wir uns ein anderes Plätzchen, denn auch am Rückweg gibt's noch einige Rastbänke zum Verschnaufen. Vielleicht wollen wir ja sowieso in der Alpe Stockach einkehren?

ersten Aussichten zu unserer linken Seite. Der Berg fällt hier steil und dramatisch zur Iller ab, aber keine Angst: Unser Wanderweg ist so geschickt angelegt, dass er dem Abgrund nie wirklich nahekommt. Wer nicht ganz schwindelfrei ist, nähert sich einfach nicht den Aussichtspunkten.

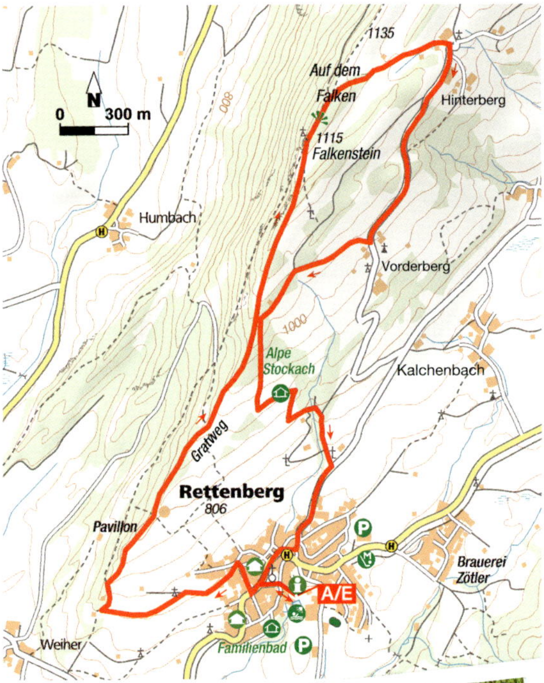

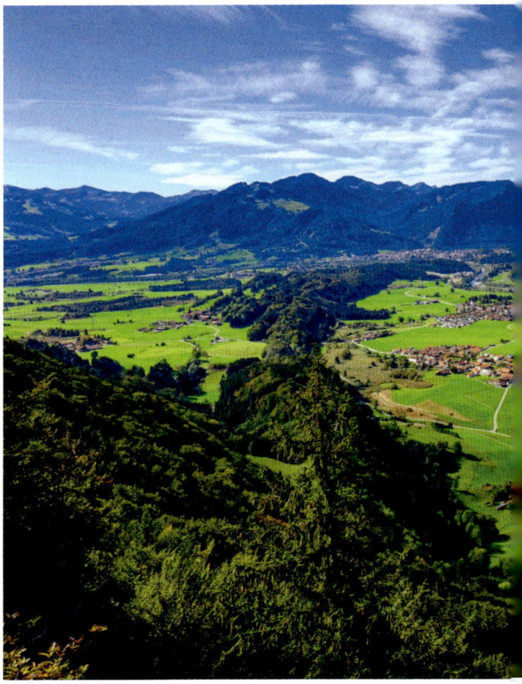

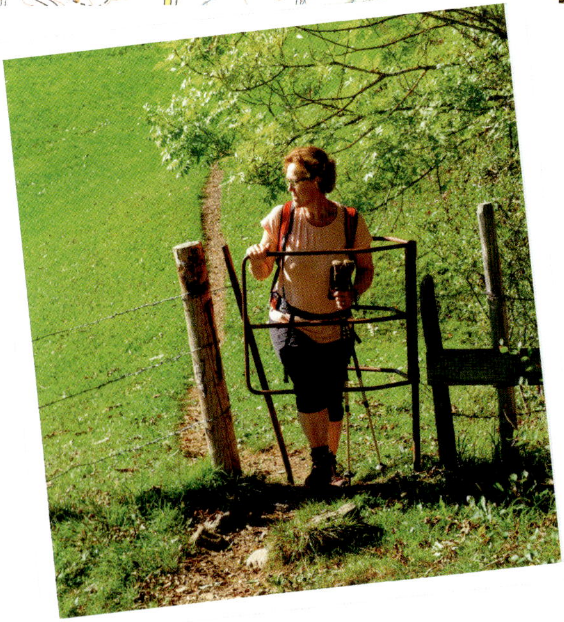

Noch einmal erreichen wir eine Weggabelung im Wald, wo wir stur der Beschilderung zum Falkenstein folgen. Der Weg nach links verliert nun erst einmal wieder an Höhe. Aber kurz darauf kommt es zum ultimativen Bergaufschwung: Wir steigen über eine Almwiese und ein letztes Stück auf dem Gratweg zum Gipfel des Falkensteins hinauf. Der felsige Buckel ist von einem Gipfelkreuz gekrönt, und wir haben den höchsten Punkt unserer Wanderung erreicht.

Alpe Stockach mit Aussicht Für den Rückweg folgen wir vom Gipfel einfach dem Gratweg weiter in nördliche Richtung und verlieren gleich etwas an Höhe. Unser nächstes Ziel ist Hinterberg, das dankenswerterweise gut ausgeschildert ist. In dem Weiler kommen wir zu einem Wanderparkplatz; dort nehmen wir rechts die Zufahrtsstraße Richtung Vorderberg. Zum Glück ist die Straße

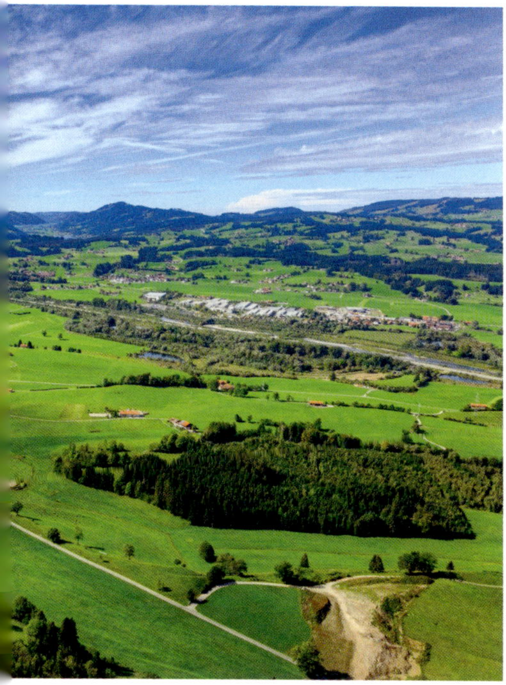

Allgäuer flüssiges Gold

Rettenberg ist das Brauereidorf im Allgäu schlechthin – gleich drei Brauereien sieden und brauen hier am Fuß des Grünten das beliebte flüssige Gold. Nach bester Braumeisterkunst entstehen Gigglstuinar, Grünten Gold, Herzsolo oder Vollmondbier in den Rettenberger Sudkesseln. Die drei Familienbrauereien Zötler, Engelbräu und BernardiBräu sorgen so für ein reges Wirtshausleben. Da lässt es sich zum Ausklang der Runde nicht nur gut einkehren, es gibt auch viele Events rund um die Allgäuer Biere. So kann man beim Vollmondbier-Brauen eine Führung erleben oder sogar in einem Workshop sein eigenes Bier brauen. Es lohnt sich also, länger in Rettenberg zu verweilen.

wenig befahren, und die Häuser von Vorderberg sind schnell erreicht. Vor dem ersten Haus auf der rechten Seite biegen wir ebenfalls rechts in den ansteigenden Feldweg ein, der zur Alpe Stockach beschildert ist. Das erneute Bergauf hält sich in Grenzen, sodass wir weiter einfach die Aussicht genießen dürfen. Es dauert nicht lange, und wir kommen zu der Stelle, die wir vom Hinweg schon kennen. Hier biegen wir nun links auf den abwärts führenden Pfad in den Wald ab. Die Alpe Stockach ist bald zu sehen und über eine Linkskurve auch schnell erreicht. Jetzt haben wir uns die Brotzeit wirklich verdient, die tolle Aussicht gibt es natürlich gratis dazu. Ab hier führt der Weg zurück ins Tal nur noch abwärts – zunächst auf der Zufahrtsstraße, die hinter der Alpe beginnt. Im Tal folgen wir dann rechts der kleinen Vorfahrtsstraße, auf der wir in wenigen Minuten zurück nach Rettenberg gelangen.

Das weite Illertal zwischen Immenstadt und Kempten liegt uns zu Füßen.

Linke Seite unten: Wir passieren viele Viehwippen.

8 Am Mittagberg

Kurz, aber alles inklusive

leicht | 3 km | 180 Hm | 1.15 Std.

Tourencharakter
Leichte Rundwanderung durch die Auf- und Abfahrt mit der Mittagbahn. Meist auf breiten Wanderwegen, nur der Abstieg zur Alpe Oberberg ist etwas steiler und führt über einen Bergpfad. Viele Tourenerweiterungen möglich

Ausgangs-/Endpunkt
Immenstadt, Talstation der Mittagbahn

GPS-Daten
47.554616, 10.218407

Anfahrt
Bahn & Bus: Mit dem Zug nach Immenstadt; vom Bahnhof zusätzlich 15 Min. Fußmarsch zur Bergbahn
Auto: Von der A7 über Kempten auf die B 19 Richtung Oberstdorf, dann weiter auf der B 308 nach Immenstadt und dort der Beschilderung zur Mittagbahn folgen

Einkehr
Alpe Oberberg, geöffnet Anfang Mai bis Anfang Nov. (So immer Livemusik)

Karte
Kompass-Wanderkarte 1:50 000, Nr. 3 Allgäuer Alpen/Kleinwalsertal

Information
www.alpsee-gruenten.de

Eine gigantische Aussicht, gepaart mit einer wunderschönen Alp auf einem ganz kurzen Rundwanderweg: Bei dieser Wandermuffeltour ist alles dabei! Wir genießen die Aussicht, ohne ins Schwitzen zu kommen, und kehren ein, ohne selbst eine Brotzeit mitschleppen zu müssen.

Im Schwebetempo Die alte Werbetafel unten an der Talstation der Mittagbahn zeigt schon an: Es handelt sich um eine Schwebebahn. Der Doppelsessellift hat es also nicht eilig, und so schweben wir im Schneckentempo den Berg hinauf. Wobei das keinesfalls als negativ zu bewerten ist – die Bahn fährt genauso schnell bzw. so langsam, wie wir Zeit zum Entschleunigen brauchen. So fallen schon vor der Mittelstation alle Alltagsorgen ab und bleiben im Tal, und mit jedem geschwebten Höhenmeter hören wir die Kuhglocken intensiver.Auf halber Strecke steigen wir einmal aus und sofort wieder in den folgenden Sessellift ein. Der bringt uns nun auf 1452 Meter Höhe, womit wir eigentlich schon am Mittaggipfel wären. Eigentlich deshalb, weil der Gipfel etwas versteckt hinter der Gipfelhütte im Wald liegt und als solches nicht wirklich ausgeschrieben ist. Das stört uns aber wegen der grandiosen Aussicht, die wir schon direkt von der Bergstation aus genießen können, überhaupt nicht. Und versprochen: Auch ein Gipfelkreuz ist bei dieser Wanderung mit drin.

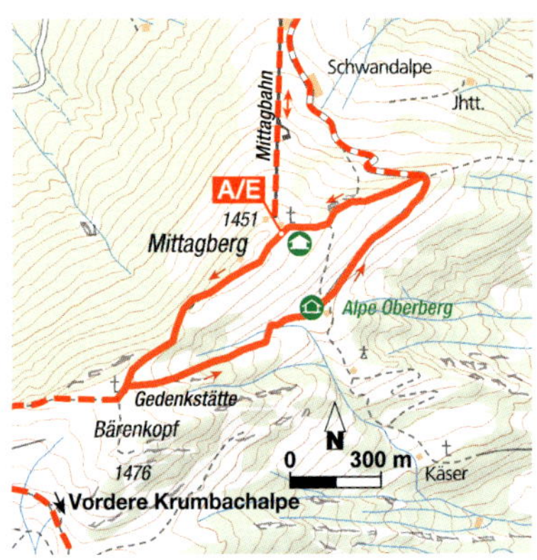

Zum Bärenkopf Als Erstes lassen wir direkt vor der Gipfelhütte das Bergpanorama auf uns wirken – vor allem, weil die Aussicht nach Norden über den Grünten

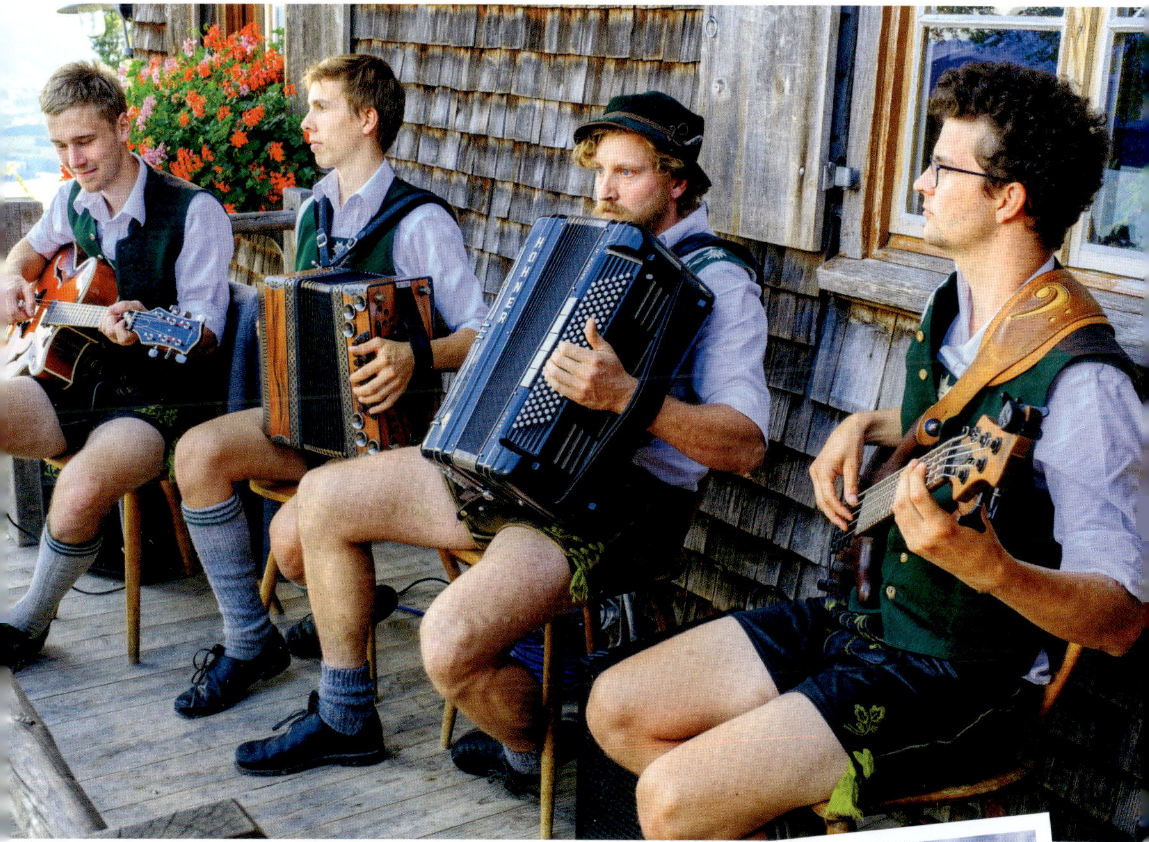

hinweg bis zur Ebene rund um Kempten so wunderschön ist. Zu beobachten sind auch die vielen Gleitschirmflieger, die auf der Wiese neben der Bergstation zu ihrem Flug starten. Nachdem wir uns sattgesehen haben, machen wir uns auf den Weg zum Bärenkopf. Dafür halten wir uns an der Weggabelung rechts und folgen leicht aufwärts der Beschilderung zum Bärenkopf. Der angenehme Wanderweg verläuft fast eben, sodass wir nach nicht einmal 30 Minuten Schlendern bereits am Gipfelkreuz des Bärenkopfs sitzen. Von hier blicken wir nun weit nach Süden bis zu den Allgäuer Hochalpen um Oberstdorf. Gut, dass hier genügend Platz ist, so finden wir sicher auch ein freies Stück Almwiese, wo wir erst einmal rasten dürfen.

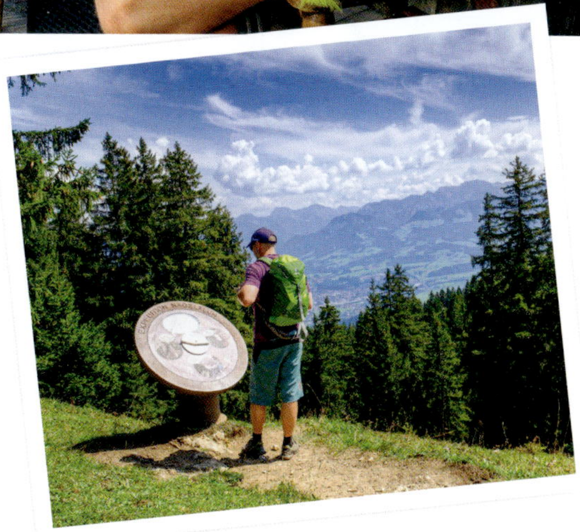

Wir wandern im Naturpark Nagelfluhkette.

Ganz oben: Sonntags wird Musik aufgespielt an der Alpe Oberberg.

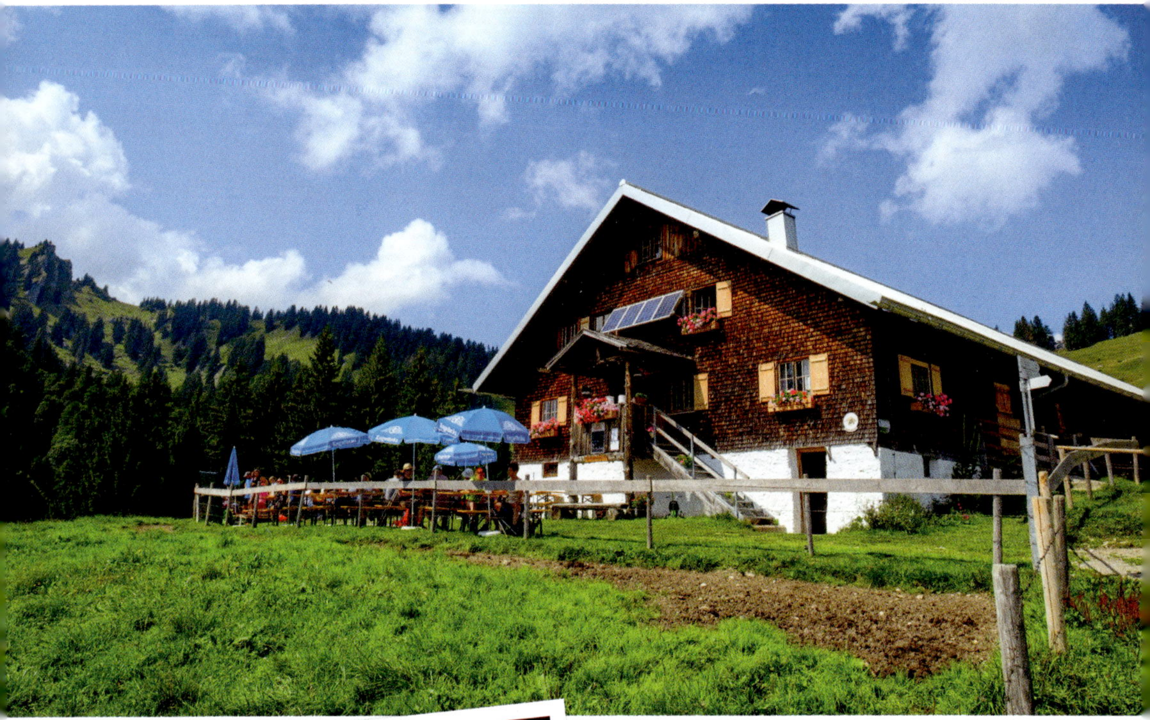

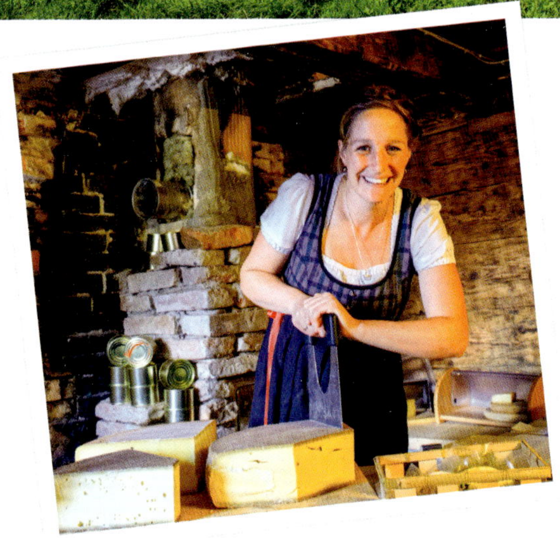

Guten Käse gibt's auf der Alpe Oberberg.

Ganz oben: Die Vordere Krumbachalpe ist ebenfalls ein lohnendes Ziel.

Darf's ein bisserl mehr sein? Wer jetzt seinen Wandertrieb entdeckt hat, kann die Tour leicht verlängern: z. B. zur Vorderen Krumbachalpe, die in gut 25 Minuten abwärts zu erreichen ist. (Wobei man den Aufstieg zurück ebenfalls berücksichtigen sollte.) Schwieriger und mit mehr Herausforderungen gestaltet sich der Aufstieg zum nächsten Gipfel, dem Steineberg, der nur für schwindelfreie und trittsichere Bergsteiger geeignet ist: Als Raffinesse mit Nervenkitzel führt eine lange Treppe die letzten Meter zum Gipfel hinauf (dann 1 Std. einfach / 200 Hm). Für solche Wagnisse fehlt uns jedoch der Antrieb, und so entscheiden wir uns für die Variante über die Alpe Oberberg. Deshalb folgen wir der Beschilderung dorthin und steigen links steil über eine Almwiese abwärts. Durch ein kleines Waldstück wandernd, stehen wir kurz darauf an der Alpe Oberberg, einem weiteren Höhepunkt der Wanderung. Die urgemütliche Alpe lässt uns tief

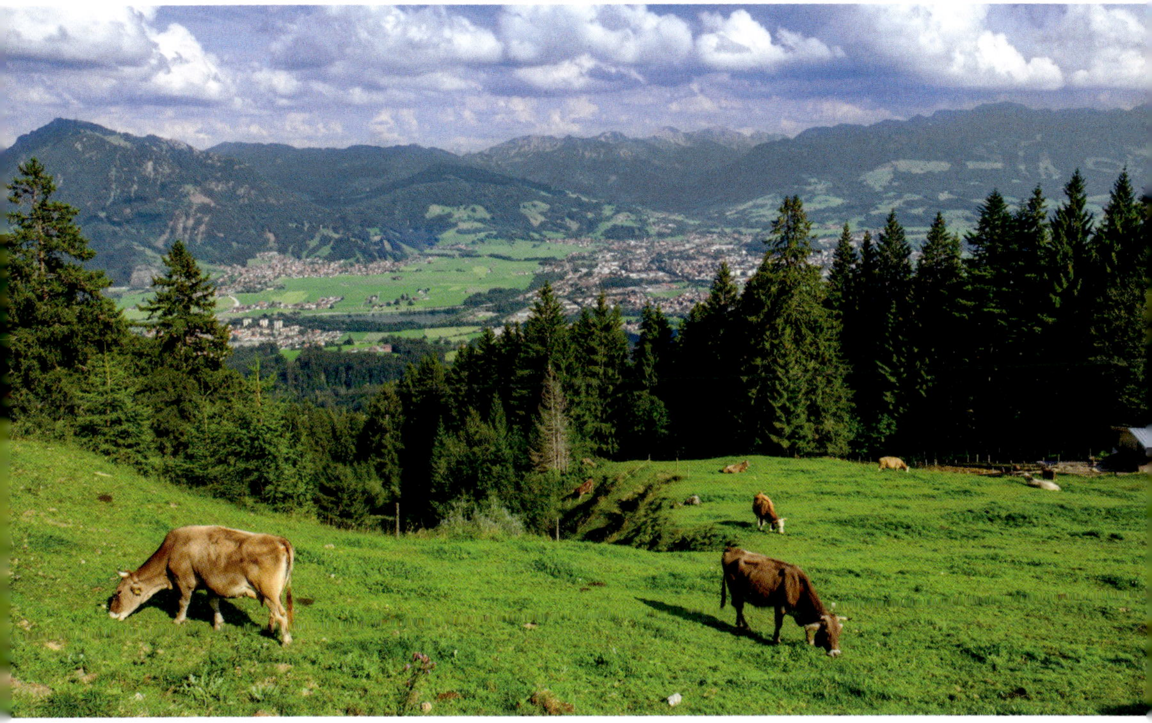

Am Rückweg genießen wir eine herrliche Aussicht über das Illertal auf Sonthofen.

hinab auf das Illertal mit Sonthofen blicken. Es gibt Brotzeiten, Kaffee und Kuchen und natürlich auch gekühlte Getränke. Wer Käse mag, ist hier besonders gut aufgehoben, denn die Alm ist eine Sennalpe, auf der der Käse noch selbst produziert wird. Der Käsesalat und der Hüttenkäse mit mediterranem Dressing sind sehr zu empfehlen.

Abstieg oder Talfahrt? Und so kommt es, dass wir unseren Heimweg nicht nur mit einem vollen Bauch antreten, auch unsere Rucksäcke sind mit feinstem Bergkäse gefüllt, denn den können wir direkt an der Alpe erwerben. Wir folgen der kleinen Alpstraße weiter in ursprünglicher Wanderrichtung. An der steilen Spitzkehre entscheiden wir uns dann: Entweder steigen wir links aufwärts und schweben mit der Bergbahn ins Tal zurück, oder wir wandern nach rechts bis zur Mittelstation hinab (deutlich länger, aber abwärts), wo wir dann ebenfalls die Bahn ins Tal benützen können.

Berg- und Seeglück

Ganz nah bei Immenstadt liegt der Große Alpsee. Vor traumhafter Bergkulisse können wir bei Bühl an der Uferpromenade oder in der Beachbar den Abend ausklingen lassen.

9 Sonnige Hörnertour

Vom Bolsterlanger zum Ofterschwanger Horn

mittel | 5,5 km | ↑280 Hm ↓500 Hm | 2.30 Std.

Tourencharakter
Mit Hilfe der Bergbahnen von Bolsterlang und Ofterschwang keine schwere Wanderung (Kombiticket für beide Lifte). Vorwiegend Wanderwege und Bergpfade, etwas Trittsicherheit ist nötig. Überwiegend sonnig

Ausgangspunkt
Bolsterlang, Talstation der Hörnerbahn

GPS-Daten
47.462965, 10.227803

Endpunkt
Ofterschwang, Talstation der Bergbahn Weltcup-Express

GPS-Daten
47.497472, 10.233235

Anfahrt
Bahn & Bus: Zug nach Sonthofen, Bus nach Bolsterlang bis Hörnerbahn. Rückfahrt von Ofterschwang mit dem Bus
Auto: B 19 Ri. Sonthofen und bei Fischen nach Bolsterlang. Die Bergbahn ist ausgeschildert.

Einkehr
Unterwegs z.B. die Fahnengehrenalpe, geöffnet Ende Mai bis 15.9., oder die Weltcup-Hütte

Karte
Kompass-Wanderkarte 1:50000, Nr. 3 Allgäuer Alpen/Kleinwalsertal

Information
www.hoernerdoerfer.de

Die aussichtsreiche Hörnertour hoch über dem Illertal zählt zu den Klassikern unter den Allgäuer Panoramawegen und ist mit Hilfe der Lifte perfekt für Wandermuffel geeignet, die noch dazu Gipfel sammeln können, aber nicht müssen.

Zum Weiherkopf Dabei ist der Startpunkt der Wanderung leicht mit der Hörnerbahn erreichbar. Rasch schweben wir mit dem Sessellift hinauf zur Bergstation und sparen uns so knappe 600 Höhenmeter Anstieg. Oben angekommen, können wir gleich einmal mit einem Abstecher links um die Bergstation herum aufs Bolsterlanger Horn steigen. Wer dieses Horn auslassen möchte, folgt einfach dem breiten Almweg in westlicher Richtung. Dieser teilt sich nach wenigen Metern: Links führt er zum Schwabenhaus, mittig steigt er steil an, und nach rechts beginnt

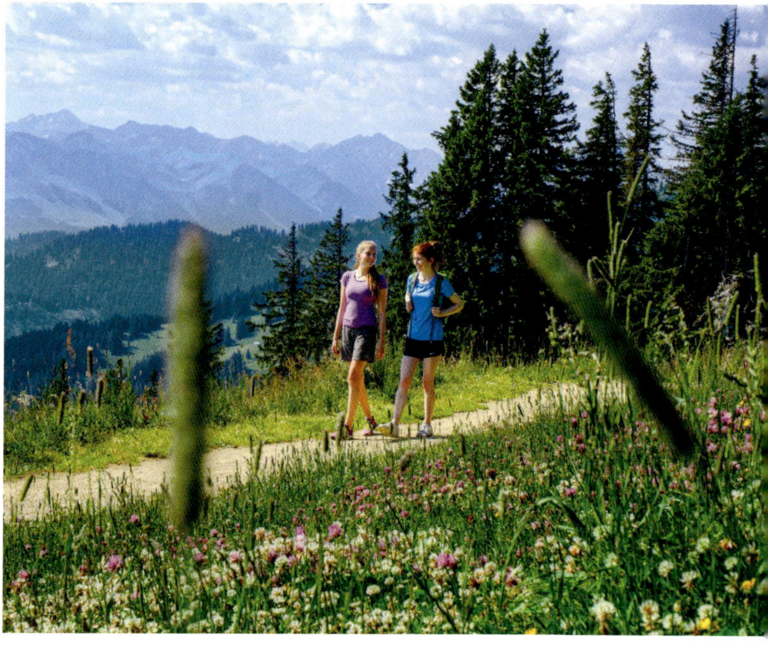

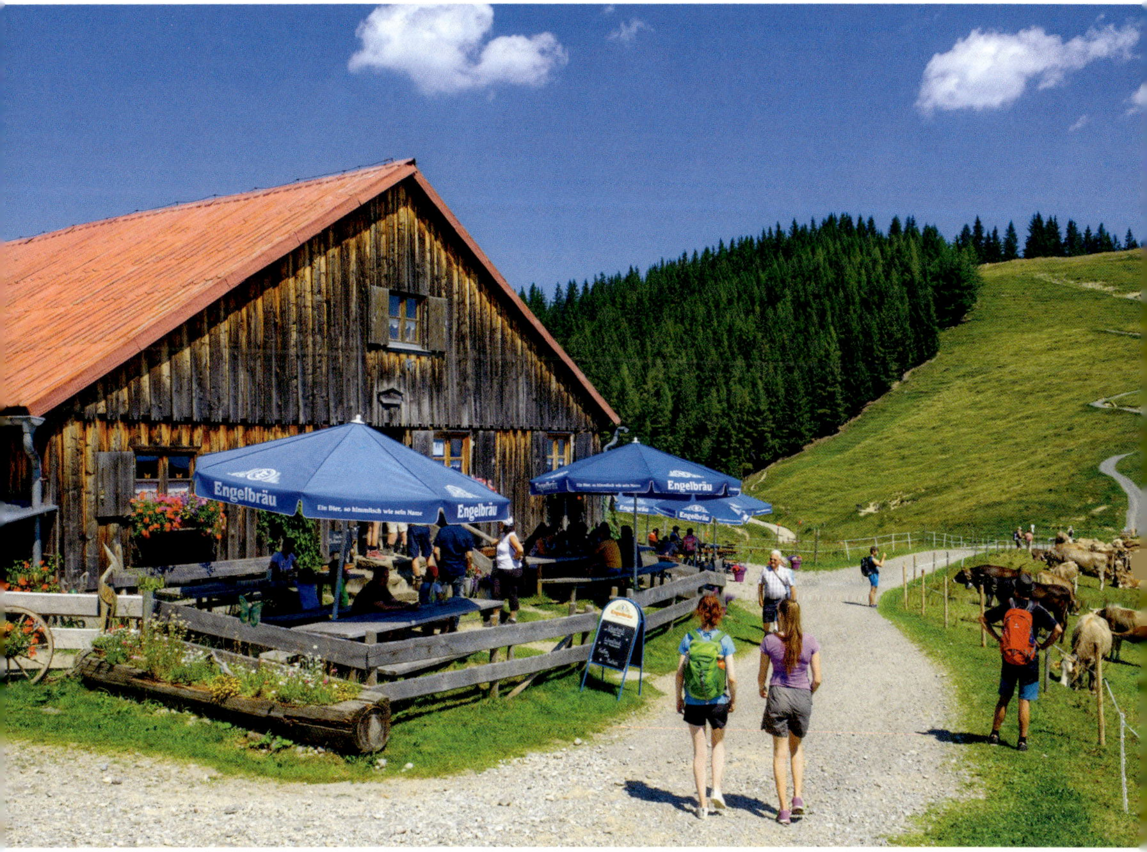

die leichte Variante des Panoramawegs Hörnertour. Noch sind wir aber richtig motiviert, und so wählen wir nicht die leichte Variante, sondern steigen voller Elan mittig zum Weiherkopf empor. Gut, ein absoluter Wandermuffel darf sich auch rechts halten und den Gipfel an seinem Fuß umrunden. Alle anderen werden oben mit der ersten schönen Aussicht über das Illertal auf die nahen Allgäuer Hochalpen belohnt. Am Weiherkopf gehen wir einfach in Wanderrichtung weiter, passieren die Bergstation eines Skilifts und treffen kurz darauf wieder auf den Weg, den die Höhenmeter-Verweigerer gewählt haben. Jetzt geht es immer in nördlicher Richtung weiter. Das ist vor allem im Sommer angenehm, denn dann haben wir die Sonne im Rücken.

Die Einkehr in der Fahnengehrenalpe gehört bei dieser Tour einfach dazu.

Linke Seite: Die Hörner-Wanderung ist ein Klassiker unter den Allgäuer Bergtouren.

Im Sausewind zu Tal

Es gibt noch eine Alternative für die Talfahrt: An der Bergstation kann man sich Downhill-Roller ausleihen. Mit Helm geschützt, flitzt man auf ihnen ins Tal. Ein sportliches Vergnügen, das aber sicherlich nur etwas für Actionhelden ist.

Rangiswanger Horn und Fahnengehrenalpe Bald darauf teilt sich der Weg erneut. Links haltend bedarf es des Motivationsschubs für weitere 100 Höhenmeter Aufstieg, und die Gipfelsammler können so das Rangiswanger Horn besteigen. Alle anderen bleiben einfach auf dem Hauptweg, der nun leicht bergab um einen kleinen Kessel mit einer Almweide führt. An deren Ende, etwas oberhalb der Sigiswanger-Horn-Alpe (die wir nur sehen, wenn wir auf der Rastbank rechts von unserem Weg eine Pause einlegen), stößt auch der Bergweg vom Rangiswanger Horn wieder auf unseren Hauptweg. Langsam wird der Weg schmäler und führt bald als Pfad am Hang unterhalb des Sigiswanger Horns durch den Bergwald. Ein schöner und abwechslungsreicher Wegabschnitt, allerdings etwas mit Steinen und Wurzeln durchsetzt, weshalb wir trittsicher sein sollten. Kaum verlassen wir den Wald, liegt die Fahnengehrenalpe auch schon vor uns – eine gute Gelegenheit, um für eine typisch allgäuische Brotzeit einzukehren. Weiterer Pluspunkt: Selten finden wir eine Alpe mit einer so sensationellen Aussicht! Der Blick schweift weit nach Osten über das gesamte Illertal, am Horizont reihen

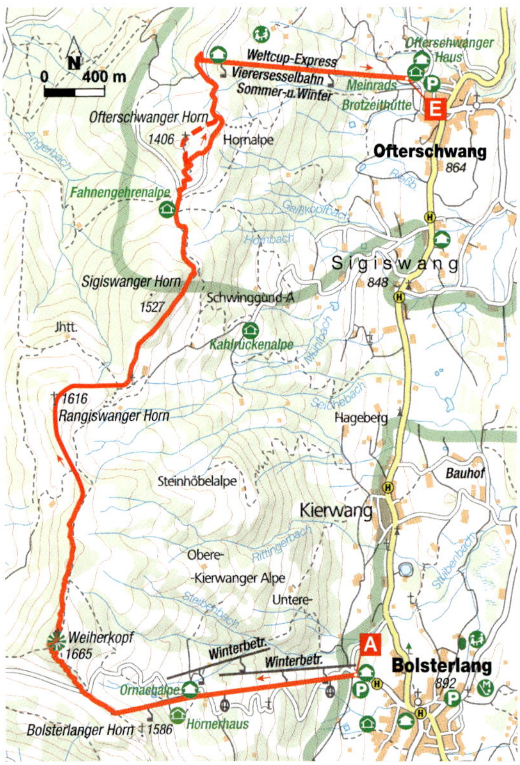

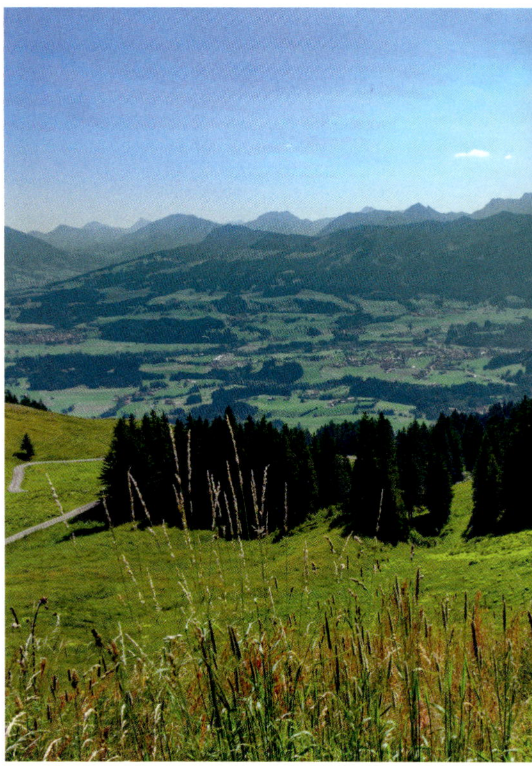

sich die Berge vom Grünten bis zu den Allgäuer Hochalpen bei Oberstdorf aneinander, und auf der anderen Seite blicken wir auf den Naturpark Nagelfluhkette, wo der Gipfelreigen scheinbar einfach kein Ende nimmt.

Über das Ofterschwanger Horn Hoffentlich liegt uns die Brotzeit nicht zu schwer im Magen, denn am Rückweg können wir noch einmal 10 Minuten investieren, um auf das Ofterschwanger Horn zu steigen. Dafür gehen wir kurz in Wanderrichtung weiter, bis sich der Weg teilt. Geradeaus über den Viehtritt windet sich der Pfad hinauf zum Gipfelkreuz. Das ist schnell erreicht, und wir dürfen uns dort über noch mehr tolle, weit ins Land hinaus reichende Ausblicke freuen.
Wem das zu anstrengend ist, der hält sich an der Weggabelung rechts und folgt der breiten Almstraße. Die Gipfelstürmer steigen dann in nördlicher Richtung ab und stoßen so auch wieder auf die Almstraße. Kurz darauf sind wir an der Bergstation des Weltcup-Express-Lifts angekommen, von wo wir gemütlich ins Tal hinab schweben.

Kurz nach dem Ausstieg aus der Bolsterlanger Bergbahn erwartet uns die erste Aussicht.

Der letzte Gipfel der Wanderung: am Ofterschwanger Horn

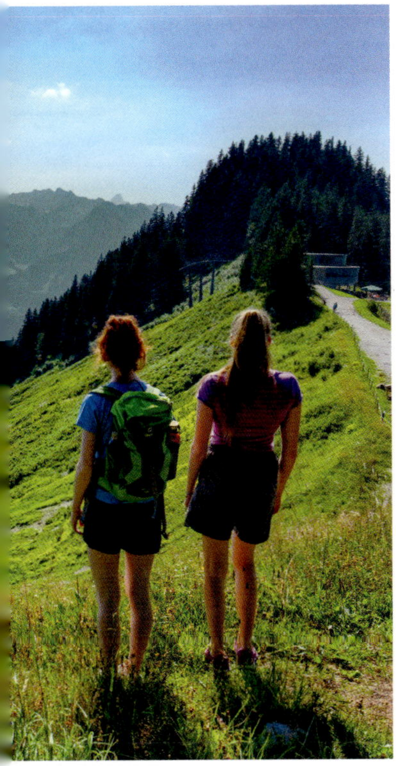

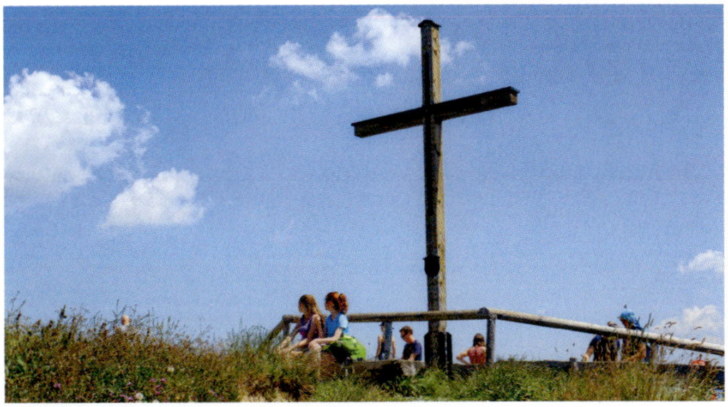

Rückfahrt mit dem Bus

Die beiden Talorte Ofterschwang und Bolsterlang verbindet ein Bus. Er startet an der Hauptstraße in der Ofterschwanger Ortsmitte, zu der wir von der Talstation des Lifts durch den Panoramaweg gelangen. Gut, dass es gleich neben der Bushaltestelle eine kleine Eisdiele gibt, die uns das Warten auf den Bus angenehm versüßt.

10 Zum Großen Ochsenkopf

Unscheinbarer Nachbar des Riedberger Horns

leicht	5,5 km	350 Hm	3 Std.

Tourencharakter
Leichte, aussichtsreiche Wanderung in der Hörnergruppe mit geringen Steigungen

Ausgangs-/Endpunkt
Bolsterlang, Bergstation der Hörnerbahn

GPS-Daten
47.460771, 10.205604

Anfahrt
Bahn & Bus: Mit dem Zug nach Sonthofen und weiter mit dem Bus nach Bolsterlang
Auto: Nach Sonthofen, von dort nach Bolsterlang und zur Talstation der Hörnerbahn

Einkehr
Berghaus Schwaben

Karte
Kompass-Wanderkarte 1:50000, Nr. 3 Allgäuer Alpen/Kleinwalsertal

Information
www.bolsterlang.de

Der Große Ochsenkopf oberhalb des Berghauses Schwaben ist ein gemütlicher Wandergipfel neben dem bekannten Riedberger Horn. Der Übergang zum Weiherkopf bietet eine leichte, aussichtsreiche Wanderung in der Hörnergruppe. Wir genießen vom Gipfel eine sensationelle Sicht hinüber zum Allgäuer Hauptkamm.

Zum Großen Ochsenkopf Von Bolsterlang schweben wir mit den Gondeln der Hörnerbahn zur Bergstation hinauf und wandern von dort auf dem breiten, südseitigen Höhenweg zum Berghaus Schwaben. Bereits auf diesem Wegabschnitt genießen wir eine grandiose Aussicht gen Süden auf den Allgäuer Hauptkamm. Nach einer kurzen Pause im schön gelegenen Berggasthof machen wir uns an den Weiterweg zum Großen Ochsenkopf. Hierfür gehen wir zuerst noch ein Stück in Richtung Riedber-

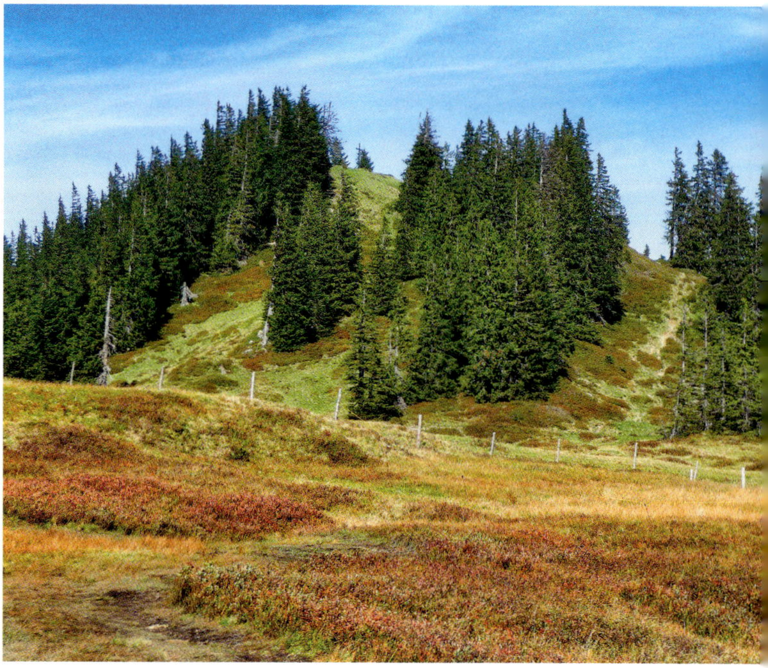

Schönes Gelände am Weg zum Großen Ochsenkopf

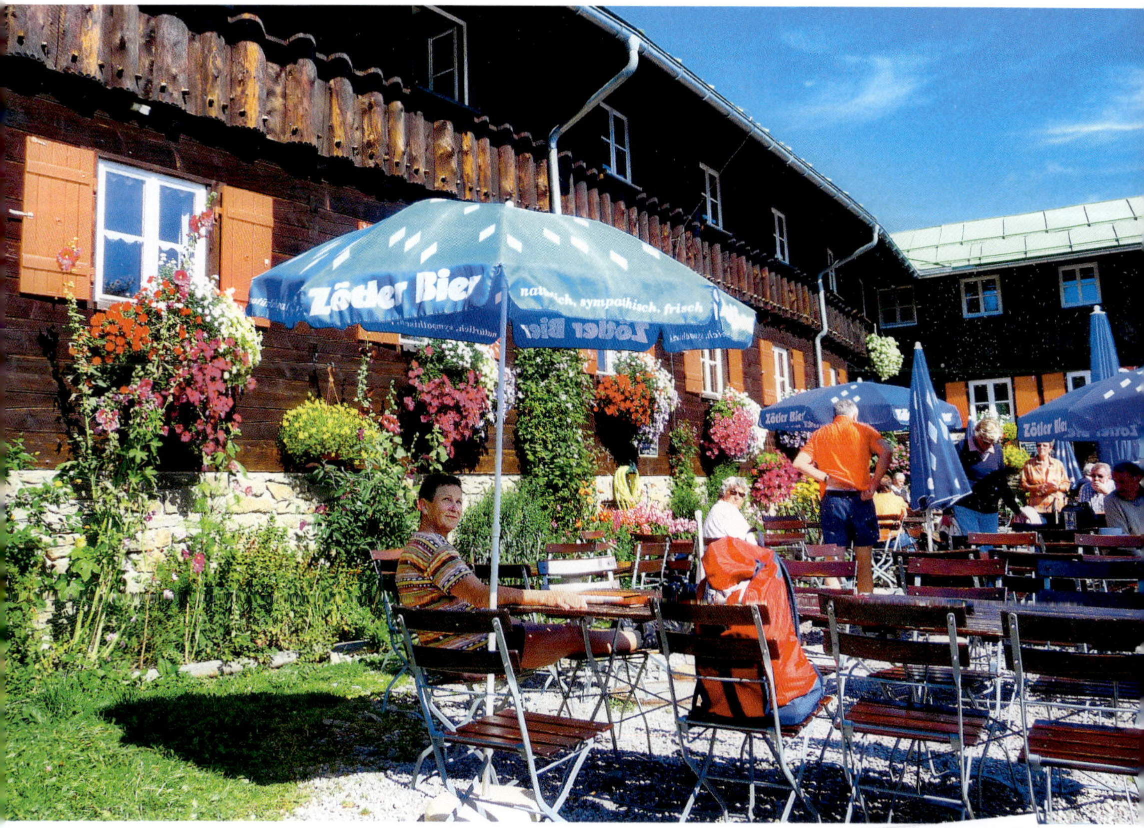

ger Horn. Der gute Wanderweg führt in südwestlicher Richtung unterhalb des Kamms entlang. Die erste Abzweigung nach rechts zum Grat hinauf nehmen wir und stehen schon bald auf dem gemütlichen Gratrücken zwischen Riedberger Horn und Großem Ochsenkopf. Hier wenden wir uns nach rechts. Der Weiterweg erweist sich als wahre Aussichtspromenade. Bald erreichen wir ein kleines Hochmoor und erklimmen anschließend über den kurzen Schlussanstieg den Großen Ochsenkopf.

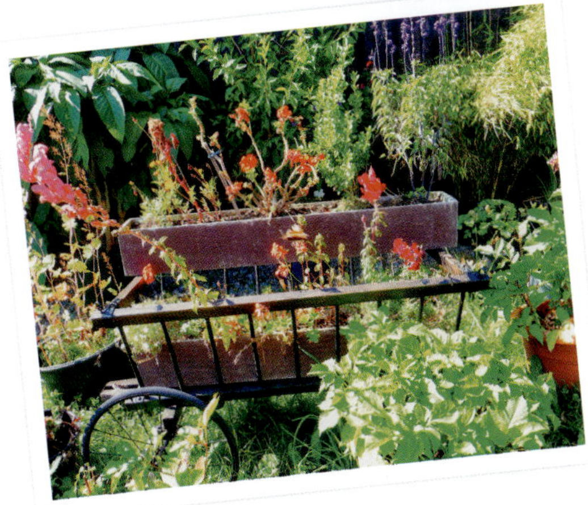

Blumenpracht am Berghaus

Ganz oben: Gemütliche Einkehr am Berghaus Schwaben

Zum Weiherkopf Bevor wir auf der anderen Seite wieder bergab und in den Wald hinein wandern, sollten wir auch hier den Ausblick würdigen: Erneut präsentieren sich uns die mächtigen Gipfel des Allgäuer Hauptkamms, die wir bereits am Riedberger Horn gesehen haben. Der geräumige Gipfel mit seiner südseitigen Gipfelwiese bietet uns viel Platz für eine ausgiebige Rast. Vom Großen Ochsenkopf wandern wir in den Wald und gelangen im mehrmaligen Auf und Ab in recht kurzer Zeit über den Schlussanstieg zum Weiherkopf. Hier haben wir einen beeindruckenden Blick auf den freistehenden Grünten und hinunter nach Sonthofen. Nach einer kurzen Gipfelpause wandern wir über den teilweise steilen, aber breiten und dadurch ziemlich einfachen Weg hinunter zur Bergstation der Hörnerbahn.

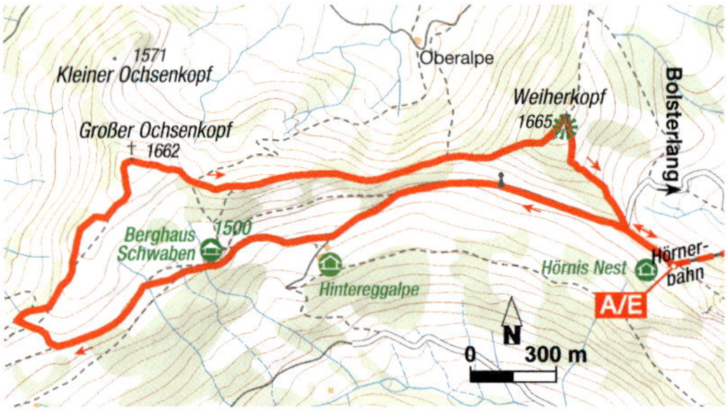

Variante: Riedberger Horn
(4.15 Std./530 Hm/9,4 km)

Wer möchte, kann auch noch das Riedberger Horn mitnehmen: Wir wandern, wie beim Ochsenkopf beschrieben, unterhalb des Kamms in Richtung Riedberger Horn. Dabei ignorieren wir die beiden Abzweigungen nach rechts zum Grat und gehen am

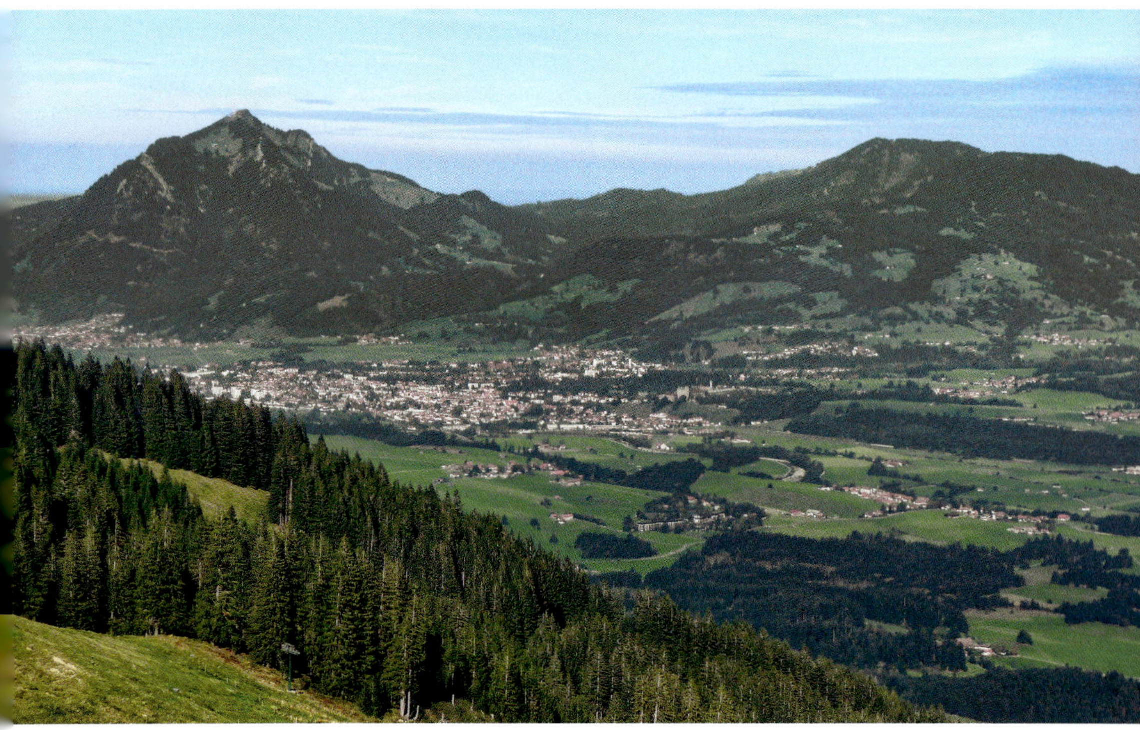
Tolle Aussicht über Sonthofen zum Grünten

Hauptweg weiter in Richtung Riederberger Horn. Der Weg zieht in einem Bogen unter dem Ostkessel des Horns hindurch. Wir queren hinüber zum Ostgrat, und der nun schmalere Steig bringt uns hinauf zum Gipfel des Riedberger Horns. Die letzten Meter sind etwas steiler, insgesamt ist der Anstieg aber problemlos. Nach dem Anstieg zum Riedberger Horn wartet nun die Panoramatour zum Großen Ochsenkopf auf uns. Wir verlassen den Gipfel nach Norden, wo der Weg steil abfällt, einen Sattel überschreitet und schließlich unterhalb eines kleinen Wiesenkopfs quert. Der Grat ist an einigen Stellen etwas steiler und steiniger, aber ganz gut zu begehen. Wir bleiben ihm treu bis zur Einsenkung zwischen Riedberger Horn und Ochsenkopf. Von dort geht's wie oben beschrieben zum Großen Ochsenkopf. Über den Weiherkopf erreichen wir wieder die Bergstation der Hörnerbahn.

Viehscheid

Die Viehscheid ist für die Älpler der Höhepunkt im Jahresverlauf. Sie findet im September statt, wenn der Alpsommer für das Vieh zu Ende geht. Die Tradition kann bis ins Jahr 1059 zurückverfolgt werden. Traditionell tragen die Tiere als Schmuck Blumenkränze und große Schellen. Viele Tausend Besucher strömen jedes Jahr zu den Festen. Auch in Bolsterlang findet eine schöne Viehscheid statt, die einen Besuch lohnt.

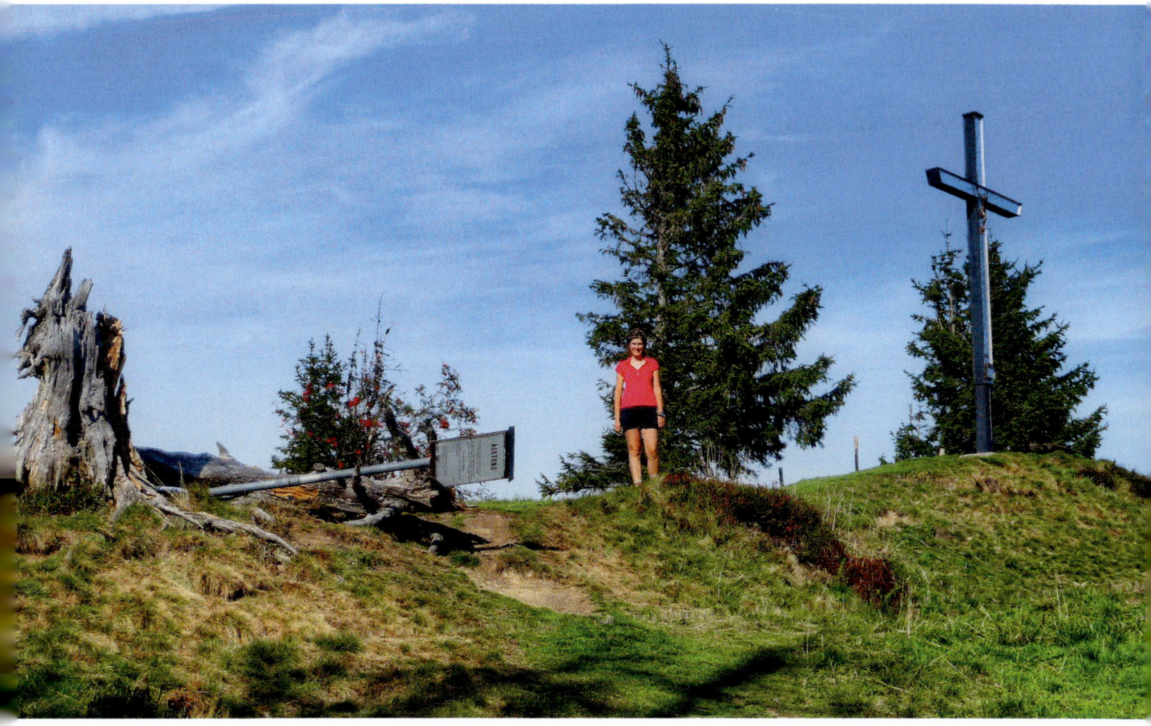

Gipfelpause am Großen Ochsenkopf

11 Aufs Riedberger Horn

Panoramagipfel in der Hörnergruppe

leicht | 7,4 km | 460 Hm | 3.30 Std.

Tourencharakter
Leichte, aussichtsreiche Wanderung auf gut markierten Wegen

Ausgangs-/Endpunkt
Parkplatz an der Grasgehrenhütte oberhalb des Riedbergpasses

GPS-Daten
47.442984, 10.176237

Anfahrt
Bahn & Bus: Mit dem Zug nach Sonthofen und weiter mit dem Bus nach Grasgehren
Auto: Nach Sonthofen, weiter in Richtung Balderschwang zum Riedbergpass und rechts nach Grasgehren

Einkehr
Grasgehrenhütte

Karte
Kompass-Wanderkarte 1:50000, Nr. 3 Allgäuer Alpen/Kleinwalsertal

Information
www.obermaiselstein.de

Das Riedberger Horn ist einer der aussichtsreichsten Gipfel in der Hörnergruppe. Wir genießen einen großartigen Blick auf den Allgäuer Hauptkamm und bei klarer Sicht sogar bis zur Schesaplana im Rätikon. Am Rückweg besuchen wir noch den deutlich unbekannteren Wannenkopf.

Zum Riedberger Horn Vom Parkplatz an der Grasgehrenhütte gehen wir hinunter zum Bach und wandern unter den Liften aufwärts zum Südrücken des Riedberger Horns. Über den breiten und gemütlichen Rücken steigen wir hinauf zum Gipfel des Riedberger Horns. Die letzten Meter sind etwas steiler, insgesamt ist der Anstieg aber problemlos. Die Aussicht von hier oben wurde schon vor Jahren in einem Alpenvereinsführer gepriesen: Wir blicken nach Norden zur Nagelfluhkette, über die ebenfalls

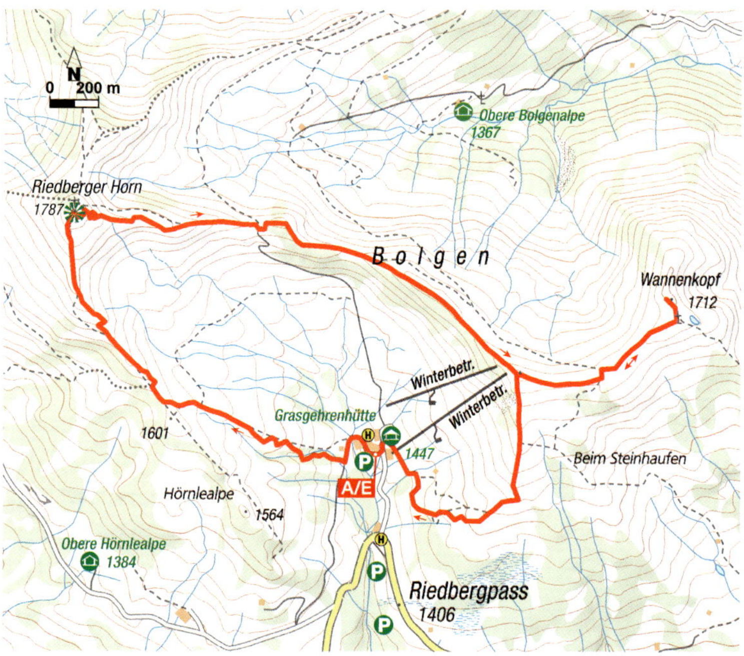

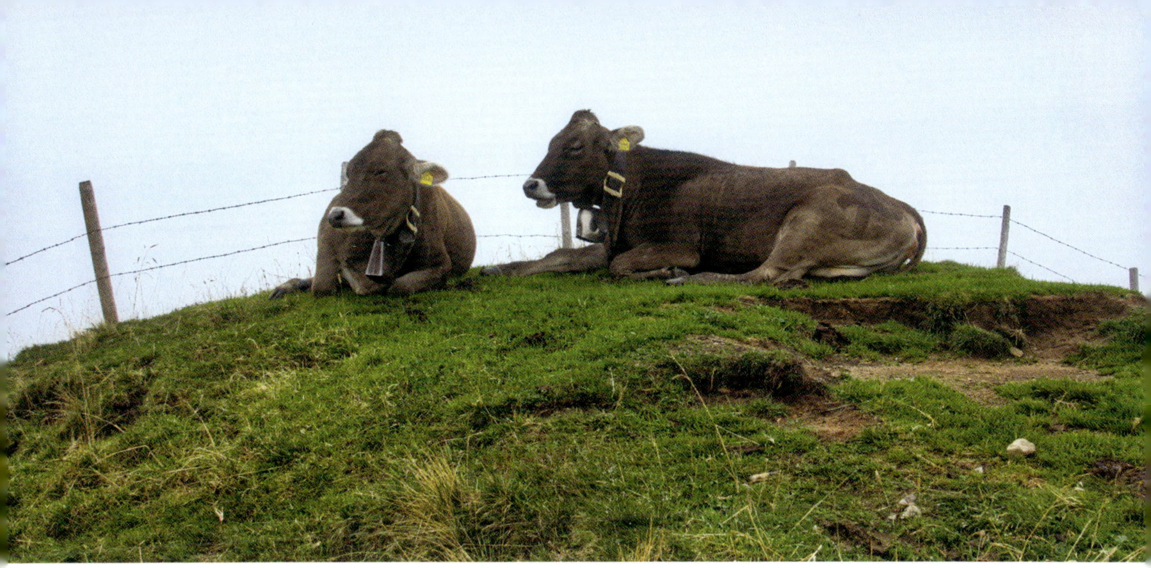

Entspannt – trotz schlechtem Wetter

zwei wunderbare Panoramatouren verlaufen. Im Süden steht der mächtige Allgäuer Hauptkamm mit berühmten Gipfeln wie Großer Krottenkopf und Hohes Licht. Weiter links sehen wir die Daumengruppe, den Hochvogel und die Höfats. Im Südwesten reicht der Blick an schönen Tagen bis ins Verwall mit Kuchenspitze und Patteriol. Weiter rechts sehen wir die Schesaplana im Rätikon und den Tödi in den Glarner Alpen.

Zum Wannenkopf Nach der ausgiebigen Gipfelrast steigen wir über den Ostgrat hinunter zu einer Wegkreuzung. Wir bleiben auf dem Bergrücken und gehen geradeaus weiter zum Bolgen mit seiner Liftstation. Von hier wandern wir weiter zum Gipfel des Wannenkopfs; auch hier oben bietet sich noch einmal eine gemütliche Gipfelrast an. Meist ist es auf diesem Gipfel deutlich ruhiger als auf dem benachbarten Riedberger Horn, da er nicht ganz so bekannt ist. Die Aussicht ist trotzdem auch hier oben wunderschön. Vom Gipfel des Wannenkopfs wandern wir zurück bis zur Sesselliftstation am Bolgen. Direkt vor dem Gipfel zweigt nach links ein Wanderweg ab, der steil bergab führt. Auf diesem erreichen wir wieder den Parkplatz an der Grasgehrenhütte. Wer möchte, kann nach dem Abstieg noch in der Hütte einkehren und die Tour mit einer Allgäuer Spezialität gemütlich ausklingen lassen.

Variante: Besler

Eine kurze, beliebte Tour führt vom Riedbergpass auf den Besler. Eindrucksvoll ist der Weg zur Felsmauer des Beslers. Den Klettersteig sparen wir uns, umgehen stattdessen den Gipfel und steigen über den südseitigen Normalweg hinauf zum Gipfelkreuz (3 Std./410 Hm).

12 Über das Fellhorn

Panoramagang über Oberstdorf

leicht | 5,9 km | ↑120 Hm ↓730 Hm | 3.30 Std.

Tourencharakter
Leichte, blumenreiche Wanderung. Der Weg vom Fellhorn zum Söllereck erfolgt auf gut markierten Wanderwegen, die etwas Trittsicherheit erfordern. Bei Nässe sind die Wege rutschig.

Ausgangspunkt
Oberstdorf, Bergstation der Fellhornbahn

GPS-Daten
47.348378, 10.215591

Endpunkt
Oberstdorf, Bergstation der Söllereckbahn

GPS-Daten
47.381027, 10.240512

Anfahrt
Bahn & Bus: Mit dem Zug nach Oberstdorf und mit dem Bus zur Fellhornbahn
Auto: Auf der B 19 durchs Illertal bis nach Oberstdorf und weiter mit dem Bus zur Fellhornbahn

Einkehr
Bergrestaurant Fellhorn, Söller-Alpe, Berghaus am Söller, Berggasthaus Schönblick

Karte
Kompass-Wanderkarte 1:50 000, Nr. 3 Allgäuer Alpen/Kleinwalsertal

Information
www.oberstdorf.de

Die Höhenwanderung vom Fellhorn über den Schlappoldkopf und den Söllerkopf zum Berghaus Schönblick führt über den sehr aussichtsreichen Grenzkamm von Bayern und Vorarlberg. Das Fellhorn ist berühmt für seine Vielzahl an seltenen Bergblumen. Deshalb unternehmen wir diese Wanderung im Frühsommer zur schönsten Blütezeit.

Aufstieg zum Fellhorn Von der Bergstation der Fellhornbahn folgen wir dem Wanderweg über Treppen gemütlich in 15 Minuten zum großen Gipfelkreuz auf dem Fellhorn. Der Gipfel dieses Blumenbergs bietet eine fantastische Rundumsicht. Es lohnt sich, hier oben kurz zu verweilen und die Aussicht zu genießen. Vom Grünten bei Sonthofen über die Daumengruppe und Höfats reicht der Blick im Osten bis zum Allgäuer Hauptkamm mit Mädelegabel und Trettachspitze. Im Süden dominiert der mächtige Große Widderstein, gegenüber sehen wir über dem Kleinwalsertal den Hohen Ifen mit dem weiten Gottesackerplateau.

Anderl-Heckmair-Gedächtnisweg

Der Weg ab dem Söllerkopf ist identisch mit dem im August 2009 eingeweihten Anderl-Heckmair-Gedächtnisweg, der von der Mittelstation über die Schlappoldkopf auf den Söllerkopf und weiter zum Schönblick führt. Auf dem Gedächtnisweg wandern wir auf den Spuren des Alpinisten und erfahren dabei auf Infotafeln Wissenswertes aus verschiedenen Stationen seines Lebens.

Schlappoldkopf und Söller-Alpe Der Höhenweg zieht kurz nach dem Gipfel leicht abwärts und verläuft immer am aussichtsreichen Kamm zwischen Kleinwalser- und Stillachtal entlang. Links und rechts säumen Blumen unseren Weg. Der Weg ist nicht besonders schwierig, erfordert aber auf den ersten Metern etwas Vorsicht. Wir erreichen den Schlappoldkopf, der als blumenreichster Berg der Allgäuer Alpen gilt. Immer am Bergrücken entlang wandern wir leicht bergab zum Söllerkopf und weiter in Richtung Söllereck. Kurz vor dem Söllereck verlassen wir den Grat nach rechts. Über einen gemütlichen Weg erreichen wir in ein paar Kehren die Söller-Alpe, die uns eine erste Einkehrstation bietet. Am breiten Weiterweg spazieren wir gemütlich weiter zum Berghaus am Söller oder zum Berggasthaus Schönblick an der Bergstation der Söllereckbahn. Nach einer ausgiebigen Brotzeit schweben wir mit der Söllereckbahn ins Tal und fahren mit dem Bus zurück nach Oberstdorf.

Abstiegsalternative Wer nicht mit der Bahn ins Tal fahren will, kann über die Hochleite und den Freibergsee zu Fuß nach Oberstdorf zurücklaufen (3 Std./650 Hm Abstieg). Im Freibergsee kann man an heißen Sommertagen baden und sich von der Tour ein wenig abkühlen.

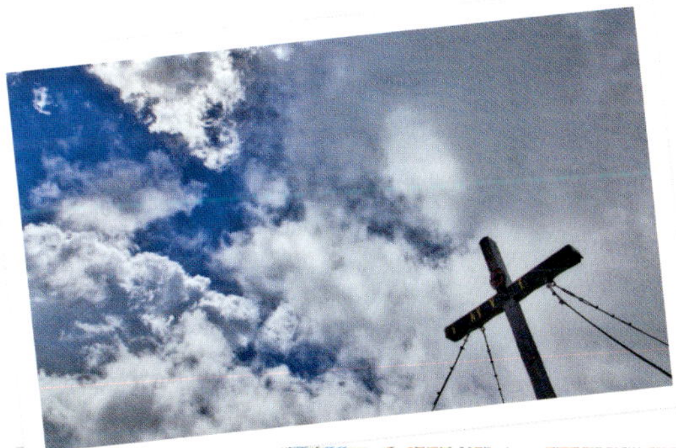

Am Fellhorngipfel

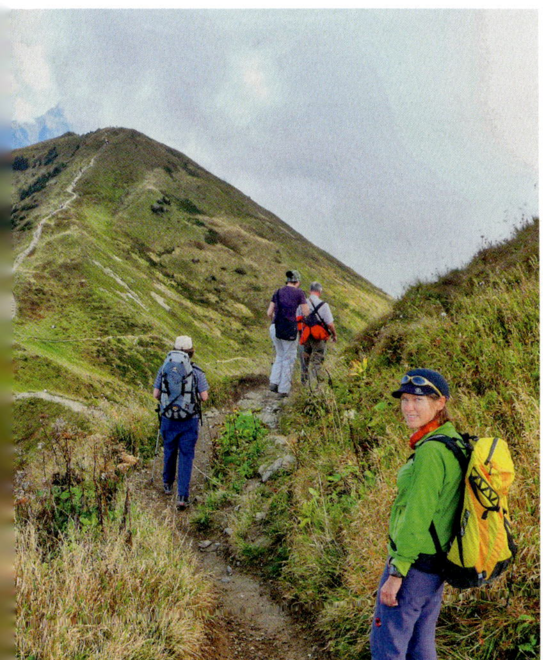

Ganz unten: Am Beginn des großartigen Gratwegs

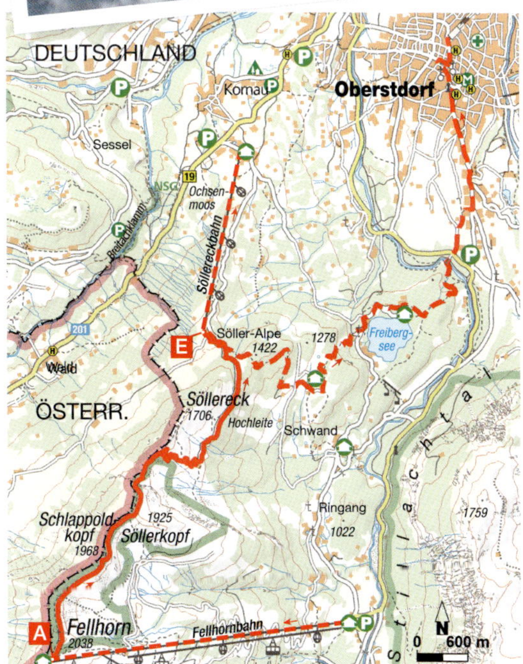

13 An der Kanzelwand

Wanderung entlang der Landesgrenze

leicht | 7,2 km | 470 Hm | 3.30 Std.

Tourencharakter
Leichte, gut markierte Wanderung auf schönen Wegen mit vielen Blumen

Ausgangs-/Endpunkt
Riezlern, Bergstation der Kanzelwandbahn

GPS-Daten
47.337860, 10.201287

Anfahrt
Bahn & Bus: Mit dem Zug nach Oberstdorf und mit dem Walserbus zur Talstation der Kanzelwandbahn in Riezlern
Auto: Auf der B 19 durchs Illertal bis nach Oberstdorf, dann weiter ins Kleinwalsertal nach Riezlern

Einkehr
Bergrestaurant Kanzelwandbahn, Bergrestaurant Fellhornbahn, Obere Bierenwangalpe

Karte
Kompass-Wanderkarte 1:50000, Nr. 3 Allgäuer Alpen/Kleinwalsertal

Information
www.kleinwalsertal.com

Die Kanzelwandbahn erschließt das Fellhorn-Kanzelwand-Gebiet von der österreichischen Seite vom Kleinwalsertal. Es bietet sich für gemütliche Wanderungen zwischen Fellhorn- und Kanzelwandbahn an. Auf den Wanderungen genießen wir neben der wunderschönen Aussicht die bunten Tupfer der malerischen Blumen.

Übergang zur Fellhornbahn An der Bergstation der Kanzelwandbahn bewundern wir erst einmal die tolle Rundumsicht. Viele grandiose Gipfel der Allgäuer Alpen präsentieren sich von hier oben. Anschließend wandern wir auf dem guten Wanderweg hinunter zum Riezler Alpsee. Um den See herum führt ein schöner Weg, mehrere Bänke laden hier zu einer gemütlichen Rast ein. Der Weg wurde zu einem Erlebnisweg für Kinder ausgebaut: Der Burmiwasserweg bietet Spielstationen für die kleinen Wanderer. Vom Alpsee wandern wir nun zum Gundsattel und dort geradeaus weiter in Richtung Fellhorn. Der gut markierte Weg entlang der Landesgrenze zwischen Österreich und Deutschland ist sehr aussichtsreich. Zudem wachsen hier am Weg viele Alpenblumen, und Schilder erklären uns die Schönheiten am Wegesrand. Ohne große Probleme erreichen wir die Bergstation der Fellhornbahn. Von hier lohnt sich natürlich noch der kurze Abstecher zum Fellhorn: Über den gut ausgebauten Stufenweg erreichen wir das große Gipfelkreuz, das ein wirklich grandioses Panorama des Allgäuer Hauptkamms bietet. Hier oben im Gras dieses schönen Blumenbergs können wir eine wirklich tolle Rast einlegen.

Rückweg zur Kanzelwand Vom Gipfel des Fellhorns steigen wir hinunter zur Bergstation. Nun können wir entweder knieschonend mit der Seilbahn zur Mittelstation hinunterfahren oder zu Fuß in einer halben Stunde absteigen. Von der Mittelstation lohnt sich der kurze Abstecher zum nahen Schlappoldsee, der idyllisch unter dem Fellhorn liegt. Sitzbänke laden hier zu einer gemütli-

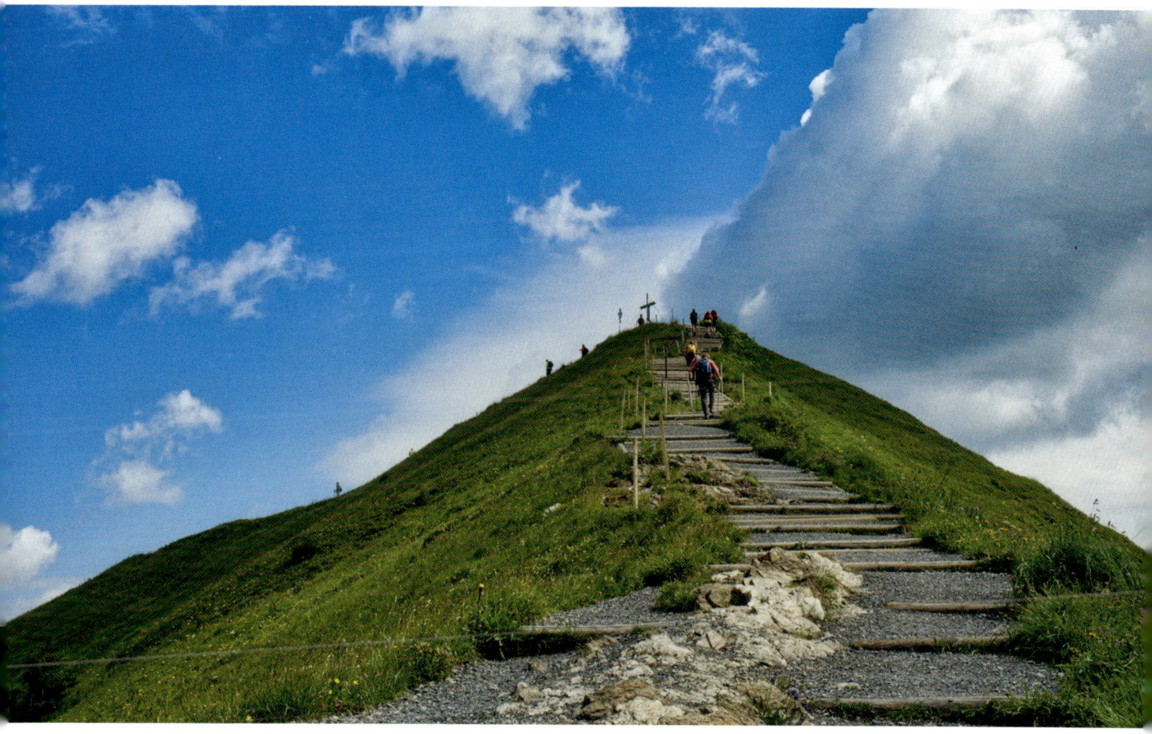

chen Pause ein. Anschließend wandern wir auf gut markiertem Weg zur Oberen Bierenwangalpe, die sich für eine Einkehr anbietet. Dann geht's hinauf in den Gundsattel und auf dem bekannten Weg zurück zur Bergstation der Kanzelwandbahn. Mit dieser schweben wir gemütlich hinunter nach Riezlern.

Aussichtsreicher Stufenweg zum Fellhorngipfel

»Bergschau« am Fellhorn

Im Obergeschoss der Bergstation der Fellhornbahn befindet sich die Ausstellung »Bergschau«. Auf 200 m² Ausstellungsfläche werden ganzjährig viele Informationen zu den Themen Wald, Wild und Jagd, Alpwirtschaft und Tourismus in den Allgäuer Alpen übersichtlich und leicht verständlich präsentiert. Mit modernen Medien wird dem Gast ein Erleben der Situation im Hochgebirge vermittelt.

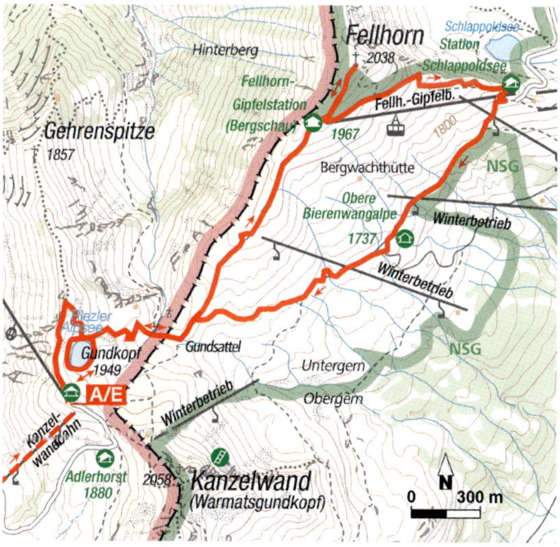

14 Aufs Walmendinger Horn

Sowas von faul …

leicht	500 m	50 Hm	0.30 Std.

Tourencharakter
Mit Hilfe der Walmendingerhornbahn eine nur ganz kurze, aber steile Wanderung hinauf zum Gipfel

Ausgangs-/Endpunkt
Mittelberg, Talstation der Walmendingerhornbahn

GPS-Daten
47.323013, 10.152487

Anfahrt
Bahn & Bus: Mit dem Zug nach Oberstdorf, dann weiter mit dem Walserbus ins Kleinwalsertal bis Mittelberg
Auto: Auf der B 19 nach Oberstdorf, dort rechts ins Kleinwalsertal und bis in den Ort Mittelberg zur Talstation der Walmendingerhornbahn fahren (Parkplätze)

Einkehr
Gipfelstuba, geöffnet Anfang Mai bis Anfang Nov. tgl. 8.30–16.15 Uhr

Karte
Kompass-Wanderkarte 1:50000, Nr. 3 Allgäuer Alpen/Kleinwalsertal

Information
www.kleinwasertal.com

Auf dieser Wanderung sind wir so richtig faul – und das ist gut so! Mit der Bergbahn am Walmendinger Horn geht's schnell hinauf, und oben kombinieren wir sensationelle Aussichten mit einer leckeren Einkehr.

Alpenblumenweg zum Gipfel An der Bergstation vermeiden wir den direkten Einkehrschwung in die Gipfelstuba, denn als Erstes wollen wir noch den Gipfel erobern, dessen Kreuz wir hinter der Bergstation schon sehen. Der Weg dorthin beginnt hinter der Terrasse. Er ist überschaubar kurz, aber trotzdem ein alpiner steiniger Bergpfad, der sich in Serpentinen nach oben windet. An den steilsten Stellen wurden rote Seile montiert. Sie dienen nicht als Geländer, aber eignen sich hervorragend, um sich nach oben zu hangeln oder beim Abstieg (rückwärts gehend) etwas abzubremsen. Aber keine Bange, das klingt komplizierter, als es ist. Wir lassen es auf jeden Fall langsam angehen, denn das Schönste auf dem Weg nach oben ist die prächtige Alpenflora: Bis in den Spätsommer hinein blühen hier die unterschiedlichsten Pflanzen; bei ihrer Bestimmung helfen Infoschilder.

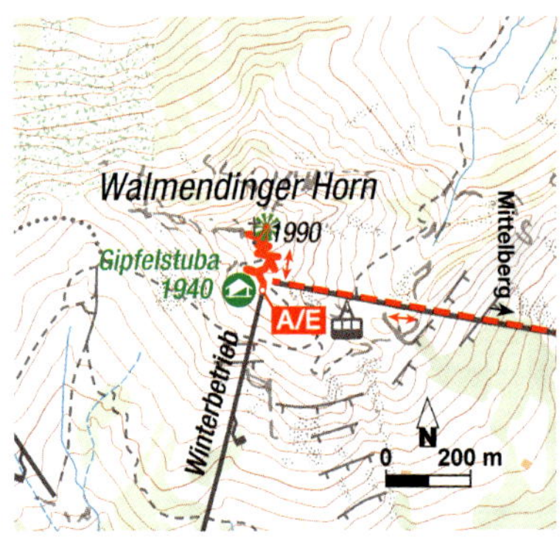

Gipfelschau Auf dem kleinen Gipfel ist die Aussicht dann auch noch einen Tick besser als von der Panoramaterrasse der Gipfelstuba, denn nur am Gipfel des Walmendinger Horns haben wir freie Sicht nach Norden, über das gesamte Kleinwalsertal bis hin zum Grünten und ins Voralpenland. Zurück geht es dann wieder zur Bergstation, denn als Wandermuffel haben wir für heute genug getan. Nun können wir die Gipfelschau noch von

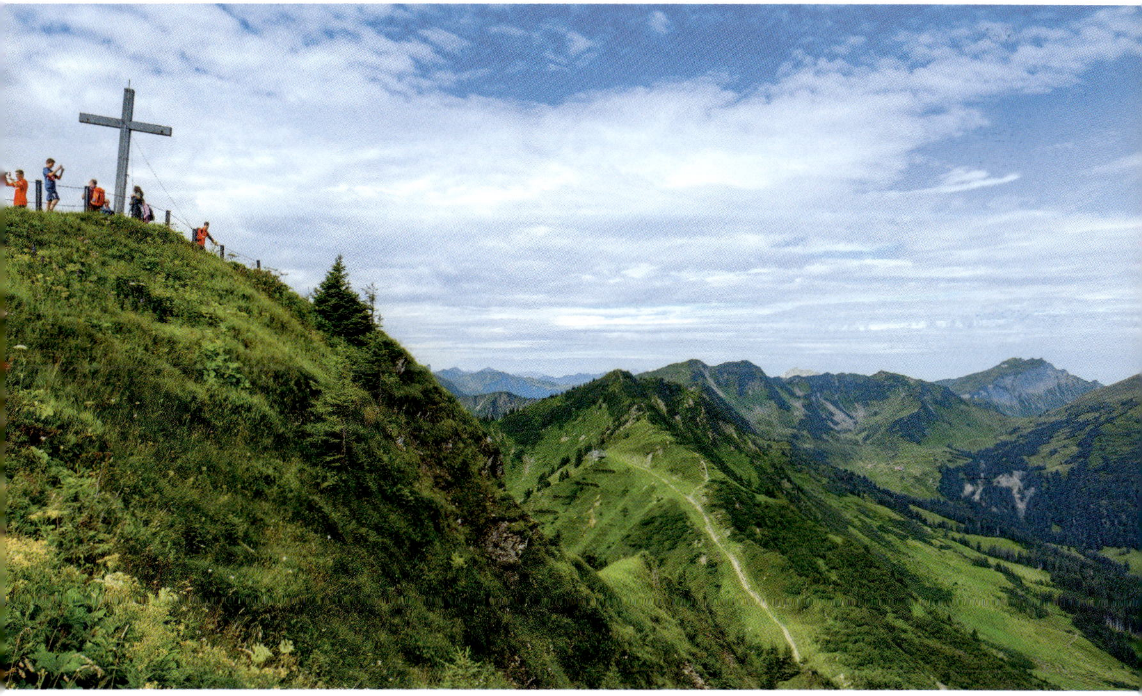

Die Aussicht vom Walmendinger Horn über das Kleinwalsertal und die Allgäuer Hochalpen lässt sich kaum in Worte fassen.

der Aussichtsplattform genießen, oder wir schnappen uns einen der kostenlosen Liegestühle neben dem Bergrestaurant, um uns das Naturkino zu gönnen. Wer möchte, leiht sich dazu im Kiosk ein Audiosystem mit unterschiedlichen Musikprogrammen (u.a. »Walser G'schichtle«, Stubenmusik oder Klassik) aus. Und natürlich lohnt sich auch noch eine Einkehr in der Gipfelstuba, wo uns Walser Spezialitäten wie Buura-Bratwurst oder Rindergulasch serviert werden, aber auch Gemüse und knackige Salate sowie Süßspeisen und natürlich eine große Auswahl an feinen Kuchen.

Tipp

Mehrmals im Jahr kann man bereits zu Sonnenaufgang zum Frühstücken aufs Walmendinger Horn fahren – ein einzigartiges und unvergessliches Erlebnis!

Abstieg nur für Konditionsstarke Bequemerweise fahren wir dann wieder mit der Walmendingerhornbahn ins Tal. Wer allerdings doch noch Energie für den Abstieg hat, kann in gut zweieinhalb Stunden über die Stutz und die Bühlalpe das Tal erreichen. Stellenweise ist das jedoch ein steiler Abstieg und deshalb nur für konditionsstarke Wanderer ohne Knieprobleme zu empfehlen.

15 Auf die Ochsenhofer Köpfe

Beliebte Gratwanderung

mittel | 10,2 km | ↑310 Hm ↓975 Hm | 4.30 Std.

Tourencharakter
Einfache Gratwanderung, nur an zwei Stellen wird der Grat etwas schmaler (Trittsicherheit). Die Variante unterhalb des Grats ist leicht.

Ausgangspunkt
Mittelberg, Bergstation der Walmendingerhornbahn

GPS-Daten
47.325840, 10.128249

Endpunkt
Auenhütte

GPS-Daten
47.342793, 10.137549

Anfahrt
Bahn & Bus: Mit dem Zug nach Oberstdorf und mit dem Walserbus zur Talstation in Mittelberg. Rückfahrt von der Auenhütte zur Talstation ebenfalls mit dem Walserbus
Auto: Auf der B 19 durchs Illertal bis nach Oberstdorf und weiter ins Kleinwalsertal nach Mittelberg

Einkehr
Schwarzwasserhütte, Alpe Melköde

Karte
Kompass-Wanderkarte 1:50 000, Nr. 3 Allgäuer Alpen/Kleinwalsertal

Information
www.kleinwalsertal.com

Auf dem Grat vom Walmendinger Horn über die Ochsenhofer Köpfe ins Schwarzwassertal verläuft diese Route, auf der uns die Aussicht auf den Widderstein im Süden und den Hohen Ifen im Norden begeistert. Die Wanderung ist insgesamt nicht besonders schwierig, lediglich an zwei Stellen wird der Grat etwas schmäler.

Zu den Ochsenhofer Köpfen Nach der Auffahrt mit der Walmendingerhornbahn zur Bergstation müssen wir zuerst ein wenig auf dem breiten Weg absteigen, bevor wir nach einem steileren Anstieg an der Scharte westlich des Walmendinger Horns ankommen. Von der Scharte steigt der Weg zum Muttelbergkopf leicht an. Über ein paar Steinplatten erklimmen wir den Gipfel, von dem aus wir erst einmal ausgiebig das Panorama genießen. Weiter geht es am Grat, zuletzt über einen kleinen Graskopf, zu

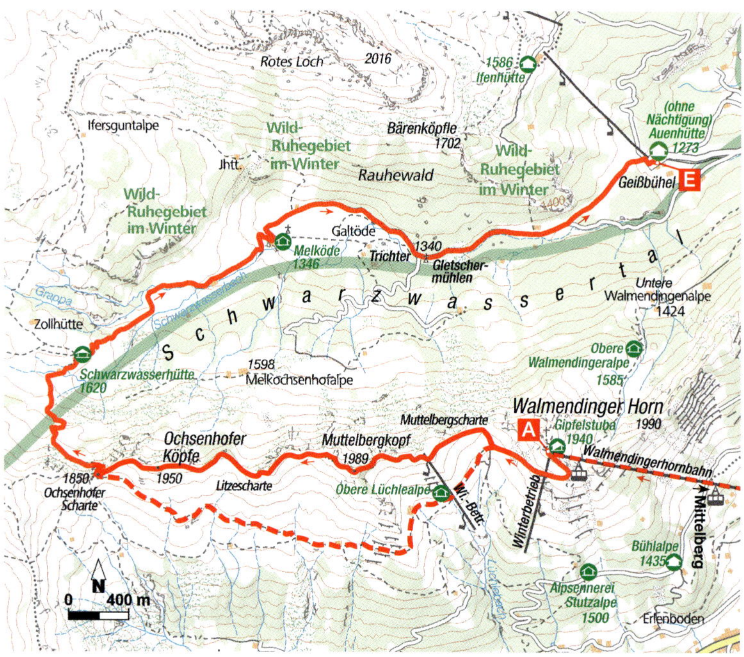

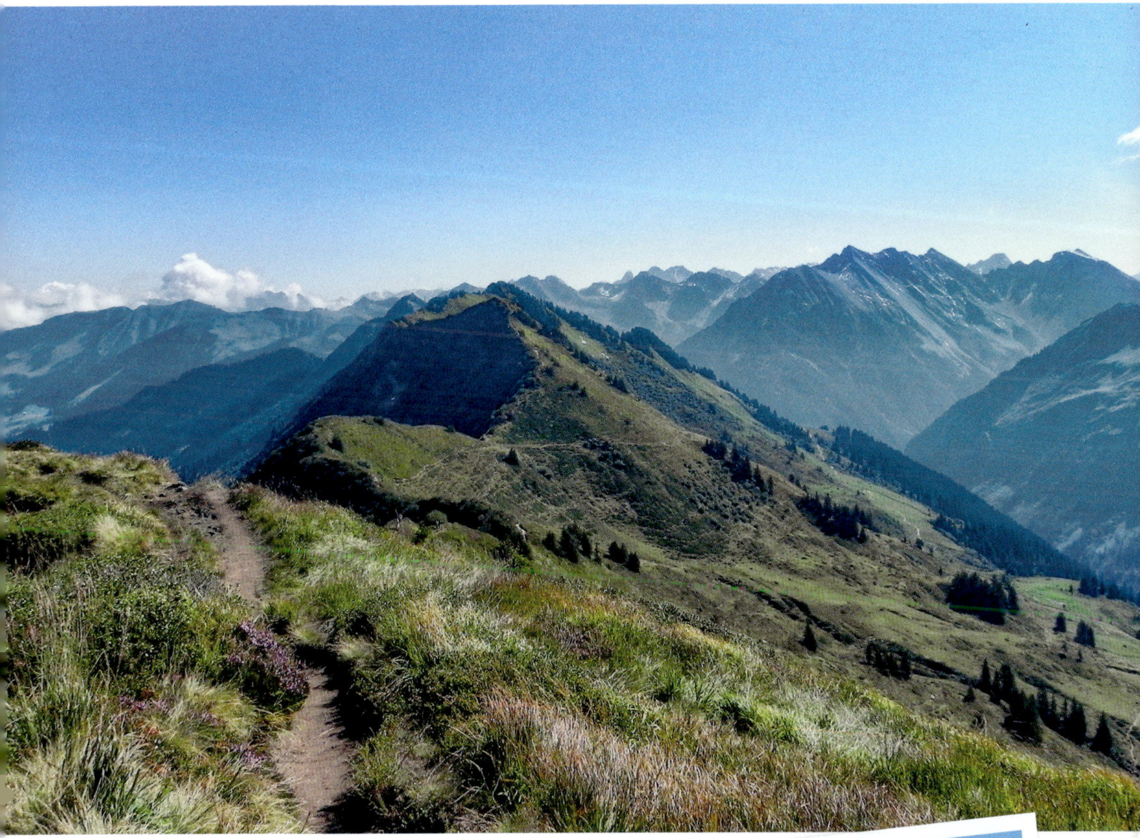

einer kurzen, leichten Felspartie an den Ochsenhofer Köpfen. Sie gewähren uns einen eindrucksvollen Rückblick zum Walmendinger Horn, und bei klarem Wetter sehen wir rechts daneben sogar den Allgäuer Hauptkamm mit den höchsten Allgäuer Gipfeln. Wem diese Wanderung ausreicht, der kann nun am Anstiegsweg zurück zur Bergstation am Walmendinger Horn gehen.

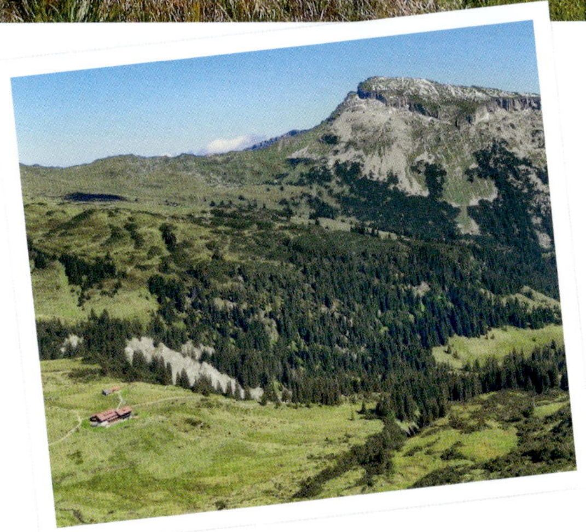

Blick hinüber zum Hohen Ifen

Ganz oben: Rückblick vom Gratweg zum Walmendinger Horn

Ochsenhofer Scharte und Schwarzwasserhütte Ansonsten spazieren wir nach einer ausgiebigen Rast auf dem schmalen Kopf bequem hinunter zur Ochsenhofer Scharte. Wem der Gratweg zu schwer ist, der kann ihn auch umgehen – allerdings verpasst man dann den ganz großen Panoramaweg. Für die einfachere Va-

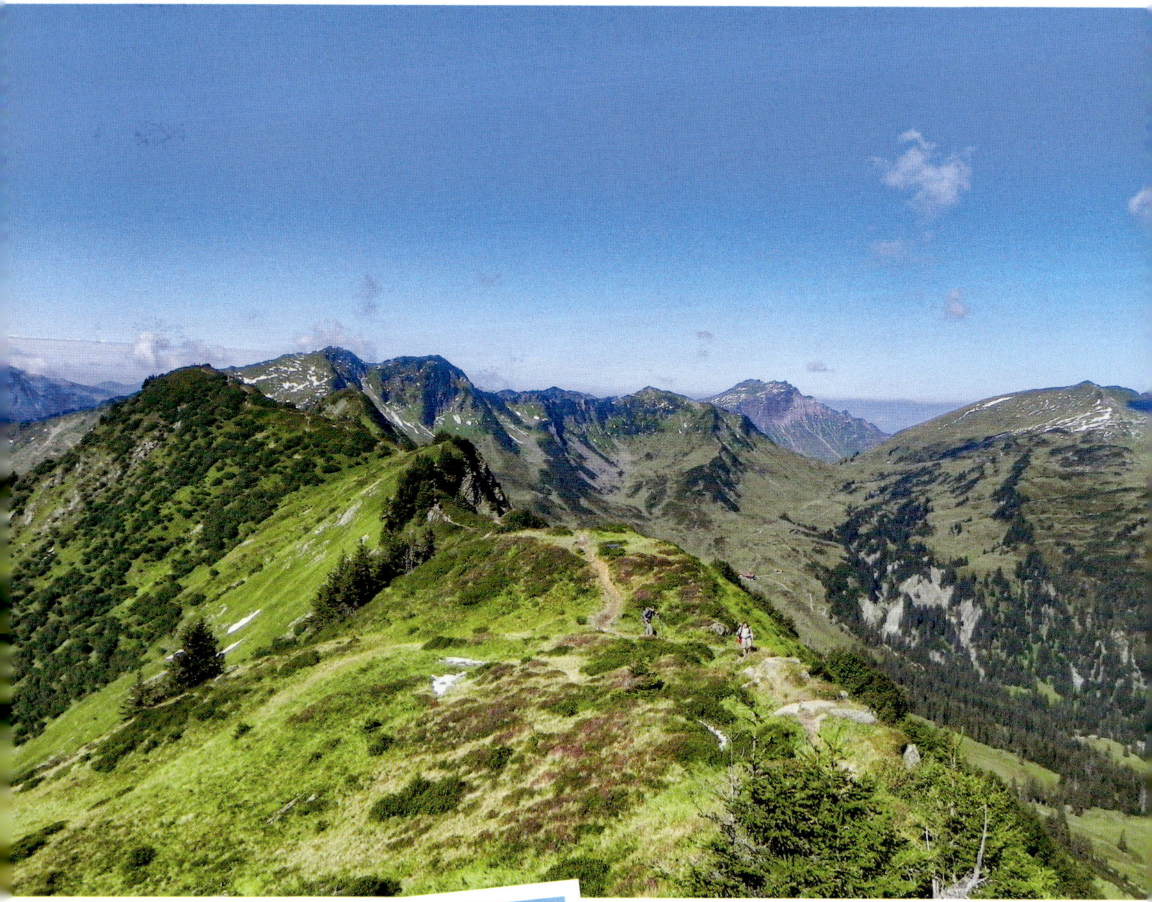

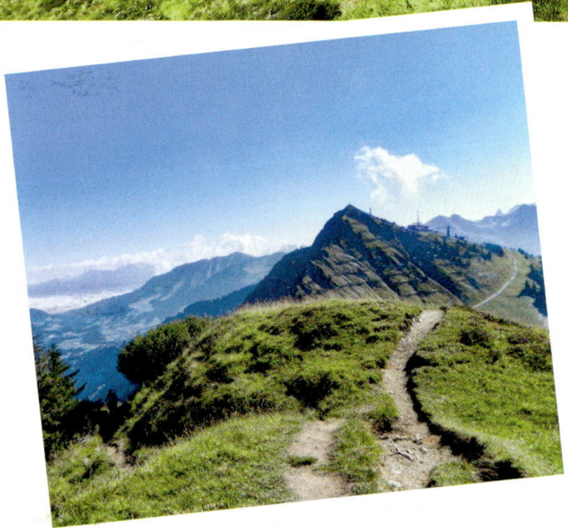

Eindrucksvoller Blick zum Walmendinger Horn

riante steigen wir nicht in die Scharte westlich vom Walmendinger Horn an, sondern wandern, den Wegweisern »Ochsenhofer Scharte« folgend, leicht bergab zur Oberen Lüchlealpe. Kurz nach der verfallenen Äußeren Stierhofalpe zweigen wir nach rechts ab Richtung Ochsenhofer Scharte, die wir nach weiteren 30 Minuten erreichen. Der Weiterweg zur Schwarzwasserhütte sieht recht kurz aus, trotzdem benötigen wir 45 Minuten, bis wir bei der Hütte ankommen. Auf der sonnigen Terrasse lassen wir uns zu einer gemütlichen Brotzeit nieder und werden von den Hüttenwirtsleuten mit leckeren Schmankerln verwöhnt.

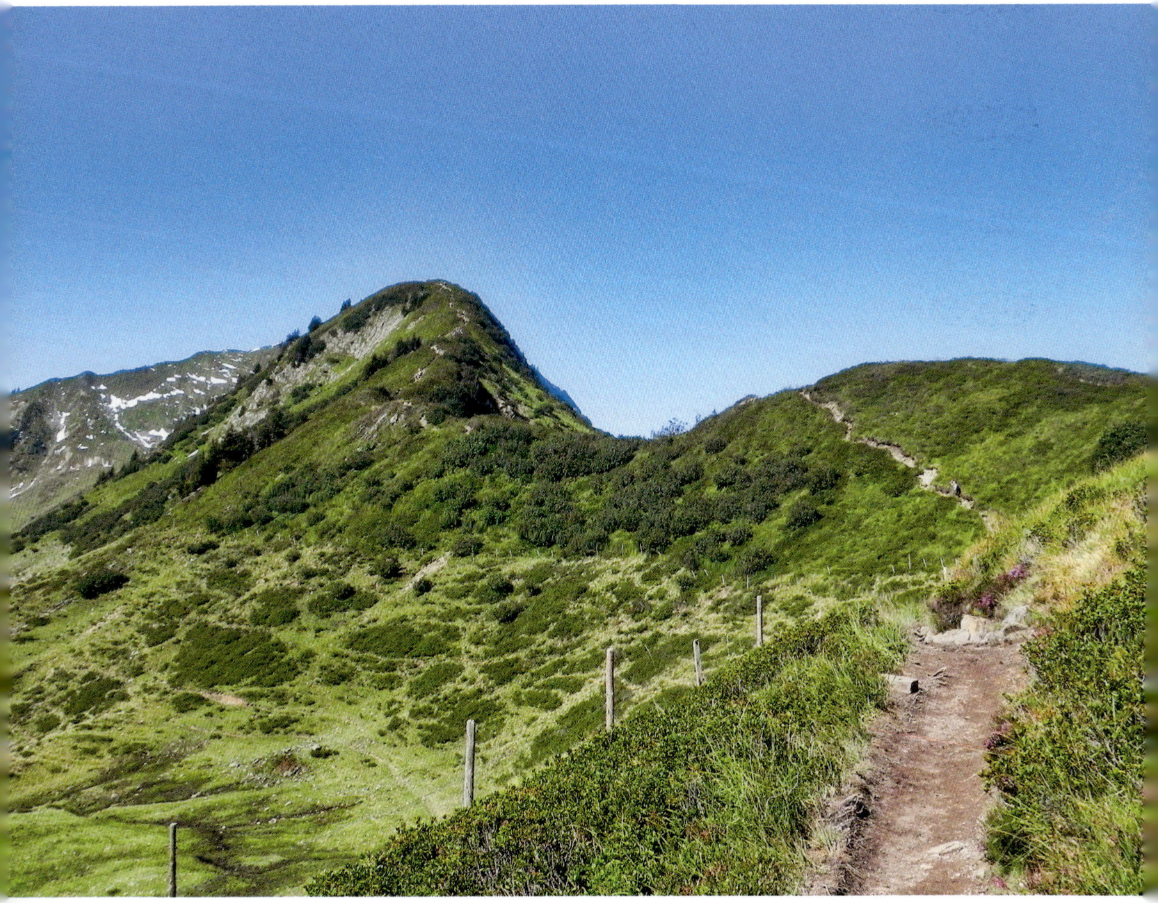

Beide Bilder: Wunderschön und aussichtsreich ist der Gratweg.

Abstieg zur Auenhütte Nach der Pause an der Hütte wandern wir am Schwarzwasserbach entlang bergab in die Melköde. Auch hier könnten wir einkehren und den würzigen Bergkäse der Alpe probieren. Ab der Alm zieht sich der Weg durch das Schwarzwassertal ziemlich in die Länge. Auf dem Erlebnispfad wird er aber nie langweilig. Ab und zu können wir schöne Blicke auf den Hohen Ifen erhaschen, der sich oberhalb von uns erhebt. Von der Auenhütte fahren wir dann gemütlich mit dem Walserbus zurück zur Talstation der Walmendingerhornbahn in Mittelberg.

Kultur der Walser

In Riezlern befindet sich das Walsermuseum. Wer sich für die Kultur und Geschichte des Tals interessiert, ist hier genau richtig. Das Museum ist sehr liebevoll eingerichtet und gibt uns einen guten Eindruck von der Historie des Kleinwalsertals. Mit der Gästekarte hat man freien Eintritt ins Museum.

16 Zur Alpe Widderstein

Reif für den Oscar!

leicht | 5 km | 200 Hm | 1.45 Std.

Tourencharakter
Leichte Rundwanderung mit mäßiger Steigung auf kleiner Alpstraße am Bärguntbach entlang. Relativ sonnig. Wer mit Kindern unterwegs ist, freut sich am Bachlauf über das Wasserrad und eine hölzerne Rinne – Wechselkleidung mitnehmen, der Bach ersetzt jeden Abenteuerspielplatz.

Ausgangs-/Endpunkt
Baad

GPS-Daten
47.309389, 10.121965

Anfahrt
Bahn & Bus: Mit dem Zug nach Oberstdorf, dann weiter mit dem Bus ins Kleinwalsertal bis zur Endhaltestelle in Baad
Auto: Ins Kleinwalsertal und zum Talende nach Baad. Dort gibt es links und rechts vom Kreisverkehr einige große Wanderparkplätze.

Einkehr
Alpe Widderstein, geöffnet Mai–Okt. tgl. Unterwegs gibt's die ebenfalls sehr empfehlenswerte Bärgunthütte.

Karte
Kompass-Wanderkarte 1:50000, Nr. 3 Allgäuer Alpen/Kleinwalsertal

Information
www.kleinwalsertal.com

Die 350 Jahre alte Alpe Widderstein spielt bei dieser kurzen Wanderung die Hauptrolle. Behutsam renoviert, liebevoll dekoriert und mit viel Herzblut geführt, hat die Alpe wahrlich einen Oscar verdient. Wobei die Nebenrollen mit Bergbach, Aussicht und schönen Rastplatzerln mehr als gut besetzt sind und eigentlich auch einen Preis verdienen.

Durchs Bärgunttal … Dabei ist der Weg zur Alpe Widderstein eher ein Spaziergang als eine Wanderung. Wer es sehr eilig hat, kann diese Wanderung sogar noch verkürzen und auf direktem Weg zur Alpe Widderstein aufsteigen. Uns hat der Rundweg je-

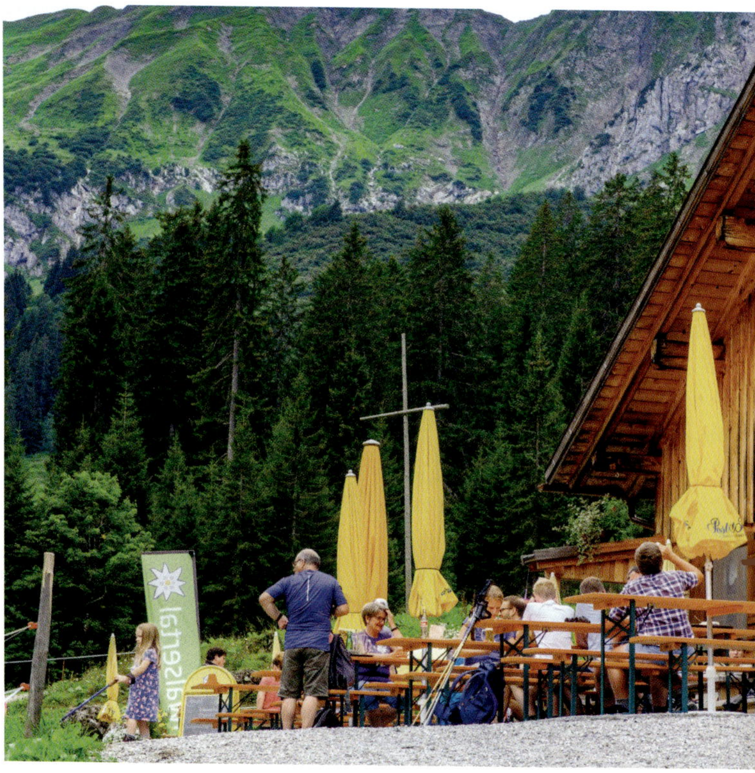

doch besser gefallen, für den wir wirklich nicht viel Motivation gebraucht haben. Der Weiler Baad liegt am Ende des Kleinwalsertals. Beim Kreisverkehr, der auch als Buswendeplatz dient, finden wir den Einstieg für die Wanderung. Links sehen wir das Bushäuschen mit den Toiletten und einen kleinen Parkplatz. Wir halten uns etwas rechts davon, gehen über den größeren Parkplatz und dann auf einer Brücke über die Breitach. Genau genommen entsteht hier die Breitach durch den Zusammenfluss von Tura-, Derren- und Bärguntbach. So queren wir zwar die Breitach (Schild »Bärguntalpe«), folgen dann aber dem Bärguntbach flussaufwärts. Mit Blick auf den mächtigen Widderstein geht es leicht bergauf.

Linke Seite: Die Bärguntalpe ist der zweite Grund für diese Wanderung.

Der mächtige Widderstein hinter der gleichnamigen Alpe

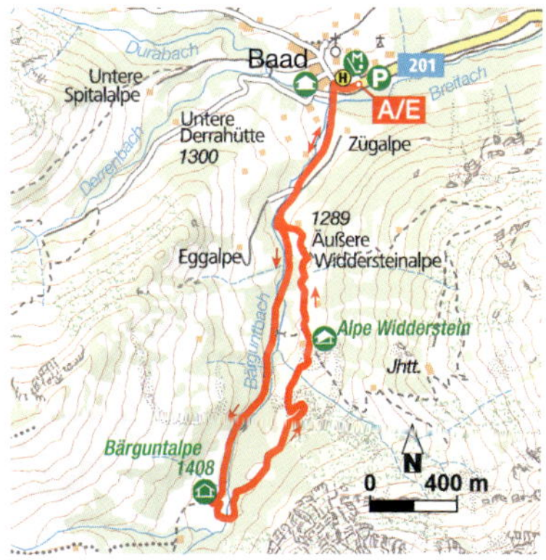

... zur Alpe Bärgunt Bald teilt sich der Weg. Links führt der schnellste Weg zur Alpe Widderstein, aber – wir versprechen es – auch der Rundweg ist gut für Wandermuffel geeignet. Deshalb folgen wir geradeaus dem Weg und bleiben am Bach. Diesen queren wir bald und passieren eine weitere Abzweigung, die links hinauf zur Alpe Wid-

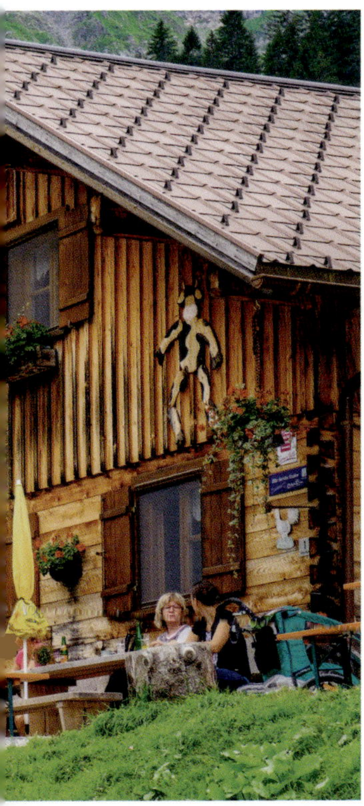

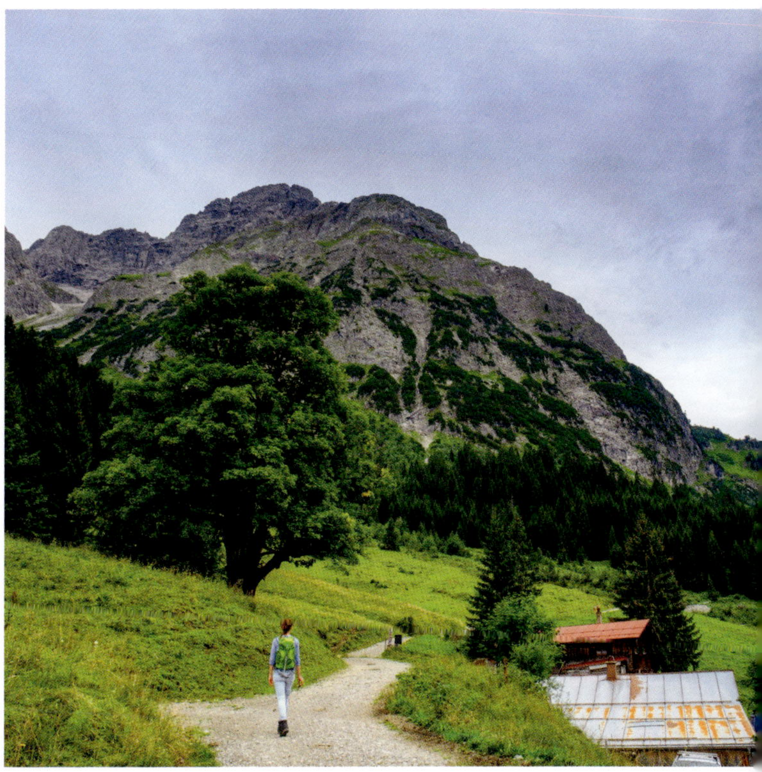

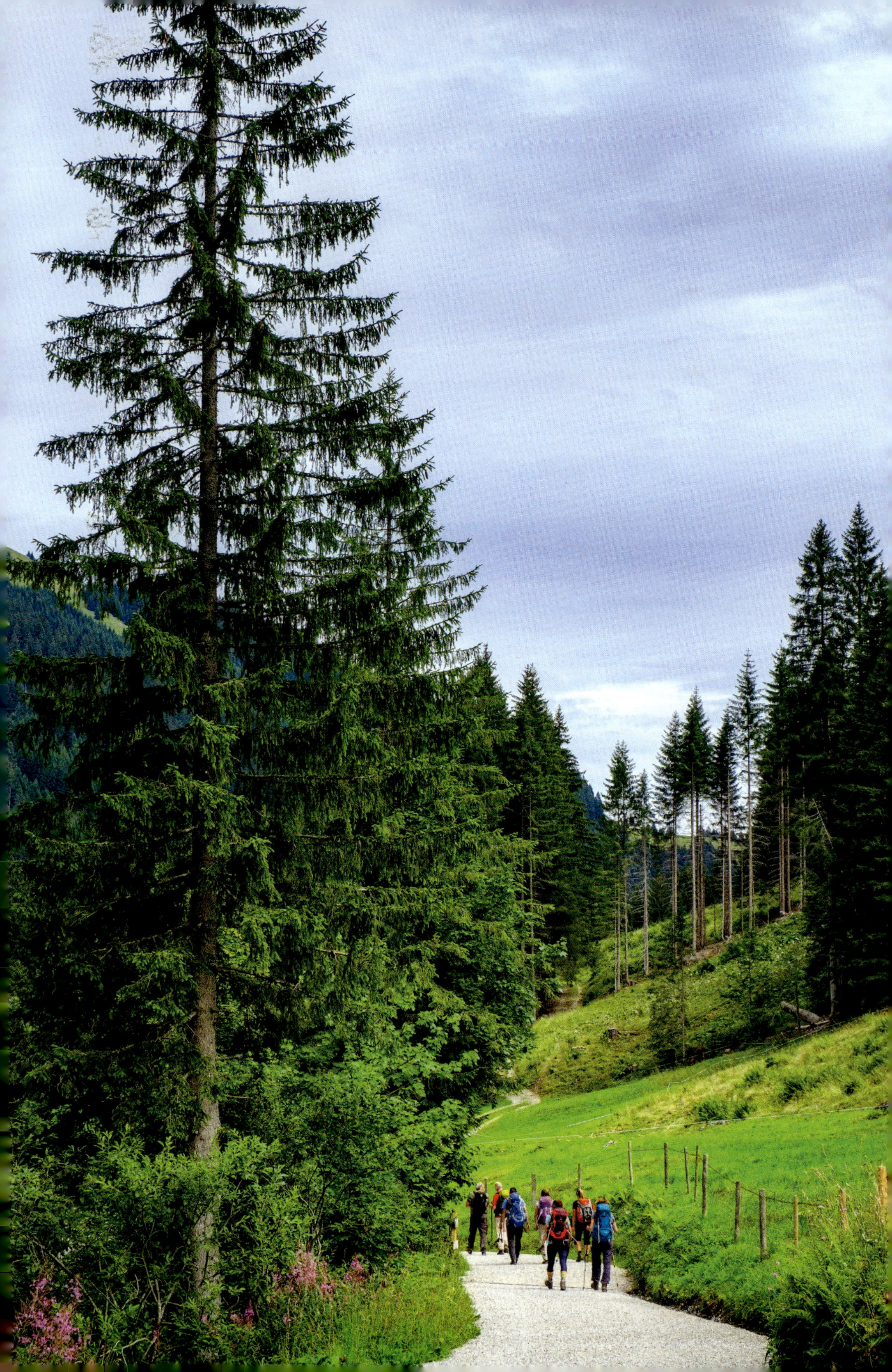

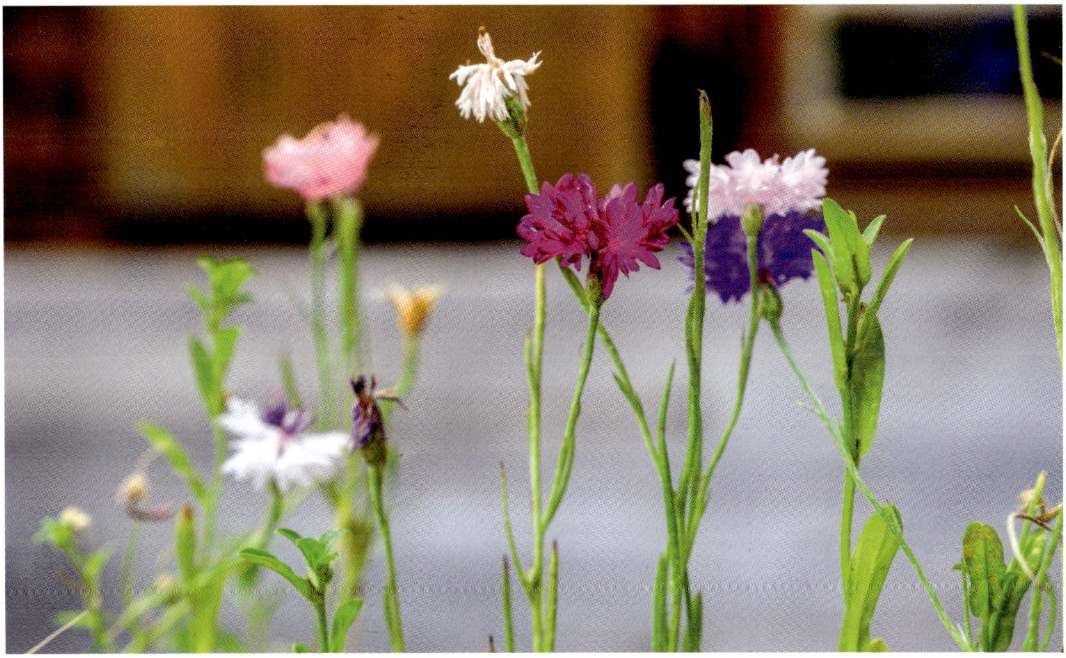

derstein führen würde. Wir bleiben einfach dem Bärguntbach treu und freuen uns vielmehr über die vielen kleinen Bergbäche, die von allen Seiten in den Bärguntbach laufen. Es ist ein einziges Gluckern und Plätschern über Felsen, Steinstufen und durch Wiesen. Schließlich erreichen wir die Abzweigung zur Alpe Bärgunt, die schon in Sichtweite ist. Auch sie lohnt sich für eine Einkehr, und wer möchte, kann hier schon mal für einen ersten Happen verweilen.

Liebevoll ist die Blumendekoration auf den Tischen der Widdersteiner Alpe.

Linke Seite: Bequeme Wanderwege führen ins Bärenguntal zu den zwei Alpen.

Rast bei der Alpe Widderstein

Um zur Alpe Widderstein zu gelangen, gehen wir jedoch nach links, queren erneut den Bärguntbach und steigen weiter bergan. Vorbei an den ersten Schuttreißen des Widdersteins senkt sich rasch der Weg, und wir erreichen die Alpe Widderstein. Jetzt können wir nur hoffen, dass noch ein Plätzchen auf der Terrasse frei ist. Der Rückweg ist kurz: Weiter auf der Alpstraße bergab, treffen wir dann wieder auf den Hinweg, dem wir zurück nach Baad folgen.

Viel Berggefühl

Baad ist das kleinste Dorf im Kleinwalsertal. Es liegt ganz am Talende und ist fast völlig von Bergen umgeben. Das verspricht viel Berggefühl und vor allem die Möglichkeiten für perfekte Wandermuffel-Touren – starten wir doch schon auf 1244 m Höhe.

17 Zur Unteren Gutenalpe

Ausflug ins Oytal

leicht | 14 km | 240 Hm | 4.15 Std.

Tourencharakter
Leichter Fahrweg. Bergab kann man ab dem Oytalhaus gut die Bergroller nutzen.

Ausgangs-/Endpunkt
Oberstdorf, Parkplatz an der Talstation der Nebelhornbahn

GPS-Daten
47.404857, 10.286701

Anfahrt
Bahn & Bus: Mit dem Zug nach Oberstdorf und zu Fuß zur Nebelhornbahn
Auto: Nach Oberstdorf, dort entweder mit dem Ortsbus oder dem Pkw zur Nebelhornbahn

Einkehr
Oytalhaus, Untere Gutenalpe

Karte
Kompass-Wanderkarte 1:50 000, Nr. 3 Allgäuer Alpen/Kleinwalsertal

Information
www.oberstdorf.de

Die Untere Gutenalpe liegt im Oytal, noch bevor die Fahrstraße zur Käseralpe ansteigt. Das Oytal ist auf beiden Seiten von steilen Bergen eingerahmt. Dementsprechend kurzweilig ist der Anstieg von Oberstdorf, denn es gibt immer wieder etwas zu sehen.

Sonnige Alpe Die Untere Gutenalpe liegt im mittleren Oytal, etwas taleinwärts des Oytalhauses. Die Landschaft im Oytal ist großartig, unentwegt können wir die steilen Berghänge links und rechts von uns bewundern. So kommt beim Anstieg kaum Langeweile auf. Liebevoll bewirtschaftet wird die Jungviehalm von der Familie Seidel. Eine kleine Brotzeitkarte wartet mit leckeren Allgäu-Spezialitäten, Käse, Speck und selbst gemachten Kuchen auf. Und auf der Sonnenterrasse der Alpe lässt es sich wirklich gut aushalten.

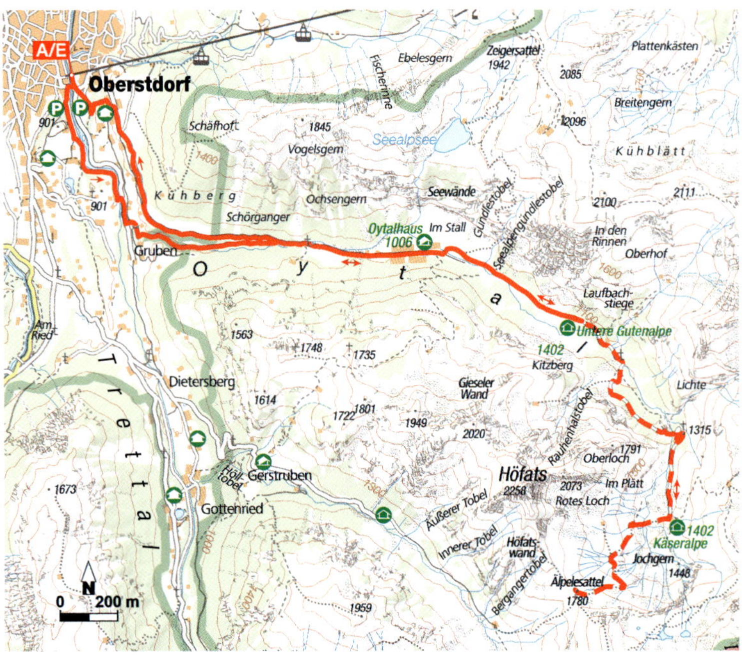

Von Oberstdorf durchs Oytal Von der Talstation der Nebelhornbahn spazieren wir an der Trettach entlang in Richtung Gruben. Wir biegen dann nach links ab und folgen dem Oybach aufwärts, bis wir auf die Fahrstraße stoßen. Auf dieser wandern wir durch eine märchenhafte Allee hinauf zum Oytalhaus. Die geschotterte Fahrstraße führt nur noch sanft ansteigend hinüber zur Unteren Gutenalpe, bei der wir gemütlich einkehren.

Rückweg Um sich den etwas langwierigen Abstieg durchs Oytal nach Oberstdorf zu erleichtern, können wir ab 15 Uhr im Oytalhaus Bergroller mieten. Auf diesen brausen wir ins Tal und stellen dann die Roller im Fahrradgeschäft Heckmaier ab. Alternativ können wir natürlich auch zu Fuß zurücklaufen – das macht aber lange nicht so viel Spaß.

Die Untere Gutenalpe

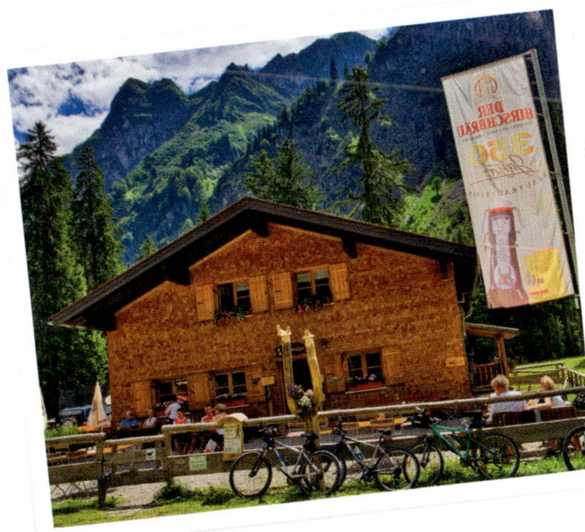

Variante: Zum Älpelesattel
(5 Std./720 Hm/10,3 km)

Ein schönes Wanderziel von der Gutenalpe ist der Älpelesattel. Wir wandern hierfür auf der Fahrstraße weiter taleinwärts. Der Weg wird steiler und bringt uns am Stuibenfall vorbei. Oben wird es flacher, und das Sträßchen zieht hinauf zur Käseralpe, die idyllisch in dem Talkessel liegt. Von hier wandern wir auf dem guten Steig hinauf zum Älpelesattel. Oben in dem Wiesensattel können wir gemütlich rasten und die Bergsteiger am Weg zur Höfats beobachten. Wir lassen von diesem berüchtigten Allgäuer Grasberg allerdings lieber die Finger und steigen wieder hinunter zur Käseralpe und zur Unteren Gutenalpe. Wer nicht ganz bis zum Sattel hinaufwandern möchte, der kann auch einfach nur bis zur Käseralpe gehen – der Talkessel ist beeindruckend.

Vom Nebelhorn

Das Oytal kann man auch vom Nebelhorn aus erreichen. Gerade der Weg vom Laufbacher Eck bietet sich dafür an – der Gratweg ist einfach großartig. Die Tour ist allerdings ziemlich lang und erfordert Trittsicherheit und ist daher nicht unbedingt für ausgeprägte Wandermuffel geeignet (aber mit etwas Kondition durchaus möglich; 7 Std./540 Hm Auf und 1450 Hm Abstieg/16 km bis zum Oytalhaus). Ansonsten ist die Auffahrt zum Nebelhorn natürlich immer toll und vor allem die Aussicht von der Bergstation grandios.

18 Zum Gaisalpsee

Traumziel unter dem Rubihorn

mittel | 7,9 km | 660 Hm | 4.30 Std.

Tourencharakter
Guter Weg zur Gaisalpe. Kurzer versicherter Abschnitt beim Aufstieg zum See

Ausgangs-/Endpunkt
Wanderparkplatz in Reichenbach b. Oberstdorf

GPS-Daten
47.442234, 10.296357

Anfahrt
Bahn & Bus: Mit dem Zug nach Oberstdorf und mit dem Bus nach Reichenbach
Auto: Auf der B 19 durchs Illertal bis nach Oberstdorf, im 2. Kreisverkehr nach links bis Reichenbach

Einkehr
Untere Richteralpe, Gaisalpe

Karte
Kompass-Wanderkarte 1:50 000, Nr. 3 Allgäuer Alpen/Kleinwalsertal

Information
www.oberstdorf.de

Der Gaisalpsee liegt wunderbar idyllisch unter dem hoch aufragenden Rubihorn. Auch wenn der Aufstieg von der Richteralpe etwas steil ist, so lohnt sich doch der Weg dort hinauf. Am Ufer des Sees können wir wunderbar entspannen und die Natur genießen.

Zur Unteren Richteralpe Wir beginnen unsere Wanderung am großen Wanderparkplatz in Reichenbach und folgen der Straße, die am Parkplatz beginnt. Nach kurzer Zeit überqueren wir den Gaisalpbach und kommen bei einer Rechtskurve zu einem Wegweiser. Hier biegt nach links der Tobelweg ab, und bei gutem Wetter nehmen wir diesen Steig. Er führt am zuerst noch relativ sanften Gaisalpbach entlang aufwärts. Nach den ersten Treppenstufen und einer Brücke wird der Bach wilder. Eindrucksvoll stürzt er durch den Tobel. Zwischendurch bleiben wir auf einer

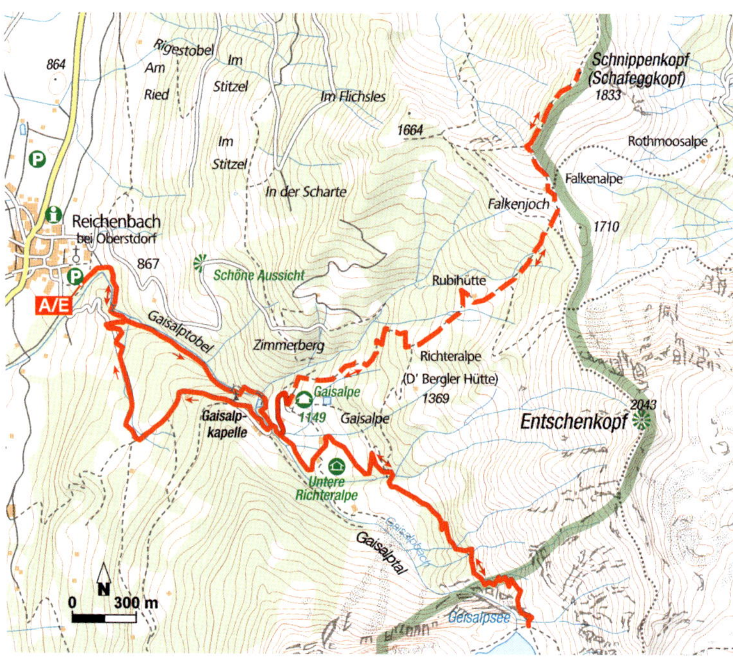

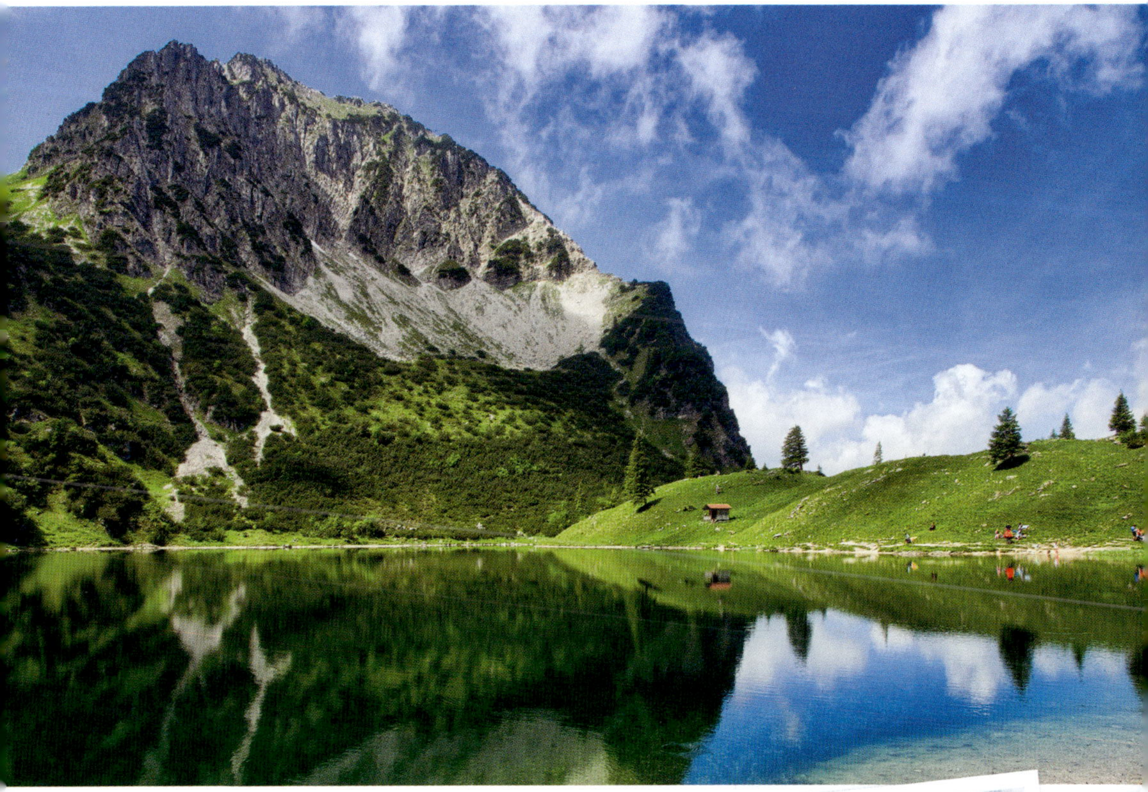

kleinen Plattform stehen und genießen den Blick auf das wilde Wasser. Oben kommen wir wieder auf die Forststraße und wenig später zu einer weiteren Weggabelung. Hier biegen wir nach links ab und steigen hinauf zur Unteren Richteralpe, wo wir uns eine erste kleine Verschnaufpause gönnen. Allein schon der Anstieg von Reichenbach zur Alm lohnt sich – wer die Wanderung hier beenden möchte, kann also trotzdem zufrieden sein. Wir genießen eine wunderbare Aussicht auf die Umgebung.

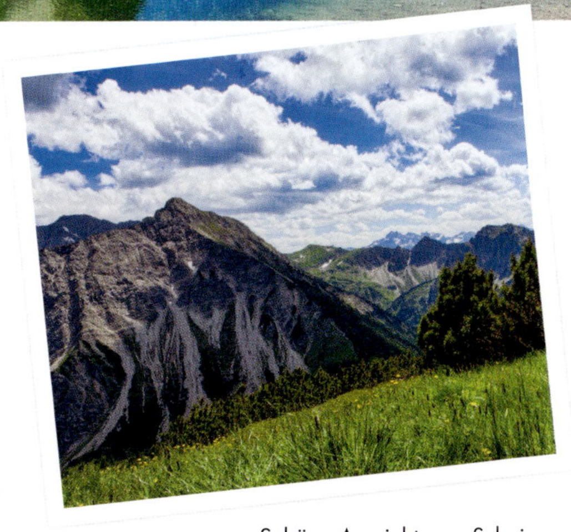

Schöne Aussicht vom Schnippenkopf

Ganz oben: Wunderschön: der Gaisalpsee mit dem Rubihorn

Zum Gaisalpsee Nach der kleinen Rast auf der Alm schickt uns ein Wegweiser in Richtung Rubihorn. Der Steig bringt uns über eine Wiese in den Wald, und wir wandern durch diesen immer in Richtung eines Felsriegels. Auf unserem Weg wird das Gelände felsiger, und einzelne Versicherungen helfen uns über die leichten Felsen hinweg. Am Steig wandern wir hinauf zum Unteren Gaisalpsee, lassen uns daneben auf der Wiese nieder und genießen die landschaftliche Schönheit dieses Ortes. Das Rubihorn überragt den See und spiegelt sich märchenhaft darin. Nach der

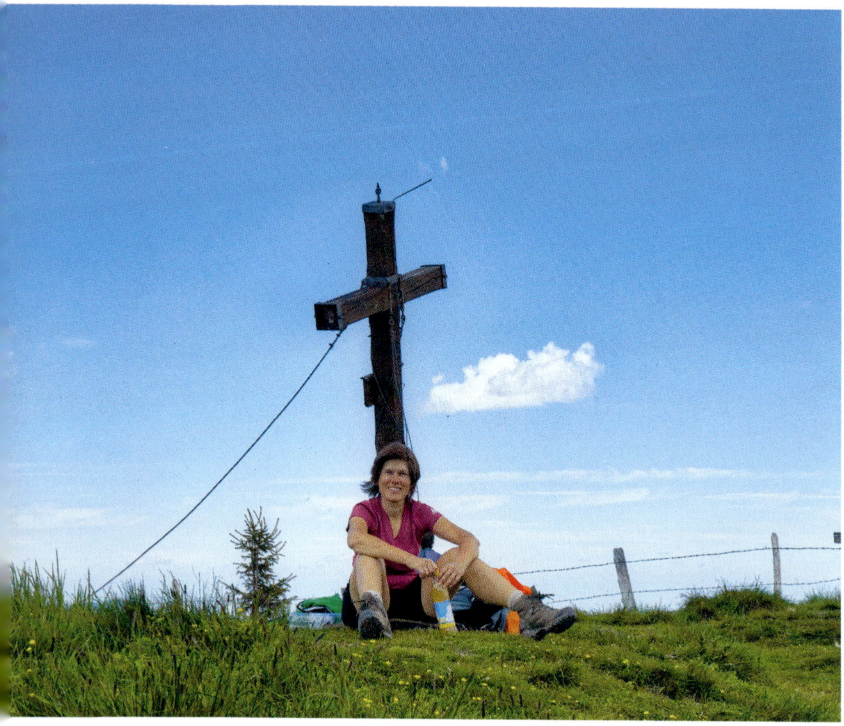

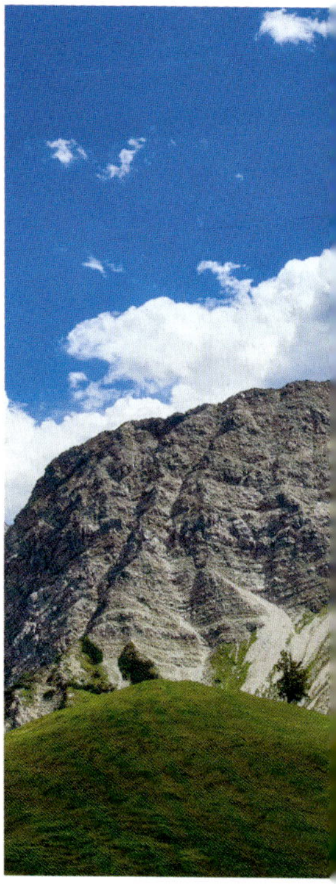

Gipfelrast am Schnippenkopf

Rechts: Der Entschenkopf, Nachbar des Schnippenkopfs

Rast am See wandern wir am Anstiegsweg zurück zur Unteren Richteralpe, wo sich noch einmal eine gemütliche Einkehr anbietet. Für den weiteren Abstieg zum Parkplatz wählen wir nun eher den Forstweg als den steilen Abstieg durch den Tobel.

Variante: Zum Schnippenkopf

(4.30 Std./690 Hm/5,3 km)

Oberhalb der Unteren Richteralpe erheben sich die drei Sonnenköpfe. Ein schönes Ziel ist der Schnippenkopf. Der Anstieg erfolgt von der Gaisalpe, die in der Nähe der Unteren Richteralpe liegt. Von hier lassen wir uns von dem Schild »Sonnenköpfe – Entschenkopf« den Weg weisen. Dieser steigt zuerst nur mäßig an, später wird er steiler und führt teilweise durch Wald, teilweise über freies Gelände bergauf bis unter die Falkenalpe. Hier biegen wir nach links ab und wandern an der Alpe rechts vorbei. Über freies Gelände bringt uns der Wanderweg auf den Gipfelgrat und über diesen gemütlich hinüber zum Gipfel des Schnippenkopfs. Oben setzen wir uns neben dem Gipfelkreuz ins Gras

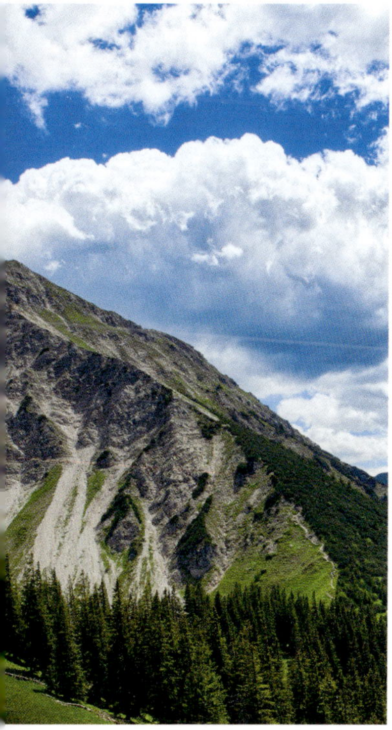

Rast an der Unteren Richteralpe

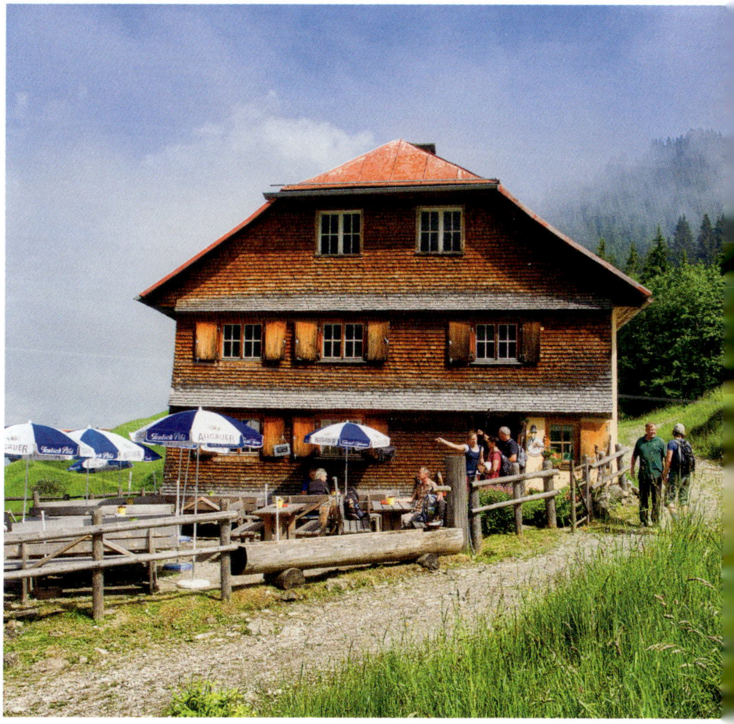

und genießen die Aussicht. Besonders beeindruckend präsentiert sich im Süden der mächtige Entschenkopf. Jetzt könnten wir natürlich noch die Überschreitung der drei Sonnenköpfe angehen. Kürzer ist es aber, zurück nach Reichenbach zu wandern. Auf dem bekannten Weg geht's also zurück zur Unteren Richteralpe, in der wir nach dieser Gipfelwanderung gemütlich einkehren. Anschließend wandern wir durch den Tobel oder auf der breiten Forststraße zurück zum Parkplatz in Reichenbach.

Moorschwimmbad

In der Nähe von Reichenbach gibt es ein nettes Moorschwimmbad, das sich für eine Abkühlung anbietet: Wir gehen dazu in Richtung der Schöllanger Burg, biegen gleich nach dem Ortsende rechts ab und folgen dem Weg bis zum wunderschön gelegenen Moorschwimmbad. Als Alternative für den Rückweg können wir den Weiterweg nach Schöllang und die Rückkehr von dort mit dem Bus wählen.

19 Rund ums Giebelhaus

Unter Adlers Schwingen

leicht | 6 km | 150 Hm | 1.50 Std.

Tourencharakter
Leichte Wanderung in einem wunderbaren Gebirgstal. Von Hinterstein aus bringt uns ein Pendelbus zum Giebelhaus. Wer auf der herrlichen Talwiese verweilen und mit viel Berggefühl einkehren möchte, kann dies auch ohne Wanderung machen. Vom Giebelhaus aus bieten sich noch einige Almen zum Besuch an, sodass wir je nach Kondition auch zu kleinen Touren starten können.

Ausgangs-/Endpunkt
Giebelhaus im Hintersteiner Tal

GPS-Daten
47.422143, 10.412186

Anfahrt
Bahn & Bus: Mit dem Zug nach Sonthofen und mit dem Bus nach Hinterstein
Auto: Nach Hinterstein bei Bad Hindelang zum Parkplatz Auf der Höhe; von dort fährt stündlich ein Bus zum Giebelhaus.

Einkehr
Giebelhaus, tgl. geöffnet (Mi Ruhetag)

Karte
Kompass-Wanderkarte 1:50 000, Nr. 3 Allgäuer Alpen/Kleinwalsertal

Information
www.badhindelang.de

Ein Talschluss mit saftigen Bergwiesen, ein gestandenes Wirtshaus und dazu ein Pendelbus, der uns eigentlich jegliche Wanderbewegung erspart – um jedoch mit gutem Gewissen einkehren zu können, bieten sich ein paar kleinere Touren für den vorherigen Kalorienverbrauch an.

Adler am Giebelhaus Der Bus von Hinterstein hält direkt am Giebelhaus, das unweit der Ostrach auf ebenem Talgrund steht. Dabei ist die Ostrach erst wenige Meter zuvor aus dem Zusammenfluss der Bäche Obertalbach und Bärgündlebach entstanden. Über uns erhebt sich der 1949 Meter hohe Berg Giebel, auf den aber kein markierter Weg führt. Mit wenigen Schritten erreichen wir an der Zufahrtsstraße die Adlerhütte. Von Anfang Juni bis Ende September bietet der Landesbund für Vogelschutz hier je-

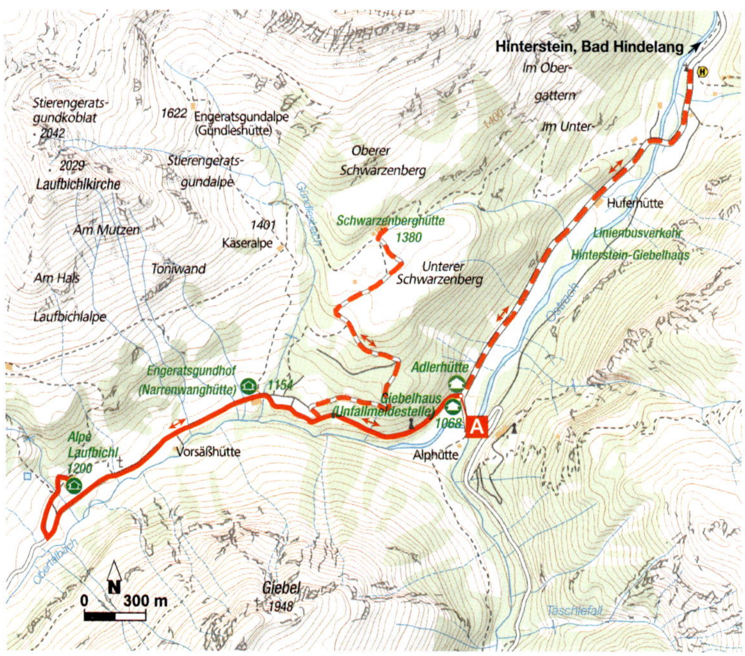

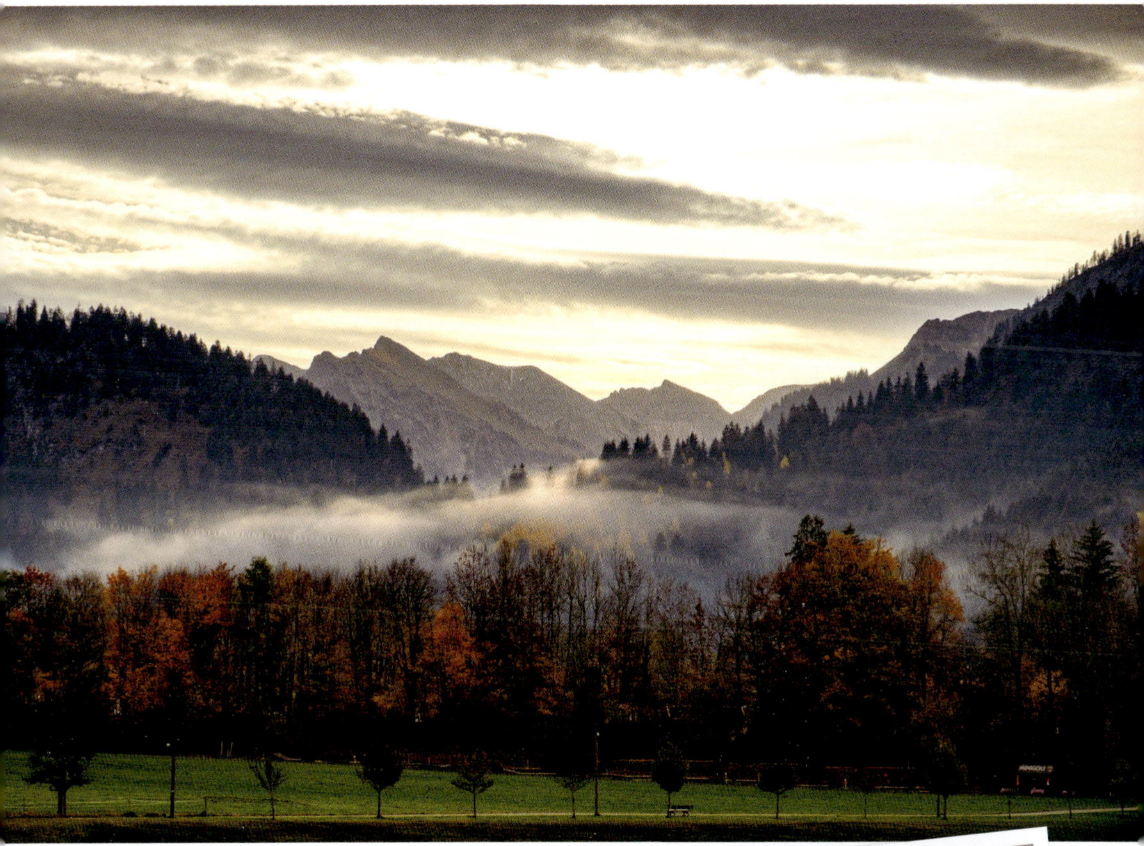

den Samstag um 10.30 Uhr eine Adlerführung an, bei der die Teilnehmer näher an die Adlerhorste herangeführt werden (Dauer ca. 2.30 Std.). Es lohnt sich jedoch, selbst ein Fernglas mitzubringen, denn immer wieder lassen sich hier im Hintersteiner Tal die Adler im freien Flug beobachten.

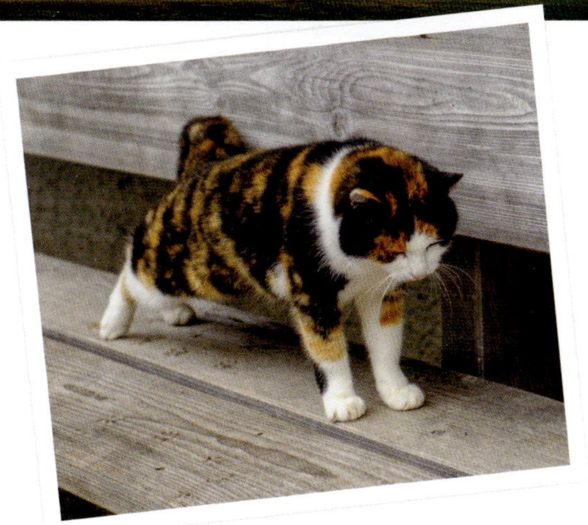

Die Glückskatze räkelt sich am Giebelhaus.

Ganz oben: Morgennebel über dem Ostrachtal bei Bad Hindelang

Über den Sausteig Je nachdem, wie groß unsere Motivation zum Wandern ist, haben wir nun die Wahl zwischen mehreren Tourenmöglichkeiten. Ein wunderbares Beispiel ist der leichte Aufstieg auf der kleinen Almstraße, die genau zwischen dem Giebelhaus und der Adlerhütte beginnt: Der sogenannte Sausteig verläuft oberhalb des Obertalbachs und hat mit einem eigentlichen Steig wenig gemein. Die

Rechte Seite: Eisig blau fließt die Ostrach aus dem Hintersteiner Tal zum E-Werk bei Bruck.

Abzweigung zur Schwarzenberghütte ignorieren wir (außer, wir haben heute noch größere Ambitionen). Die Almstraße führt uns äußerst bequem zur Alpe Engeratsgund, die etwas oberhalb unseres Wegs liegt, aber noch nicht zu einer Einkehr verlockt, denn die bisherige Strecke ist eigentlich auch für den größten Wandermuffel noch zu kurz. So folgen wir dem Sträßchen weiter bis zur Alpe Laufbichl, die ebenfalls etwas oberhalb des Sausteigs liegt und mit einem kleinen Schwenk nach rechts leicht erreichbar ist. Auf dieser Sennalpe wird Käse gemacht, den man mit Brot und frischer Milch genießen kann. Aber auch der Einkauf einer ordentlichen Portion Käse für Zuhause ist willkommen – wir sollten jedoch beachten, dass die Alpe keine Gastwirtschaft im üblichen Sinn ist. Die Laufbichl- wie die Engeratsgundalpe haben nur geöffnet, solange das Vieh aufgetrieben ist. Ob das gerade der Fall ist, erfragen wir am besten beim Wirt des Giebelhauses. Der Abstieg verläuft dann auf dem Hinweg.

Frisches Bergwasser

Besuchen Sie doch im Anschluss im Ort Hinterstein noch den Kur- und Kneippgarten »Prinze Gumpe« – das erfrischende Wasser macht müde Beine wieder munter.

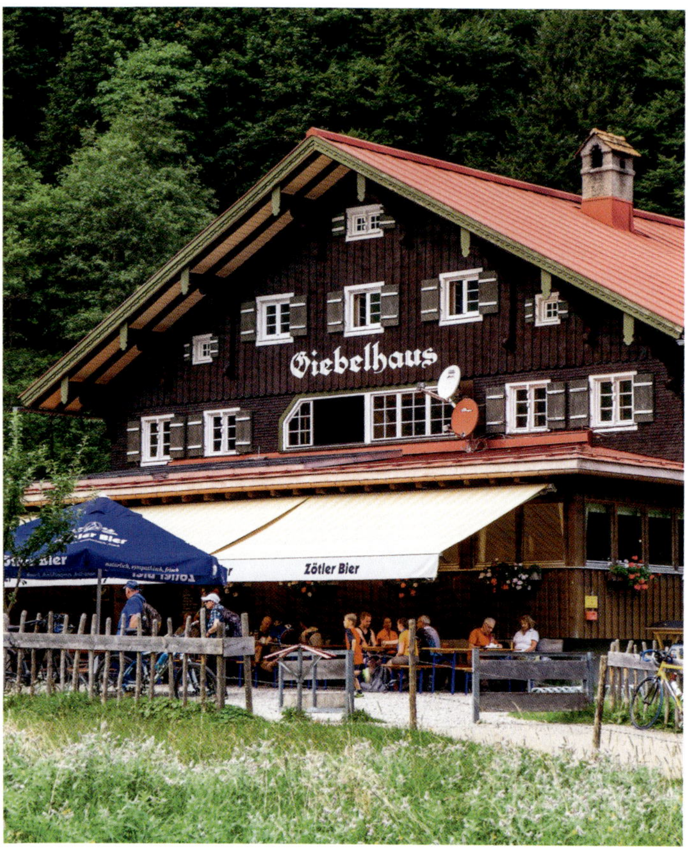

Das Giebelhaus ist Ausgangspunkt und Ziel kleinerer Erkundungen im Hintersteiner Tal.

Entlang der Ostrach Wer jetzt noch genügend Energiereserven hat, kann einfach der Fahrstraße, auf der wir mit dem Bus ins Hintertal gekommen sind, talauswärts bis etwa zur nächsten Bushaltestelle an der kleinen Hubertuskapelle folgen und von dort mit dem Bus zurückfahren (der gesamte Rückweg ohne Busbenutzung würde insgesamt gut 1.30 Std. in Anspruch nehmen).

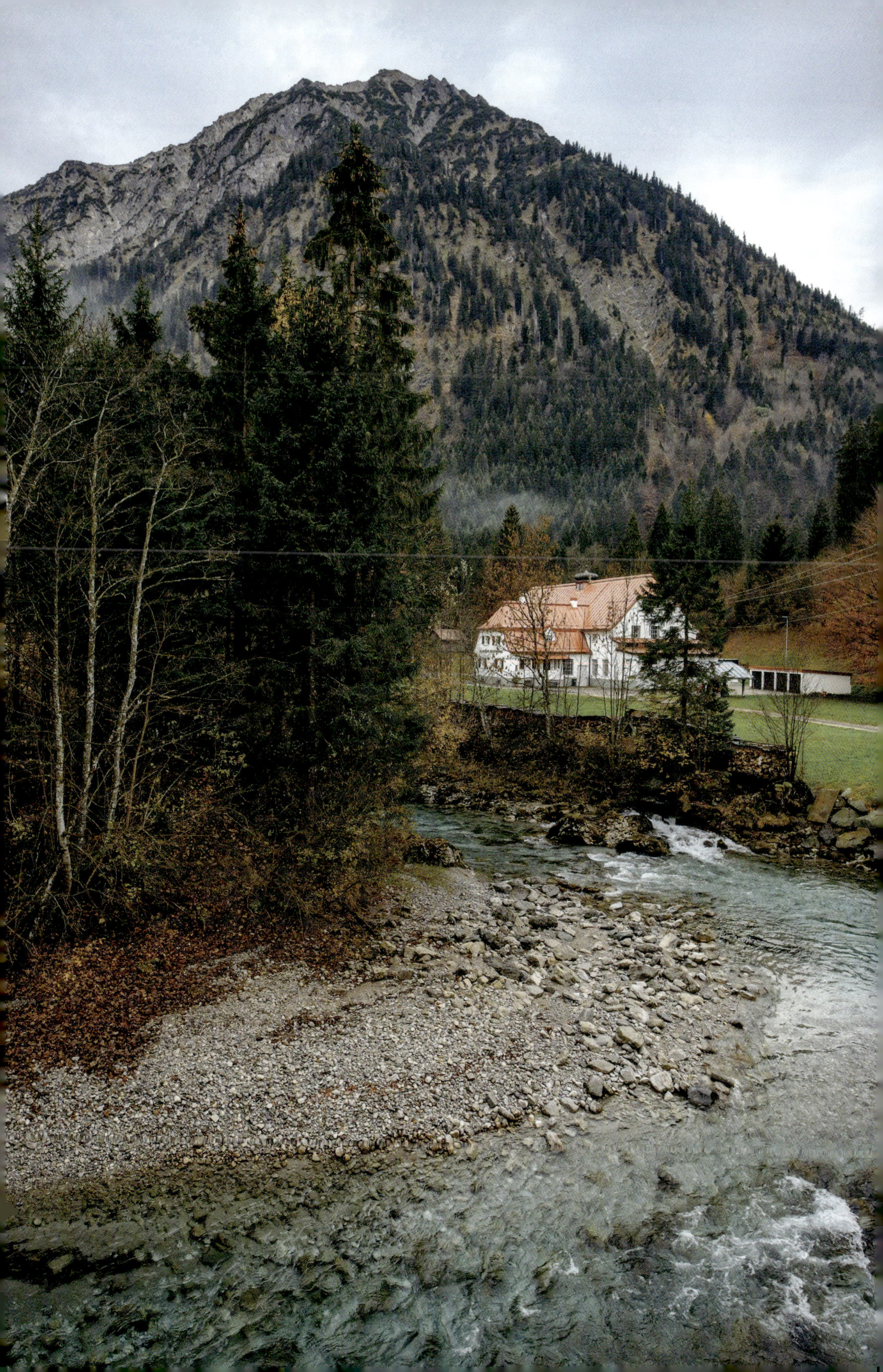

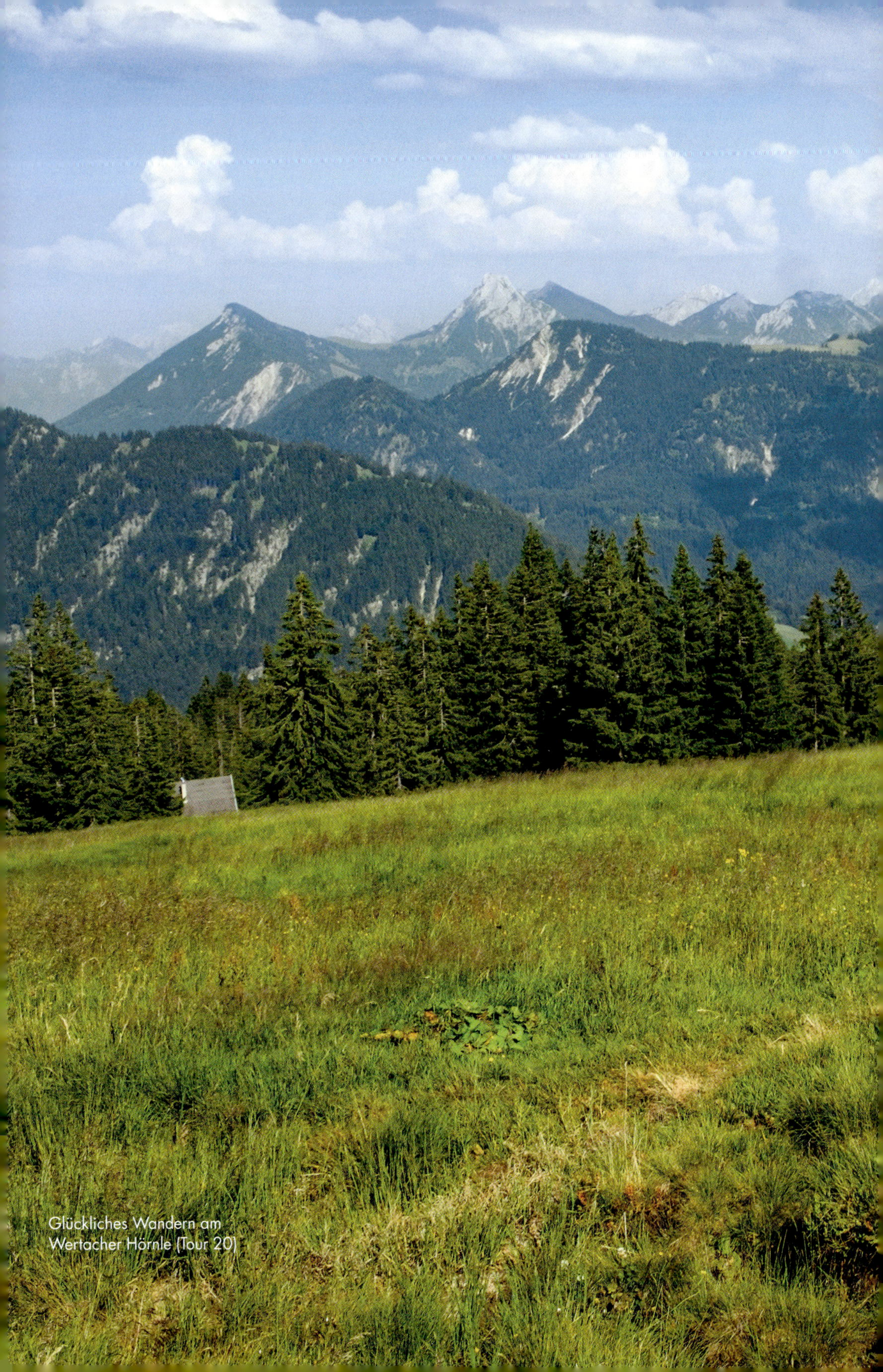

Glückliches Wandern am Wertacher Hörnle (Tour 20)

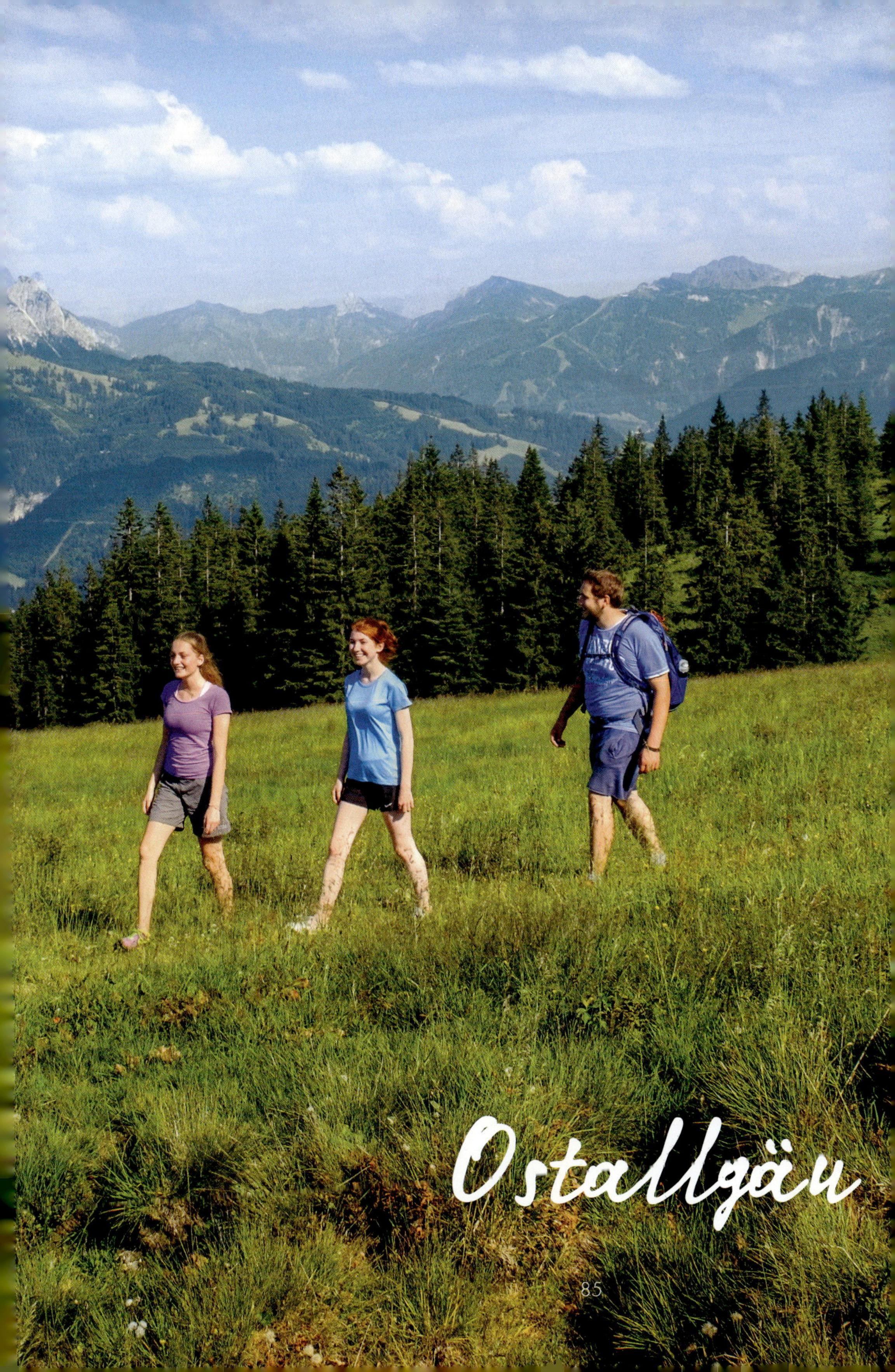

Ostallgäu

20 Aufs Wertacher Hörnle

Mehr braucht man nicht

leicht | 3,5 km | 300 Hm | 1.15 Std.

Tourencharakter
Durch die Auffahrt auf der Mautstraße (unbedingt vorher in Wertach das Ticket kaufen!) eine perfekte Wandermuffel-Tour. Sehr sonniger Weg, überwiegend auf Bergpfaden

Ausgangs-/Endpunkt
Schnitzlertalalpe

GPS-Daten
47.555462, 10.392672

Anfahrt
Bahn & Bus: Zug nach Sonthofen, Bus Richtung Wertach bis Haltestelle Großer Wald; von dort ca. 1.30 Std. Aufstieg
Auto: Nach Wertach (Mautticket s. Kasten!), am Ortsende Richtung Immenstadt und gut 2,5 km hinter Wertach auf der linken Straßenseite zum Parkplatz Großer Wald; von dort auf der Mautstraße über einige Abzweigungen zur ausgeschilderten Schnitzlertalalpe

Einkehr
Die Schnitzlertalalpe ist perfekt (tolle Brotzeitplatten, bei schlechterem Wetter gemütliche Stube; geöffnet tgl. von Ende Mai bis Anfang Okt.)

Karte
Kompass-Wanderkarte 1:50 000, Nr. 3 Allgäuer Alpen/Kleinwalsertal

Information
www.wertach.de

Diese Wanderung bietet alles, was wir uns unter einer rundum gelungenen Bergtour vorstellen: eine Kombination aus kurzem Anstieg, einem idyllischen Bergsee, einem spannenden Gipfelerlebnis und einem krönenden Einkehrschwung in der Alpe – mehr braucht man wirklich nicht.

Blütenpracht beim Anstieg Zunächst fahren wir auf der relativ breiten und geteerten Straße bis zur Schnitzlertalalpe. Nur an den Abzweigungen der Mautstraße müssen wir aufpassen,

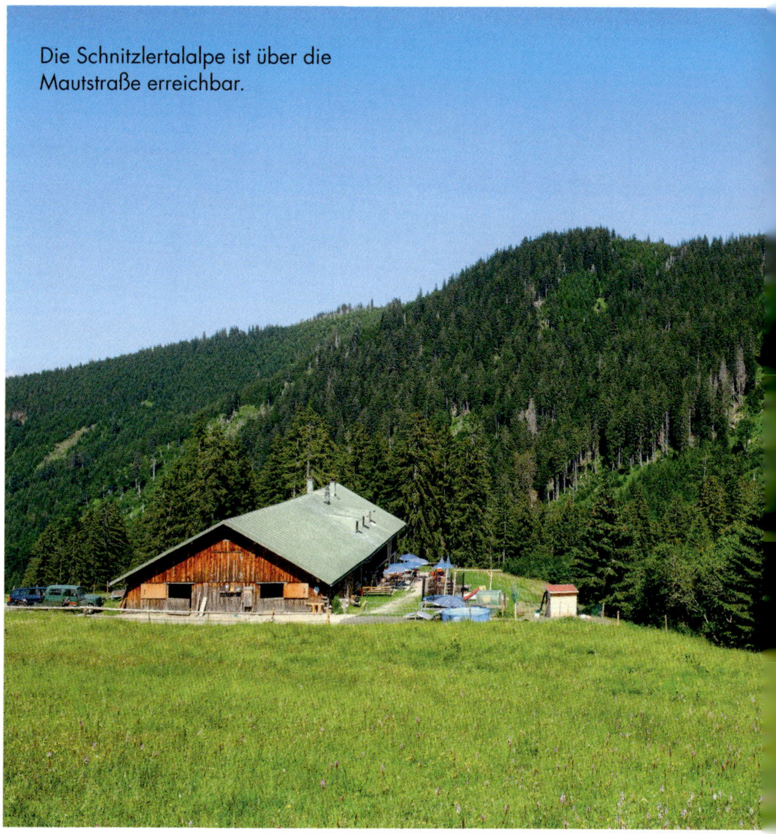

Die Schnitzlertalalpe ist über die Mautstraße erreichbar.

denn es führen viele verschiedene Alpstraßen hier auf den Berg, und alle zu verschiedenen Alpen. Vor der Schnitzlertalalpe können wir dann das Auto auf einem kleinen Parkplatz abstellen. Bevor wir dort jedoch gemütlich einkehren, wollen wir erst das Wertacher Hörnle erobern. Dafür wandern wir ein kleines Stück auf der Alpstraße zurück und wählen dann rechts den Wanderweg, der bereits zum Hörnlesee und zum Wertacher Hörnle ausgeschildert ist. Vor uns sehen wir schon das Gipfelkreuz, aber wir werden zuerst den See besuchen und dann den Gipfelsturm wagen. Zunächst noch auf einem breiteren Wanderweg, steigen wir dann

Berühmter Käse

Im Anschluss an die Tour können wir noch Wertach besichtigen, das bekannt ist für seine beiden Sennereien. Die bekannteste ist die Sennerei Wertach, in der die Gebrüder Kramer 1874 den weltberühmten Weißlacker erfanden – den einzigen Käse, der im Allgäu selbst kreiert wurde und obendrein der erste Käse der Welt, der patentiert wurde. Sehr beliebt sind die mehrmals pro Woche stattfindenden Führungen durch die Sennereien.

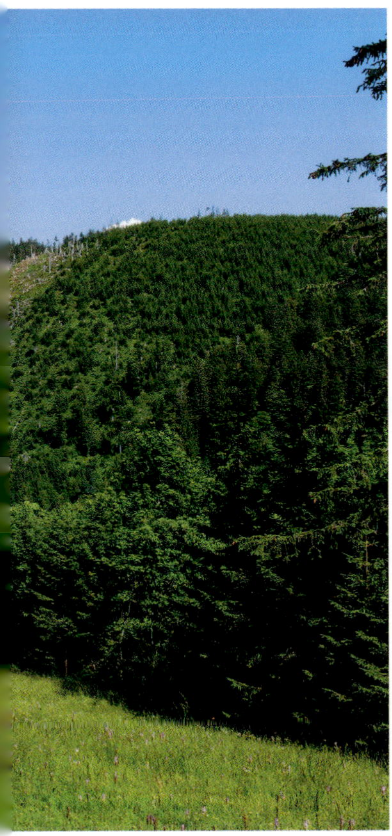

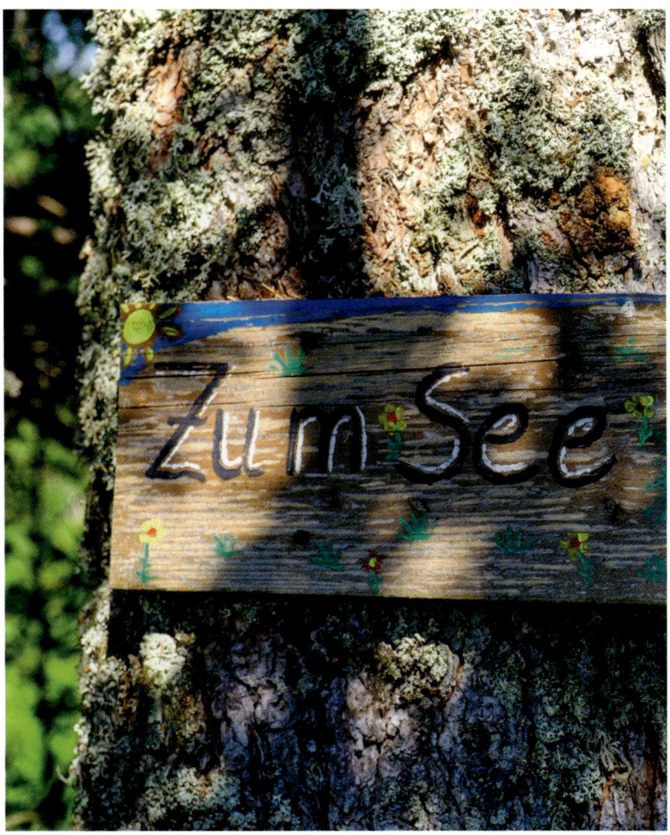

Liebevoll selbst gemalte Schilder weisen den richtigen Weg.

bald steiler bergan. Unser Weg wird zu einem Bergpfad, der uns über herrlich blühende Almwiesen führt. Wer im Juni hier unterwegs ist, wird ganze Felder der rosafarbenen Alpenrose in voller Pracht erleben.

Es gehört Überwindung dazu, in den eiskalten Hörnlesee zu steigen.

Der Bergsee und das Hörnle Ein selbst gemaltes Schild weist uns den Weg zum See. Langsam wird der Weg flacher und die Aussicht immer schöner. Rechts gäbe es einen direkten Weg hinauf zum Gipfel. Wir aber bleiben geradeaus und folgen der Beschilderung zum See. Der Weg führt über eine feuchte Almwiese, und die Aussicht öffnet sich dabei sensationell weit hinein in die Tannheimer Berge. Mit einem Abstecher nach rechts ist dann der Hörnlesee schnell erreicht, wo wir am Ufer rasten können. Vom Zugang zum See führt der Weg zum Gipfel noch ein Stück in ursprünglicher Wanderrichtung weiter, wendet sich dann nach rechts, steigt an und umrundet nun den Hörnlesee, der wie in einem Kessel unter uns liegt. Von rechts stößt

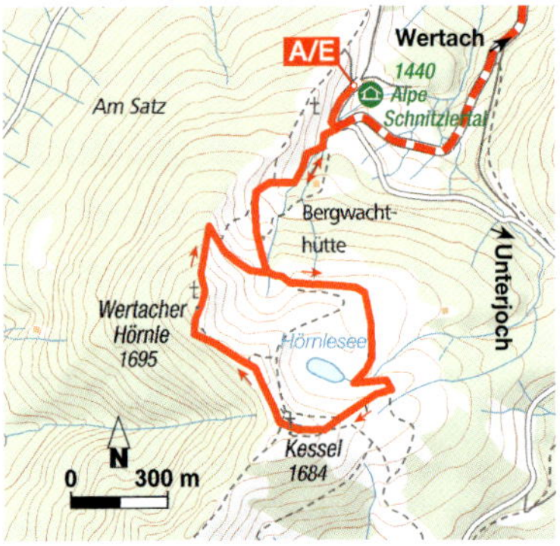

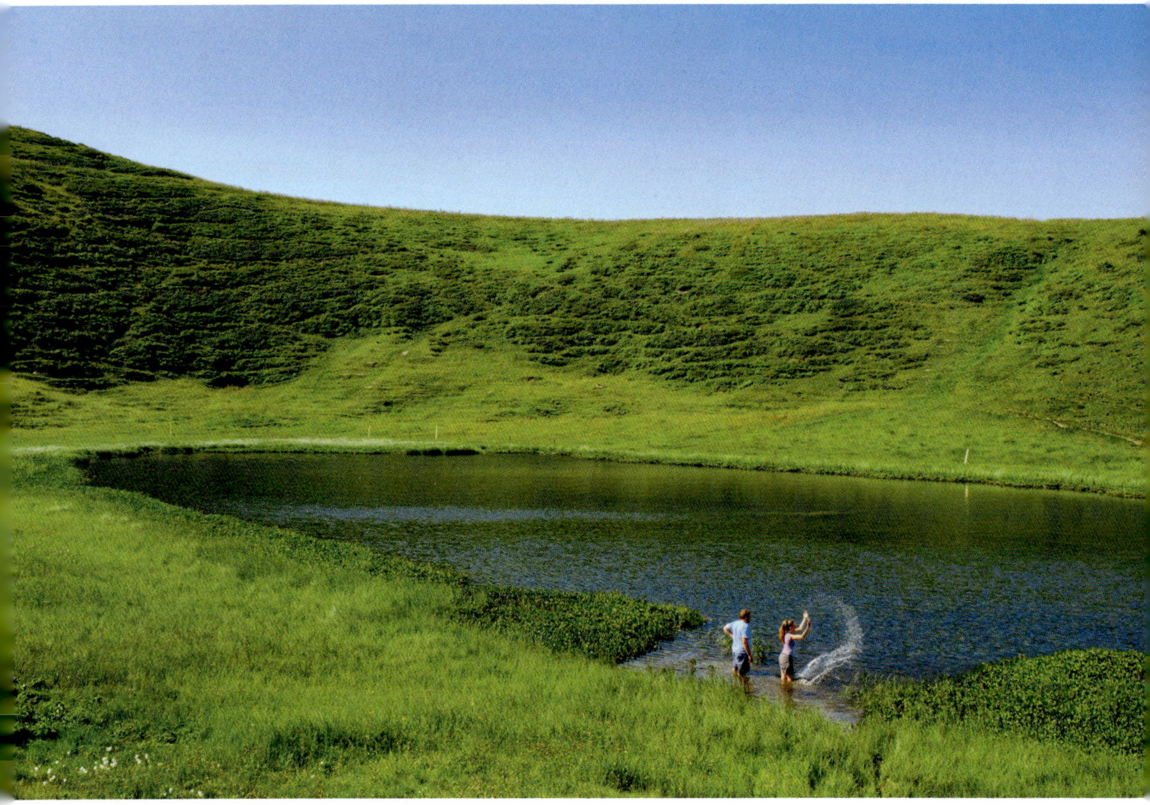

der Wanderweg zu uns, dessen Abzweigung wir weiter unten passiert haben. Über die Almwiese geht es die letzten Meter hinüber zum Gipfelkreuz am Wertacher Hörnle. Jetzt haben wir ausgiebig Zeit zum Schauen und Rasten.

Mautticket

Statt eines Lifts benützen wir bei dieser Tour die Mautstraße, die uns auf einer nicht schwierigen Bergstraße bequem zur Schnitzlertalalpe bringt. Das Mautticket bekommen wir für 5 Euro/Pkw in Wertach bei »Lotto Stadtler« (Grüntenseestr. 8, Tel. 08365/332) oder »Beim Brunnenmacher« direkt am Kreisverkehr Wertach-West bei der Dorfeinfahrt (zu erkennen an den Holzschnitzereien und dem hölzernen Brunnen; Tel. 08365/496 – auch So geöffnet).

Abstieg zur Alpe Für den Rückweg folgen wir dem Weg weiter in Wanderrichtung nach Norden. Dann biegen wir mit einem scharfen Rechtsknick auf den Wanderweg ab, der uns wieder zum Aufstiegsweg bringt. Jetzt ist es nicht mehr weit bis zur urigen Schnitzlertalalpe, wo wir hervorragend einkehren und uns mit Brotzeiten verwöhnen lassen können.

So klingt der Tag am Berg perfekt aus: mit einer Brotzeit auf der Schnitzlertalalpe.

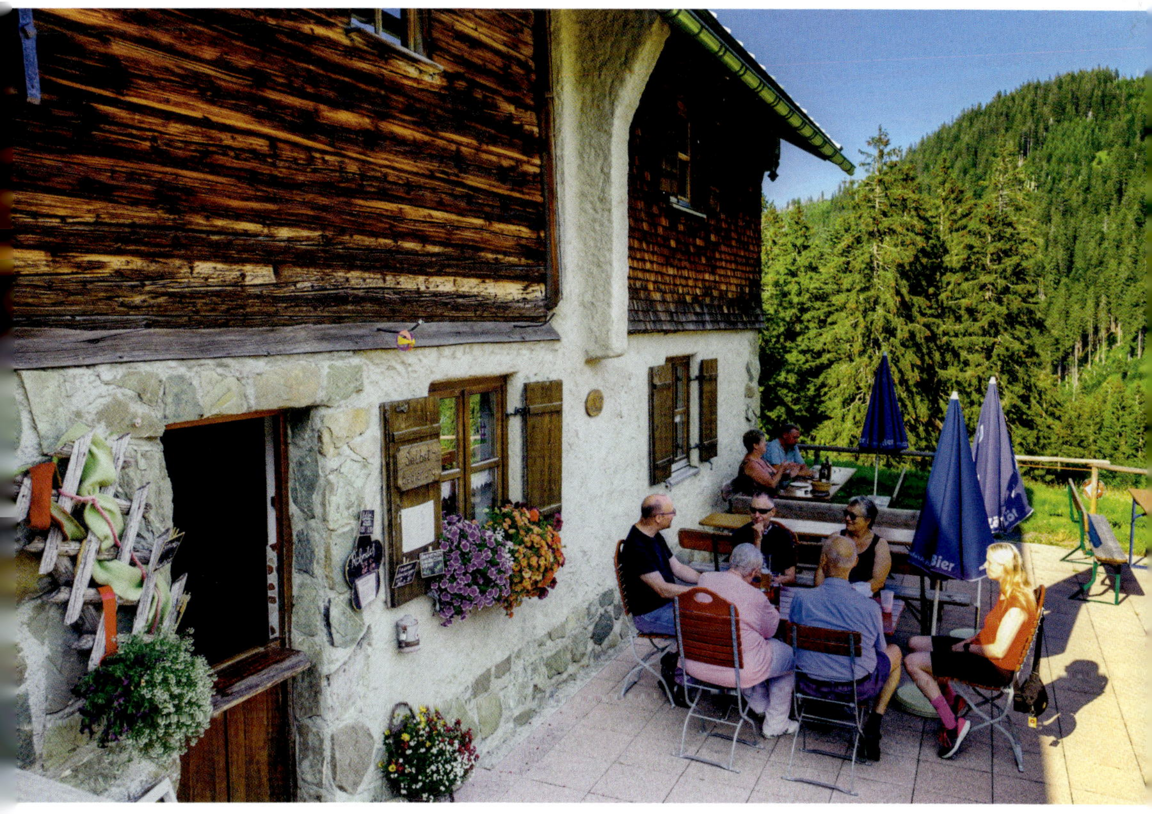

21 Von Wertach auf die Ellegghöhe

Keine Chance, muffelig zu bleiben

leicht | 9,5 km | 200 Hm | 3.15 Std.

Tourencharakter
Nicht allzu anstrengende Wanderung, der Aufstieg erfordert etwas Trittsicherheit. Kleine Wanderwege, kaum befahrene Nebenstraßen und die Möglichkeit zur Verlängerung

Ausgangs-/Endpunkt
Sebastianskapelle bei Wertach

GPS-Daten
47.601763, 10.423272

Anfahrt
Bahn & Bus: Mit dem Zug nach Sonthofen und weiter mit dem Bus nach Wertach bis Haltestelle Rathaus, dort mit der Wanderung beginnen
Auto: A7 bis Ausfahrt Oy-Mittelberg, dann B310 Richtung Wertach, dort an der Ampel nicht nach Wertach einbiegen, sondern links zur großen Kapelle St. Sebastian an der Wertach

Einkehr
Unterwegs Berggasthof Ellegghöhe (Mi Ruhetag) und Gasthof Alpenblick (Di Ruhetag); in Wertach mehrere Möglichkeiten

Karte
Kompass-Wanderkarte 1:50000, Nr. 3 Allgäuer Alpen/Kleinwalsertal

Information
www.wertach.de

Auf der Wanderung zur Ellegghöhe kommt keine Langeweile auf: Aufwärts geht's spannend durch einen Tobel, dann genießen wir einen Panoramaweg, der seinesgleichen sucht. Dazwischen Alpwiesen und Bächlein. Viel zu schnell ist diese Tour vorüber!

Durch Wertach Los geht es außerhalb von Wertach an der Sebastianskapelle. Sie wird auch die »Kleine Wies« genannt, weil der Erbauer der Wieskirche Dominikus Zimmermann die Pläne für die Kapelle gezeichnet hat. Wir queren die Wertach und folgen dem Fußweg nach Wertach. Durch eine Unterführung queren wir die B 310 und bleiben dahinter noch ein kurzes Stück dem Fußweg treu. Auf Höhe des Supermarkts Feneberg biegen wir rechts ein und erreichen über die Linkskurve den Schleifweg. Am Rathaus wird dieser zum Kramerweg, dem wir weiter ge-

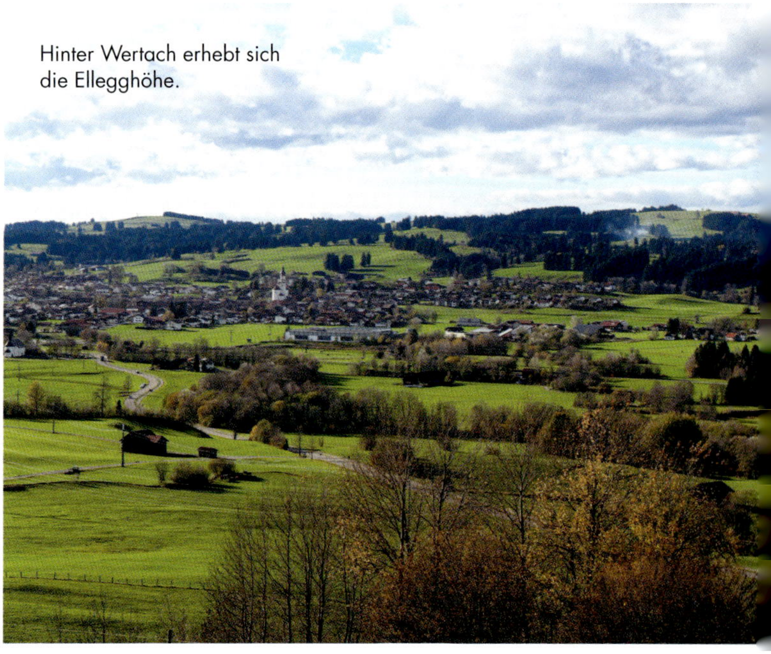

Hinter Wertach erhebt sich die Ellegghöhe.

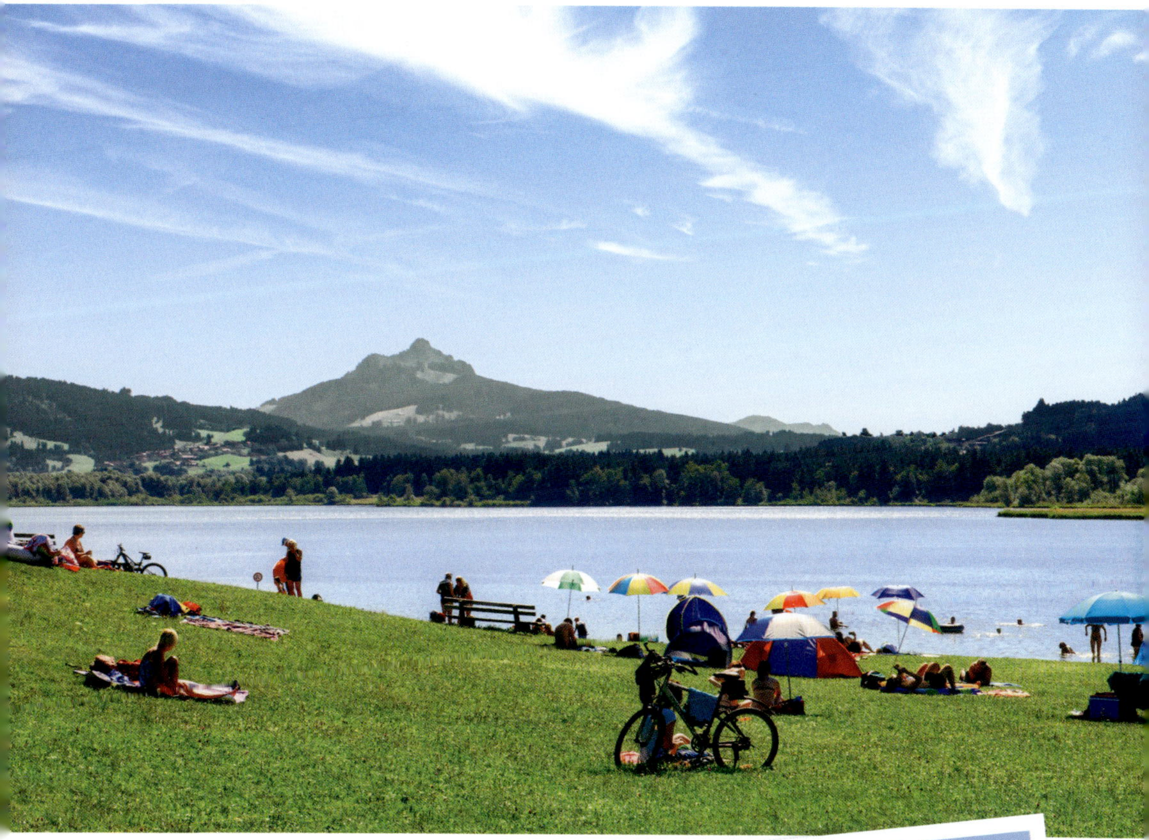

radeaus folgen. An dessen Ende queren wir minimal nach links die Marktstraße und steigen in der Dr.-Bach-Straße zur Kirche empor. Gegenüber ihrer Eingangstür beginnt die Straße Sonnenhang, der wir nach rechts folgen. Leicht aufwärts verlassen wir nun den Ortskern und erreichen kurz darauf an einem öffentlichen Grillplatz den Beginn des Wanderwegs in den Schießbachtobel.

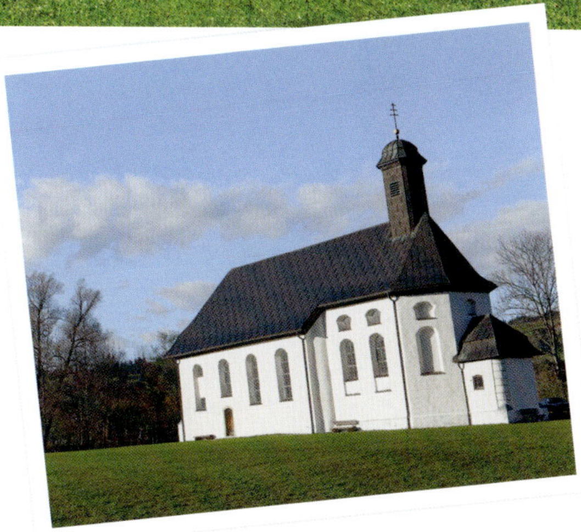

An der Sebastianskapelle startet unsere Wandermuffel-Tour.

Ganz oben: Im Sommer kann man nach der Wanderung noch im nahen Grüntensee baden.

Durch den Schießbachtobel Hier biegen wir links (Schild »Gereute«) ein und folgen nun dem Pfad. Er führt wildromantisch entlang des Peterlesbachs in die kleine Klamm. Das Wasser zieht uns fast magisch an, und wir spüren kaum, dass der Weg ansteigt. Zigmal queren wir den Wasserlauf über kleine Brücken und Stege. Die Holzbohlen schwanken verdächtig, aber alles ist gut gesichert. Nur kleinere Kinder gehören hier an die Hand. Ein richtiger Abenteuerweg! Und wenn wir meinen, wir nähern uns der Hangkante und damit dem Ende der Klamm, ist der Weg noch lange nicht zu Ende. Er senkt sich erneut und taucht noch tiefer in das eingeschnittene Tal ein. An einem Wasserfall stehen wir dann aber wirklich am Ende der Klamm, und über ein paar letzte Stufen kommen wir durch eine Viehwippe aus dem Wald. Jetzt geht es nur noch am Rand einer Alpwiese entlang, erneut einige Viehsperren querend, bis wir Gereute erreichen.

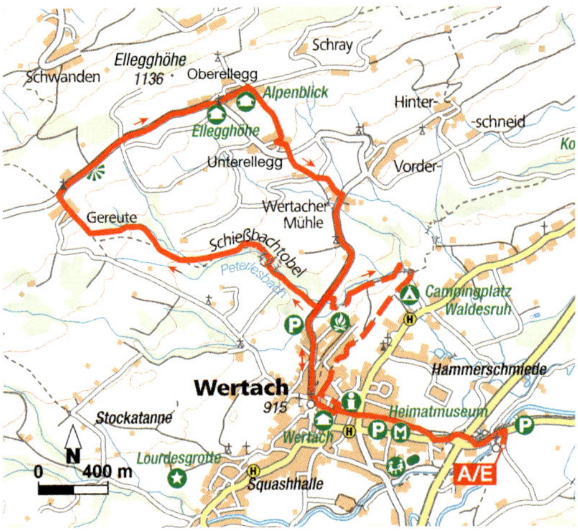

Magisches Panorama Überwältigt von der wunderbaren Aussicht auf die umliegenden Berge brauchen wir dementsprechend lang. Aber schließlich treffen wir an den schon ziemlich verfallenen Gereuter Bauernhöfen auf eine kleine Straße, der wir nach rechts folgen. Dahinter stoßen wir bei einer Kapelle auf eine querende Nebenstraße. Auf ihr geht es nun nach rechts, und wir wandern über die Ellegghöhe. Zum Glück müssen wir uns von dem gigantischen Panorama noch lange nicht verabschieden, die wunderbare Aussicht bleibt uns erhalten. Vor uns breiten sich saftige Wiesen mit glücklichen Kühen aus, dann öffnet sich sogar ein Einschnitt in der Bergkette, der uns weit bis zu den Allgäuer Hochalpen blicken lässt. Magische Panoramamomente, die wir am besten bei einer Brotzeit genießen.

Auf der Ellegghöhe Wer seine Brotzeit vergessen hat, braucht aber auch nicht lange auf eine Einkehr zu warten: Die kleine Straße führt direkt nach Oberellegg, wo gleich zwei Gasthäuser hungrige Wanderer beglücken. Für den Abstieg folgen wir der Straße, die an den beiden Gasthäusern vorbei nach Oberellegg hineinführt. Nach wenigen Minuten weist uns ein Wanderschild vor dem letzten Bauernhaus nach rechts, und wir folgen dem Wiesenweg abwärts bis nach Unterellegg, wofür wir bald ein Sträßchen queren. Wir treffen hier erneut auf eine Zufahrtsstraße, die uns nach links zur nächsten größeren Straße bringt. Auf ihr geht es nach rechts, und bald haben wir wieder den be-

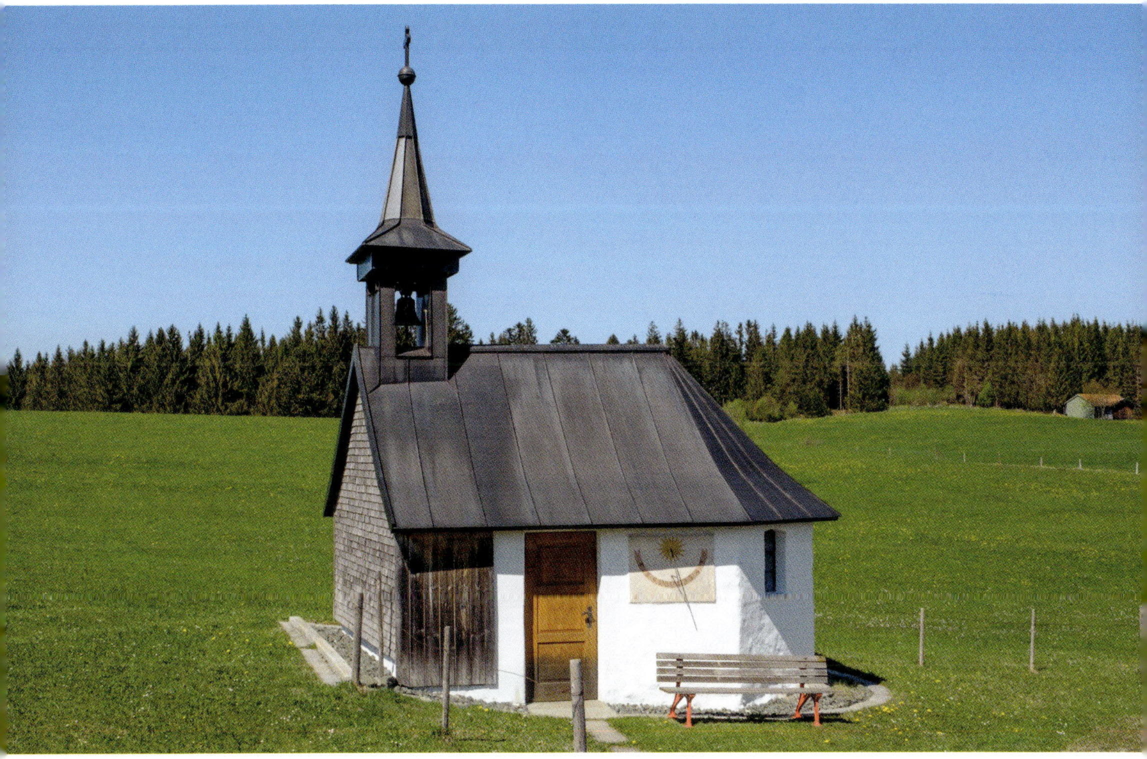

Die kleine Kapelle Maria Heimsuchung von Gereute bei Wertach

kannten Hinweg erreicht, dem wir zurück zum Ausgangspunkt folgen.

Variante für den Rückweg Wer nun die Lust am Wandern entdeckt hat, kann den Rückweg verlängern. Dafür biegen wir bereits in Sichtweite des Grillplatzes nach links auf den Naturerlebnispfad ein, der sich sehr lohnt. Erneut begleitet uns der Peterlesbach, quasi als Ausläufer des Schießbachtobels – es wird ein Wegabschnitt mitten durch herrlichste Natur. Der Weg endet an einem Spielplatz beim Campingplatz Waldesruh. Von hier folgen wir rechts der Beschilderung nach Wertach und kommen so ebenfalls zurück in die Ortsmitte.

Genussvolle Brotzeit

Diese Wanderung eignet sich hervorragend für eine stilvolle Allgäuer Bergbrotzeit. Alles, was wir dafür benötigen, können wir während der Wanderung erwerben. So passieren wir in Wertach die Sennerei Hof-Milch hinter dem Rathaus, wo einst der berühmte Weißlacker-Käse erfunden wurde. Im kleinen Käse-Laden daneben ist das Sortiment riesengroß, und wir können uns mit den unterschiedlichsten Käsesorten eindecken. Etwas weiter liegt dann noch eine Bäckerei am Weg. Was brauchen wir mehr?

22 Aufs Burgkranzegger Horn

Sonnige Familientour mit Fernblick

leicht | 8 km | 280 Hm | 2.30 Std.

Tourencharakter
Sehr sonnige Rundtour, mit einem Aufstieg zum Burgkranzegger Horn, aber der führt zum Glück durch den Wald. Gut für Familien mit Kindern geeignet, es gibt viele Spielelemente entlang des Wegs.

Ausgangs-/Endpunkt
Mittelberg, Straße Kirchlinde

GPS-Daten
47.640776, 10.434449

Anfahrt
Bahn & Bus: Mit der Bahn nach Nesselwang und weiter mit dem Bus
Auto: A7 bis Ausfahrt Oy-Mittelberg, weiter nach Oy und von dort in den Ortsteil Mittelberg. Einige ausgeschilderte Wanderparkplätze; gut geeignet ist der Wanderparkplatz P1 in der Rottachstraße

Einkehr
Unterwegs keine; es lohnt sich, eine Brotzeit mitzunehmen, denn es gibt aussichtsreiche Picknickplätze. In Mittelberg und Oy mehrere Möglichkeiten, z. B. Gasthaus zur Rose

Karte
Kompass-Wanderkarte 1:50 000, Nr. 188 Ostallgäu/Kaufbeuren

Information
www.oy-mittelberg.de

Diesem Panoramaweg verfällt auch der größte Wandermuffel. Jeder Schritt beflügelt und lässt uns staunen: Grüne Hügel reihen sich schier endlos aneinander, und traumhafte Bergblicke krönen die Szenerie.

Zur Wanderbank Los geht es in der Straße Kirchlinde, die ein Stück unterhalb der Mittelberger Kirche liegt. Wer am Wanderparkplatz startet, marschiert in den Ort und hält sich in Richtung Kirche. Dann geht es rechts bergauf in den Gerhaldeweg (Schild »Panoramaweg«). An einem Aussichtspunkt am Wasserreservoir teilt sich die Straße. Wir wandern nach rechts und peilen als Nächstes die überdimensionale Wanderbank an, einen Werbe-

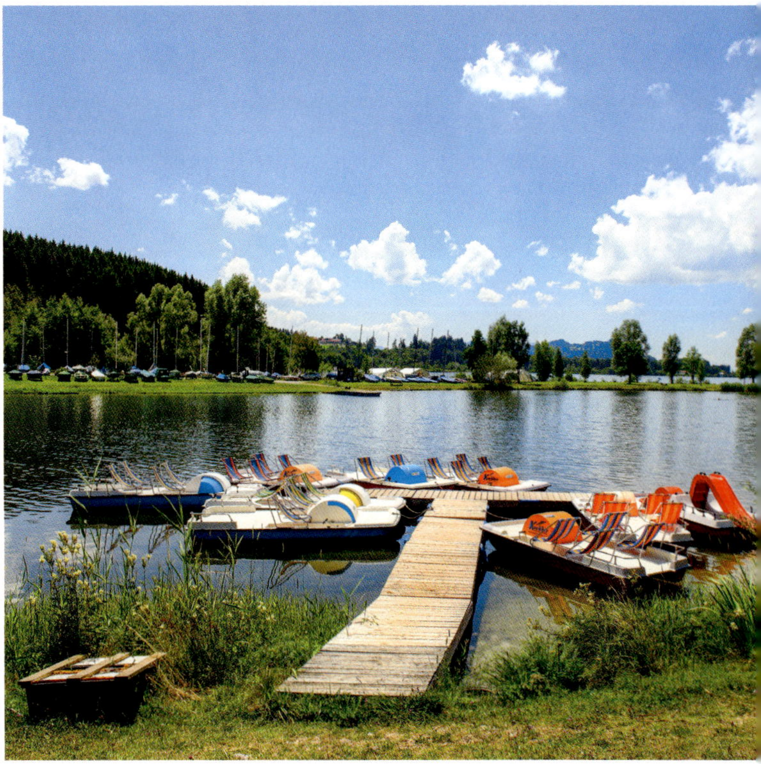

Gag der örtlichen Gaststätten. Schon hier ist das Panorama unbeschreiblich schön, wird jedoch gleich noch besser: Kurz nach der Bank öffnet sich der Blick nach Norden, und unzählige Hügel und Weiler sowie die Stadt Kempten liegen vor uns. Höhenweg-Rastbänke laden jetzt immer wieder zum Verweilen ein – nicht unbedingt förderlich für uns Wandermuffel, aber warum sollten wir diese Landschaft nicht genießen? Wer mit Kindern unterwegs ist, freut sich über Spielmöglichkeiten wie das Hexenwäldle oder den Niederseil-Kletter-Spielplatz.

Linke Seite: Zum nahen Rottach-Speichersee fährt man nach der Wanderung.

Links: Im Ortsteil Mittelberg starten wir die Tour.

Rechts: Gipfelkreuz auf dem Burgkranzegger Horn

Dafür folgen wir einfach dem Hauptweg, der sich nun fast ohne Höhenunterschiede über den Mittelberg windet. Rechts von uns taucht der Rottachsee auf, während in südwestlicher Richtung, also fast direkt vor unserer Nase, der Grünten durch seine Antennen leicht zu identifizieren ist. Schließlich senkt sich der Weg minimal, und wir erreichen eine querende Straße. Dort steht unter Bäumen eine der schönsten Aussichtsliegen, die wir kennen.

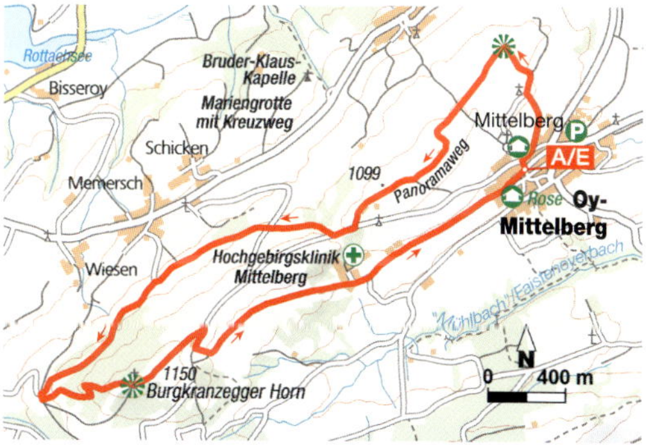

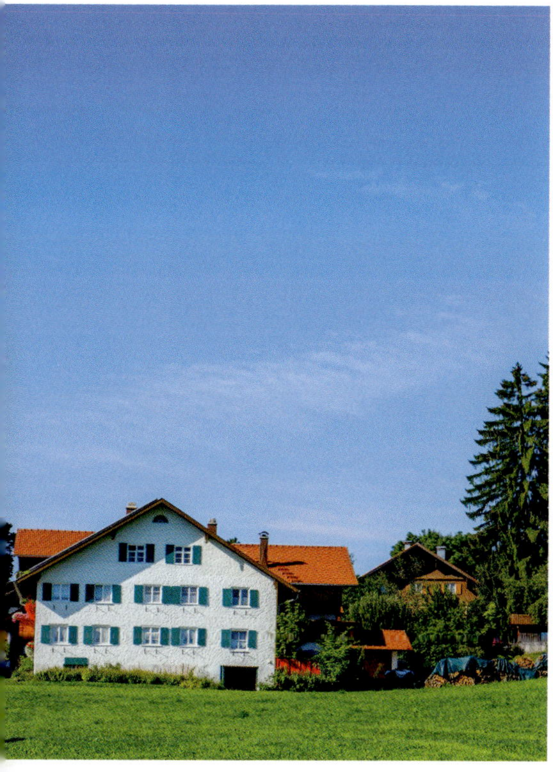

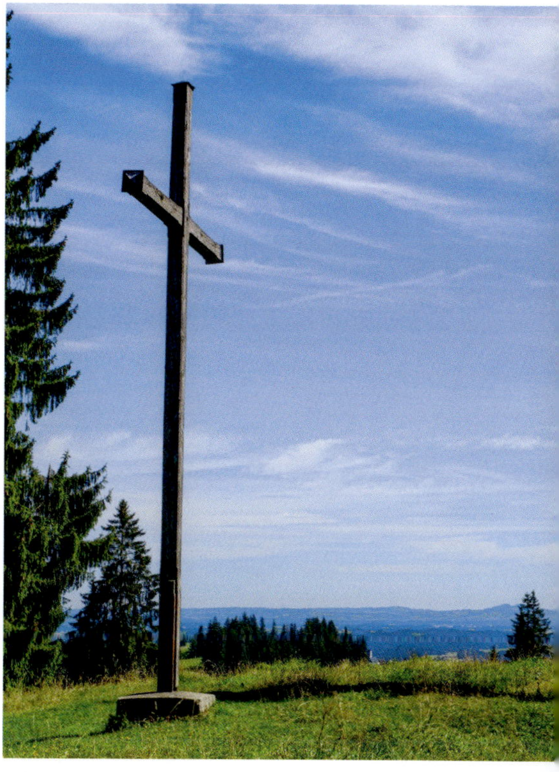

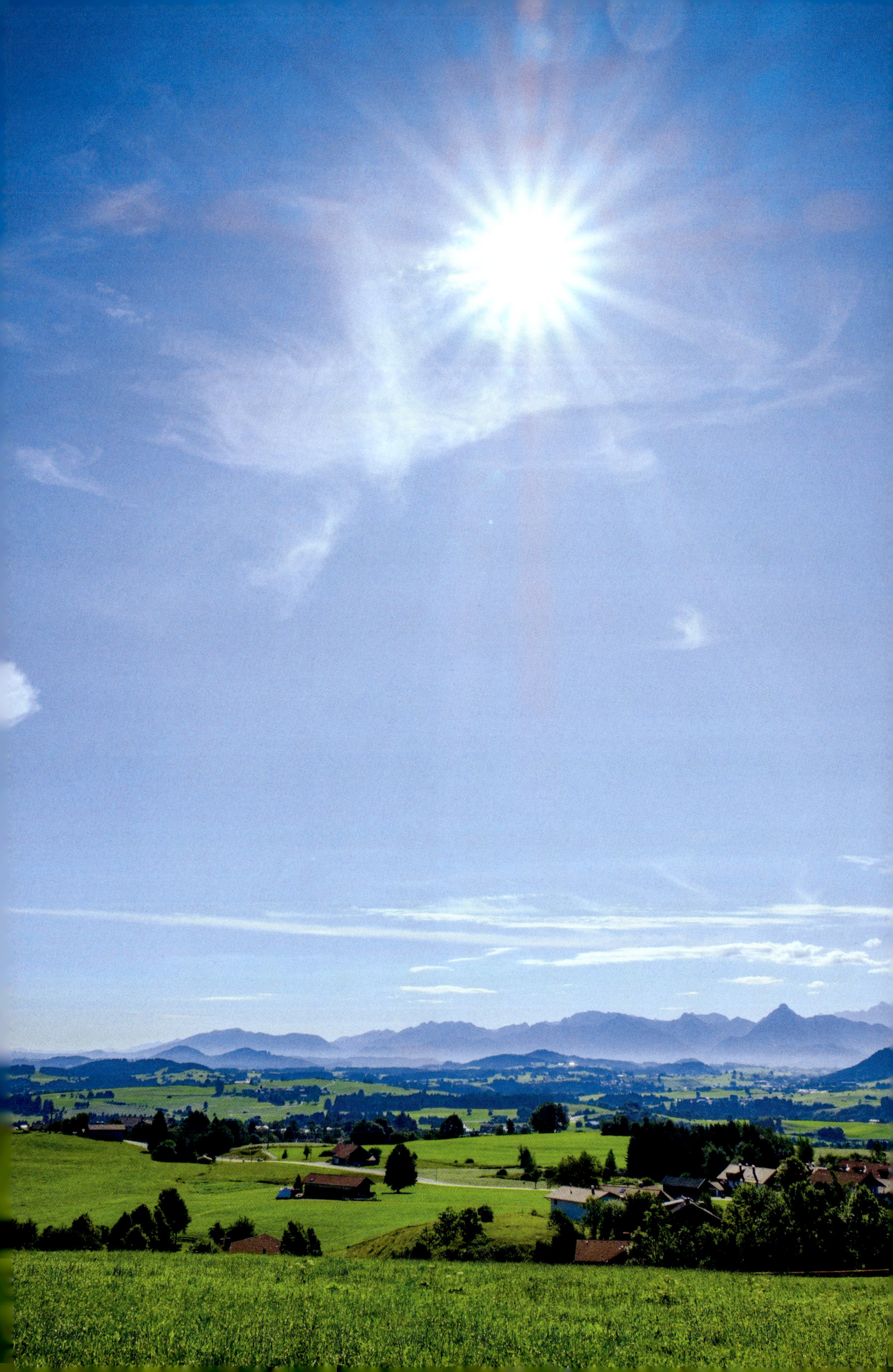

Schleichwege Da fällt das Aufstehen sichtlich schwer, aber wir wandern nun rechts weiter. Nach nicht einmal hundert Metern müssen wir dann aufpassen: An einem Wanderwegschild verlassen wir unseren Panoramaweg und folgen der Beschilderung »R4 Petersthal« nach rechts auf einen Pfad, der über eine Wiese führt. Jetzt geht es leicht abwärts durch einige Viehwippen über Kälberweiden. Dann stoßen wir auf ein Sträßchen, das wir geradeaus queren und in die nächste Viehweide kommen. Ein richtiger Wanderweg ist kaum ersichtlich, es handelt sich höchstens um einen Schleichweg. Am besten hält man sich immer entlang der Stromleitung. Schließlich stoßen wir wieder auf einen Feldweg, dem wir nur noch ein Stück folgen, um dann nach links abzubiegen (Beschilderung »Horn«).

Tipp

Wer im Sommer unterwegs ist, kann im Anschluss an die Wanderung im nahen Grüntensee baden gehen.

Aufs Horn Dieses »Horn« ist unser nächstes Ziel, weshalb wir am Waldrand erneut nach links biegen. Nun steht uns der einzige wirkliche Aufstieg bevor. Im Zickzack geht es steil durch den Wald – zum Glück schattig. Kaum haben wir den Waldrand erreicht, stehen wir auch schon am Gipfel. Interessanterweise bezeichnen es alle umliegenden Gemeinden als »ihr« Horn. Wir haben es in Landkarten als Burgkranzegger Horn entdeckt, die Landjugend nennt es Petersthaler Horn, und die Bewohner von Mittelberg gehen selbstverständlich vom Mittelberger Horn aus. Aber das ist ja auch kein Wunder, ein so schönes Fleckchen Erde nennt eben jeder gern sein Eigen! Für uns ist es der perfekte Platz für eine ausgedehnte Brotzeit, denn das Horn liegt nicht direkt am Hauptwanderweg und ist somit ein ruhiges Plätzchen.

Aussichtsreicher Rückweg Schließlich machen wir uns dann doch auf den Rückweg und steigen vom Gipfelkreuz über die Wiese ab. Wir treffen auf einen Feldweg, dem wir nur kurz nach rechts folgen. Dabei passieren wir ein Häuschen und verlassen den Feldweg dann nach links auf einen kaum ersichtlichen Wiesenpfad. Dieser führt uns zu Bäumen und wieder zu einem Feldweg, dem wir nun stur immer in Richtung Nordosten folgen. Vorbei an der Hochgebirgsklinik Mittelberg wird der Weg zu einem kleinen Sträßchen, das uns direkt nach Mittelberg zurückbringt.

Linke Seite: Sonne pur und Aussicht satt erleben wir am Panoramaweg.

23 Zur Beichelsteinalpe

Ruhige Feierabendtour

leicht	6 km	140 Hm	1.45 Std.

Tourencharakter
Leichte und kurze Wanderung auf einer breiten Almstraße. Der Rückweg verläuft am Hinweg.

Ausgangs-/Endpunkt
Wanderparkplatz Brandstatt bei Seeg

GPS-Daten
47.632529, 10.615962

Anfahrt
Bahn & Bus: Nicht möglich
Auto: A7 bis Ausfahrt Nesselwang, links nach Rückholz und dort rechts nach Seeg. In die Ortsmitte, dort auf der Hauptstraße nach Süden und dann links in den Senkeleweg, der bald über die Gleise führt. Weiter über die Felder und durch die Häuser von Rossfallen zum Wanderparkplatz Brandstatt auf der linken Straßenseite

Einkehr
Die Beichelsteinalpe hat täglich, auch im Winter, ab 11 Uhr geöffnet (Mi Ruhetag)

Karte
Kompass-Wanderkarte 1:50 000, Nr. 4 Füssen/Außerfern

Information
www.seeg.de

Ein absoluter Genuss für die Sinne ist diese Wanderung Ende Mai. Dann stehen die Beichelstein-Alpwiesen übervoll in ihrer Blüte vor den schneebedeckten Allgäuer Alpen. Auf den Wiesen summt und brummt es, und über allem liegt schon ein Hauch von Sommer.

Alpblumen und ein Naturwunder Natürlich lässt sich diese Tour fast das ganze Jahr über begehen, denn die Alpe liegt nicht direkt in den Bergen, sondern auf einem vorgelagerten Moränenhügel. Im Frühsommer ist es jedoch besonders schön, und neben den vielen Blumen und der tollen Aussicht wartet noch eine weitere Natursensation auf uns: Direkt vor der Terrasse der Alpe Beichelstein wächst eine uralte Eibe, die schon mehr als tausend Jahre alt ist und natürlich unter Naturschutz steht.

Geruhsamer Anstieg Vom Wanderparkplatz aus folgen wir der Beschilderung zur Beichelsteinalpe auf dem sanft ansteigenden

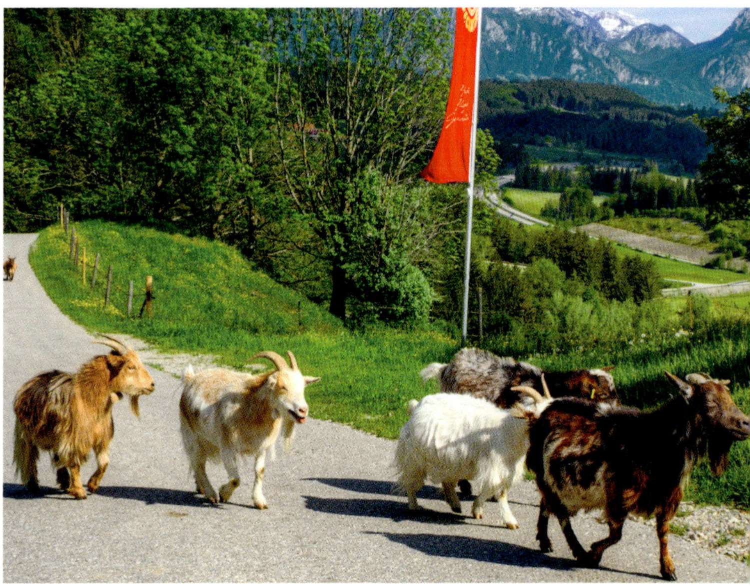

Die Ziegen gehören zur Beichelsteinalpe.

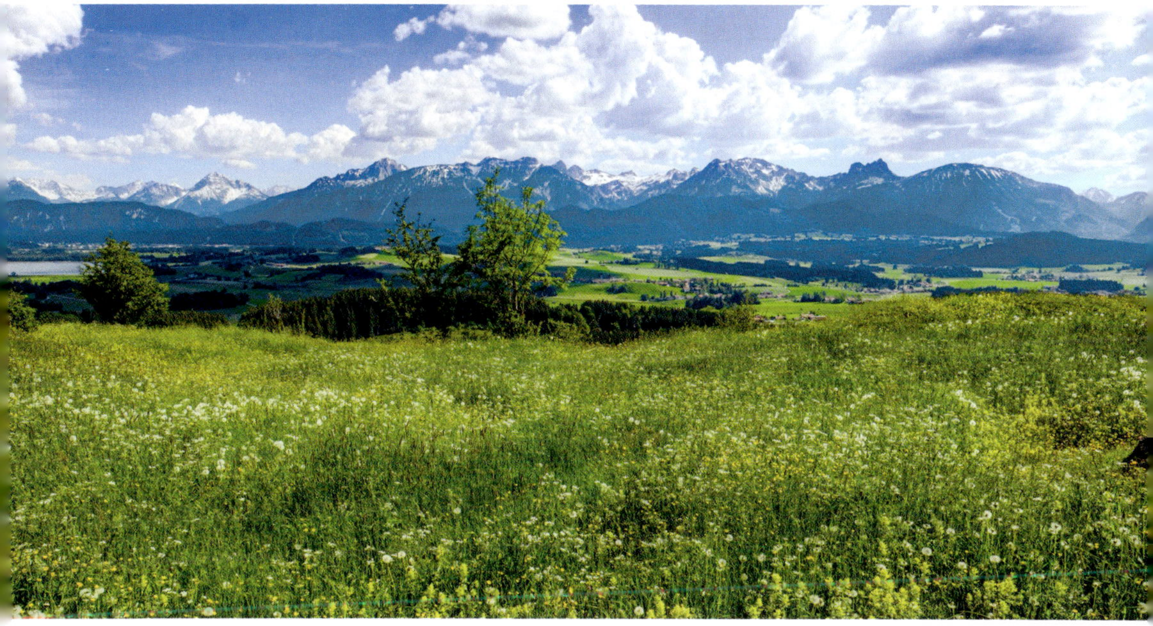

Ein Blütenmeer überschwemmt im Frühling die Alpwiesen an der Beichelsteinalpe.

kleinen Sträßchen. Durch den lichten Baumbestand geht es abwechslungsreich am Hof Goimenen vorbei. Im weiteren Wegverlauf werden die Bäume immer weniger, und wir wandern mit herrlicher Aussicht bergan. Etwas oberhalb der Alpe teilt sich der Weg: Rechts abwärts erreichen wir die Alpe Beichelstein. Wer möchte, kann jedoch zuerst noch nach links aufwärts zu den Aussichtspunkten auf den Senkele-Almwiesen steigen. Von dort ist die Aussicht noch etwas weiter als von unten, obendrein finden wir Rastbänke und sogar ein kleines Gipfelkreuz. Nach der Schaurast lockt dann die etwas tiefer liegende Beichelsteinalpe zur Einkehr. Sie ist schnell über die Serpentine erreicht, und zum Glück ist die Terrasse groß genug, dass jeder seinen Platz findet. Hier verweilen wir gern ein bisschen länger, zu schön ist die Aussicht über das Talbecken mit dem Hopfensee und auf die Füssener Berge und zu lecker sind die Brotzeiten, die unseren Hunger und Durst stillen. Nach der Rast geht es auf demselben Weg zurück zum Wanderparkplatz.

Verkürzter Anstieg

Vom Weiler Langegg, der noch etwas weiter entlang der Zufahrtsstraße zum Wanderparkplatz Brandstatt liegt, gibt es sogar noch einen schnelleren Zustieg zur Beichelsteinalpe (20 Min. einfach/100 Hm).

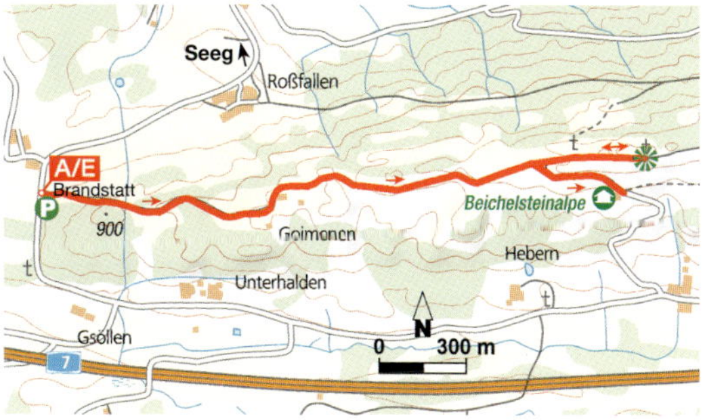

24 Zur Gundhütte

Bestens für wandermuffelige Kinder geeignet

leicht · 6,8 km · 310 Hm · 2.30 Std.

Tourencharakter
Kurze Wanderung, die am Anfang etwas steiler bergauf führt, in der zweiten Hälfte jedoch nur noch im leichten Auf und Ab verläuft. Zur Gundalpe führt eine kinderwagentaugliche Alpstraße hinauf, die anfangs die Oberarme fordert. Dafür folgt man nicht dem Wiesenweg, sondern dem Stellenweg. Mit Kinderwagen zurück wie auf dem Hinweg

Ausgangs-/Endpunkt
Pfronten-Röfleuten, Sonnenlift

GPS-Daten
47.584705, 10.540444

Anfahrt
Bahn & Bus: Bahn nach Pfronten oder Füssen und weiter mit dem Bus nach Röfleuten
Auto: Nach Pfronten in den Ortsteil Röfleuten. Parkplätze direkt am Sonnenlift, alternativ am Röfleutner Ortseingang

Einkehr
Die Gundhütte ist eine gemütliche Einkehr mit großem Kinder-Indoor-Spielplatz in einer Scheune (geöffnet Do–So, im Sommer auch Mo geöffnet).

Karte
Kompass-Wanderkarte 1:50 000, Nr. 4 Füssen/Außerfern

Information
www.gundhuette.de

Liebend gern würden Eltern wandern, aber die Kinder nörgeln bei jedem Schritt? Nicht so auf dieser Tour hinauf zur Gundhütte, die auch wandermuffelige Kinder glücklich macht, aber natürlich ebenso für Erwachsene geeignet ist, die einfach nur mal schnell auf den Berg wollen.

Über den Waldsteig Wir starten am Wanderparkplatz beim kleinen Sonnenlift. Mitten über die Wiese führt der Pfad zu einem Steig, der gleich nach rechts schwenkt und deutlich ansteigt. Nach dem kleinen Wasserreservoir stoßen wir auf die Almstraße, der wir nur wenige Meter nach links folgen. Dann zweigt ein sehr kleiner, schmaler Wanderpfad rechts in den Wald ab, der natürlich für Kinder deutlich spannender zu gehen ist als die Almstraße. So wandern wir zügig und steil bergauf. Unweit eines Almkreuzes, von dem wir einen ersten Blick auf

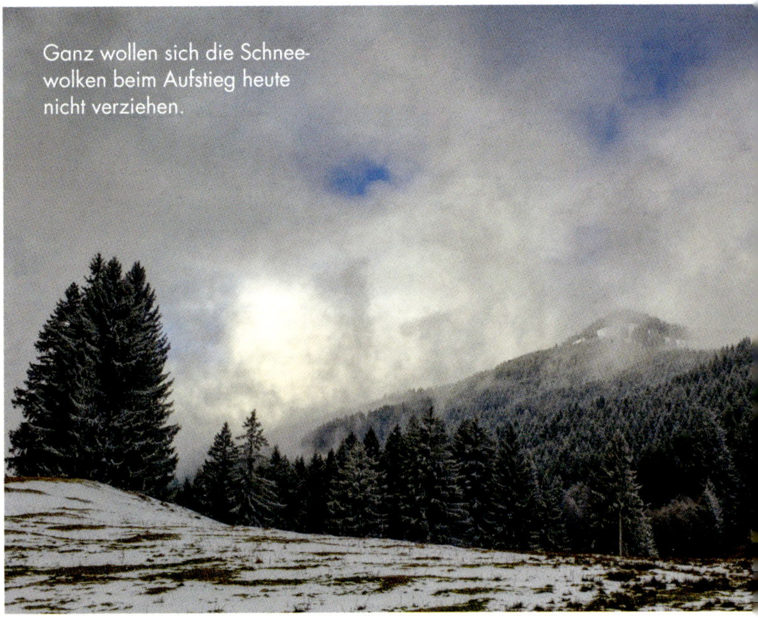

Ganz wollen sich die Schneewolken beim Aufstieg heute nicht verziehen.

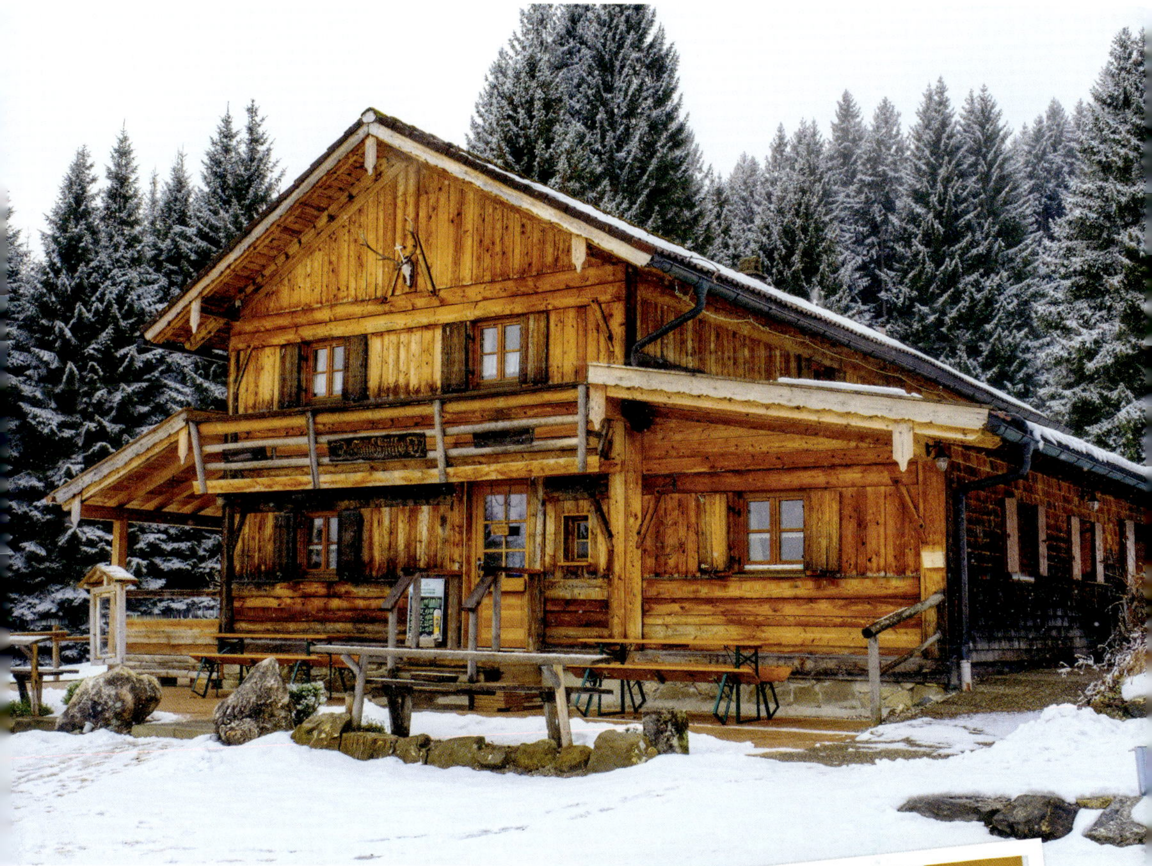

Pfronten, das Vilstal und den Falkenstein genießen, treffen wir wieder auf die Almstraße, der wir nun weiter nach rechts folgen. Jetzt ist es nicht mehr weit, und wir haben den Großteil des Aufstiegs auch schon geschafft.

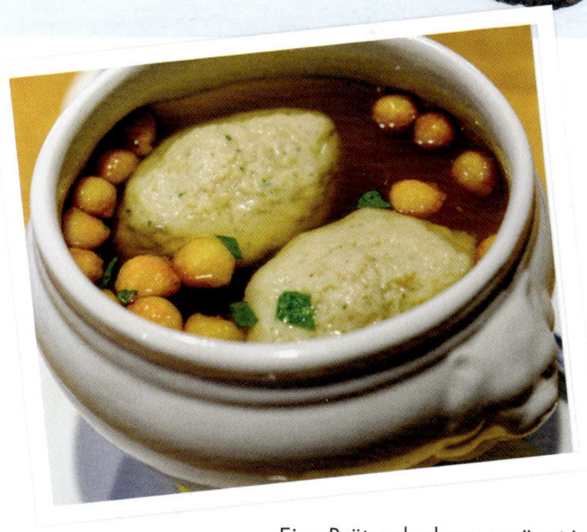

Eine Brätnockerlsuppe wärmt im Winter.

Ganz oben: Gemütlich ist die Gundalpe mit viel Holz gebaut.

Gemächlich über Almwiesen … Im weiteren Verlauf führt der Weg nur noch im sanften Auf und Ab über Almwiesen. Sehr praktisch, da muss man die Kinder kaum mehr motivieren. Rechts von uns taucht der Edelsberg auf, und vor uns liegt der Einstein. Alle Abzweigungen lassen wir unberücksichtigt. Auf den Almwiesen grasen im Sommer einige Kühe und genießen die Bergluft. Besonders schön sind die vielen Fichten, die, auf den

Almwiesen in völliger Solitärstellung, perfekt als Christbäume in jeder Großstadt glänzen könnten. Vorbei an einigen kleineren Almhütten queren wir ein paar Bäche, die sich übrigens auch hervorragend für eine Wasser-Spielgelegenheit eignen.

... zur Gundhütte Dann dauert es nicht mehr lang, und nachdem wir uns einmal links halten, taucht schon die Gundhütte vor uns auf. Ein Platz auf der Sonnenterrasse lässt sich bestimmt finden. Mit etwas Glück ergattern wir sogar einen der begehrten Liegestühle. Bei unseren Kindern ist jegliche Müdigkeit angesichts des tollen Spielstadls wie weggeblasen – unglaublich, wie viel Energie sie doch noch entwickeln, obwohl wir uns während der Tour das eine oder andere »Ich kann nicht mehr« anhören durften. Während sie toben, klettern und sausen, genießen wir die Allgäuer Küche und den Blick nach Osten auf die Füssener Berge mit Tegelberg und Säuling und im Vordergrund dem Zirmgrat samt Burgruine Falkenstein.

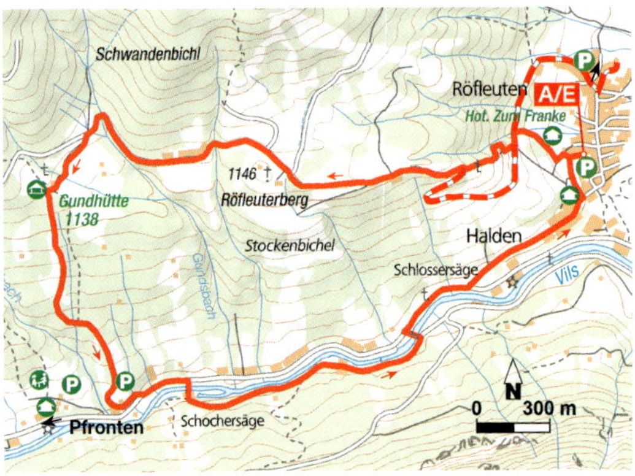

Noch mehr Kinderspaß

In und um Pfronten herum finden wir jede Menge herrliche, großzügige Spielplätze, die sich sehr gut zum fröhlichen Wanderausklang eignen. Im Vilstal liegt mit einem Abstecher nach rechts der Indianerspielplatz. Besonders schön und riesig ist der Schatz-Spielplatz im Pfrontner Kurpark am Eisstadion.

Abstiegsvarianten Der schnellste und einfachste Rückweg führt auf dem Hinweg ins Tal – das verkürzt die angegebene Zeit um fast 30 Minuten. Schöner und abwechslungsreicher ist jedoch die Rundtour mit dem Abstieg ins Vilstal. Dafür folgen wir bei der Gundhütte der Beschilderung Richtung Vilstal. Nach wenigen Schritten sind wir im Wald und steigen steil abwärts. Hier kann der Weg nach Regen etwas rutschig sein. Fast schon im Tal wird der Weg besser und wendet sich nach links. So treffen wir auf die Vilstalstraße, der wir nach links folgen. Wer auf der Straße bleibt, muss mit etwas Autoverkehr rechnen. Ruhiger ist es, wenn wir an der Schochersäge den Fluss queren, um dem Wanderweg weiter flussabwärts zu folgen. Bei der nächsten Gelegenheit queren wir die Vils (neue Brücke) und wandern noch ein kurzes Stück auf der Vilstalstraße nach rechts. Dann zweigt schräg nach links der kleine Wanderweg ab, der uns leicht ansteigend zurück nach Röfleuten bringt.

Rechte Seite: Dick mit Moos bewachsene Bäume säumen unseren Weg.

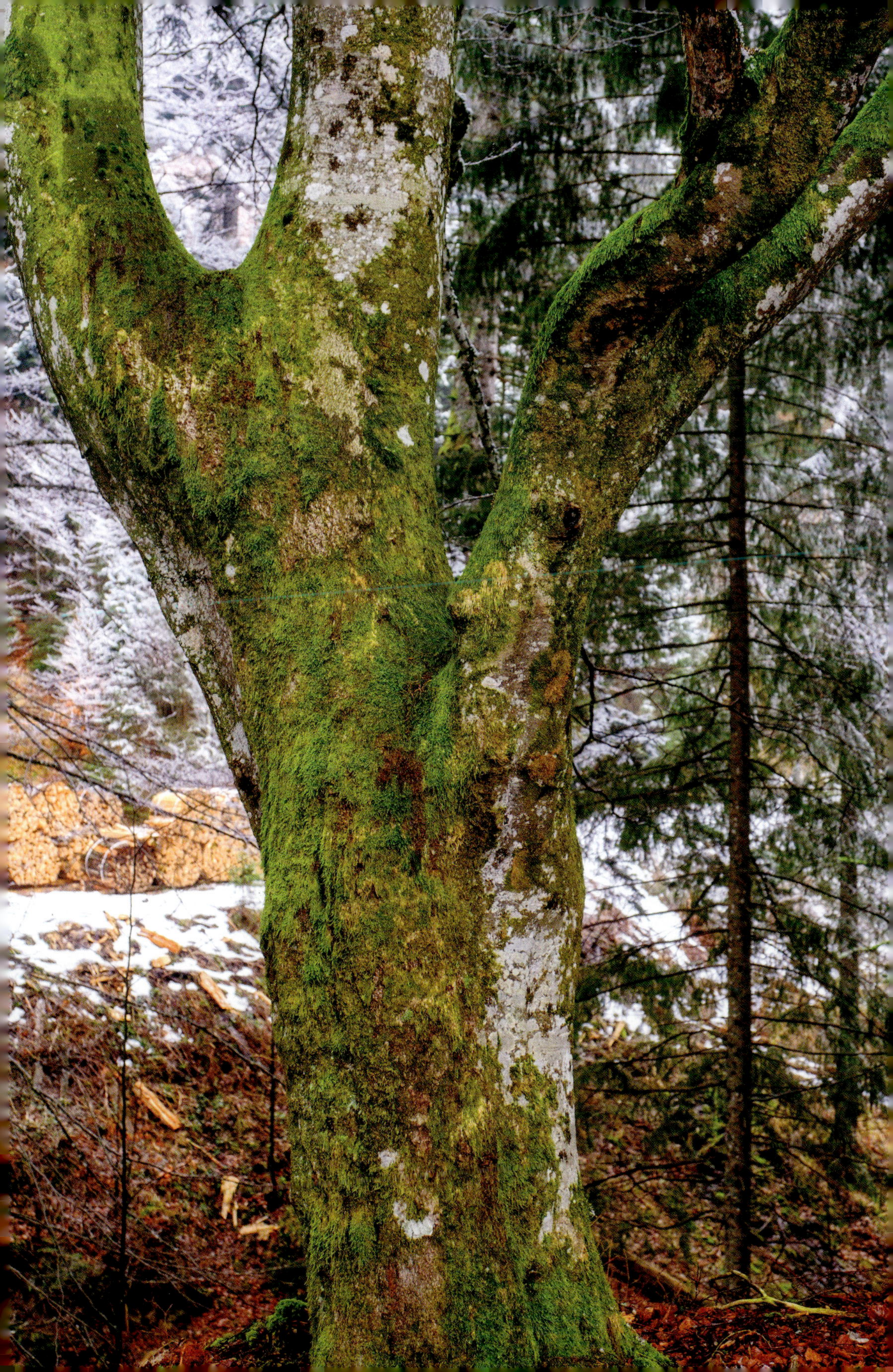

25 Der Breitenberg bei Pfronten

Mit der Seilbahn gemütlich zur Aussicht

leicht | 3,7 km | 340 Hm | 2.30 Std.

Tourencharakter
Guter, einfacher Wanderweg

Ausgangs-/Endpunkt
Pfronten, Bergstation der Breitenbergbahn

GPS-Daten
47.548496, 10.570032

Anfahrt
Bahn & Bus: Von München mit dem Zug nach Pfronten
Auto: Auf der A7 bis Ausfahrt Oy-Mittelberg und weiter nach Pfronten

Einkehr
Ostlerhütte

Karte
Kompass-Wanderkarte 1:50000, Nr. 4 Füssen/Außerfern

Information
www.pfronten.de

Der Breitenberg ist der Hausberg von Pfronten. Bis eine Stunde unterhalb des Gipfels schweben wir mit der Breitenbergbahn hinauf. Der Gipfel selbst mit der Ostlerhütte ist ein grandioser Panoramaberg. Der Anstieg ist kurz und einfach und bietet somit schnell eine großartige Aussicht.

Breitenberg und Ostlerhütte Die Breitenbergbahn bringt uns von Pfronten zur Bergstation hinauf. Jetzt könnten wir mit dem Sessellift noch ein Stück weiter bergauf fahren – das ist aber eigentlich nicht notwendig, schließlich ist der Gipfel von der Bergstation in einer guten Stunde zu erreichen. Daher gehen wir auf dem breiten Schotterweg unter dem Sessellift bergauf bis zu dessen Bergstation. Hier beginnt nun der Wanderweg zum Breitenberg. Über den Südostrücken steigen wir empor zum Gipfelkreuz und zur bewirtschafteten Ostlerhütte. Die Hütte bietet sich wirklich für eine Einkehr an, und unbedingt sollten wir uns in einen der Liegestühle setzen und ganz entspannt das Aussichtspanorama genießen! Gerade der Blick ins Alpenvorland ist einfach grandios, aber auch der Aggenstein, der sich südlich von uns erhebt, ist beeindruckend. Nach der ausgiebigen Gipfelpause wandern wir wieder zurück zur Bergstation der Breitenbergbahn.

Varianten: Abstieg ins Achtal
(3.45 Std. und 990 Hm für den Abstieg/9,4 km)

Möchten wir den Breitenberg zu einer Rundtour ausbauen, so können wir ins Achtal absteigen. Über den langen Grat wandern wir zum Waldrand. Steil bringt uns der schmale Steig dann durch den Wald hinunter bis zu einer Schotterstraße, die wir an ein paar Stellen abkürzen können. Am Ende erreichen wir die Fahrstraße zwischen Pfronten und Grän, die durchs Achtal verläuft. Vorbei am Gasthof Fallmühle wandern wir entlang des Bachs durch das flache Tal bis zum Ortsrand von Pfronten und weiter bis zur Talstation der Breitenbergbahn.

Familien-Rundweg Hochalpe
(2 Std./210 Hm/3,6 km)

Eine gemütliche, aber eindrucksvolle Wanderung ist der Familien-Rundweg Hochalpe. Von der Bergstation der Breitenbergbahn spazieren wir unter der Hochalpbahn entlang bis zu deren Bergstation. Hier zweigt der gut markierte Wanderweg in Richtung Aggenstein ab. Wir wandern zum Fuß des eindrucksvollen Berges und biegen dann nach links ab. Der Weg führt in die Aggensteinwanne und zu einer Wegteilung. Hier ignorieren wir den Weg in Richtung Bad Kissinger Hütte und gehen nach links zur Hochalphütte, wo wir einkehren können, ehe wir mit der Seilbahn hinunter nach Pfronten fahren.

Burgruine Falkenstein

Oberhalb von Pfronten erhebt sich die Burgruine Falkenstein. Die höchstgelegene Burgruine Deutschlands inspirierte schon König Ludwig II: Der bayerische Märchenkönig wollte hier oben sein letztes Traumschloss bauen. Sein Tod im Starnberger See verhinderte dies. Von der Aussichtsplattform an der Burgruine genießen wir einen traumhaften Rundumblick.

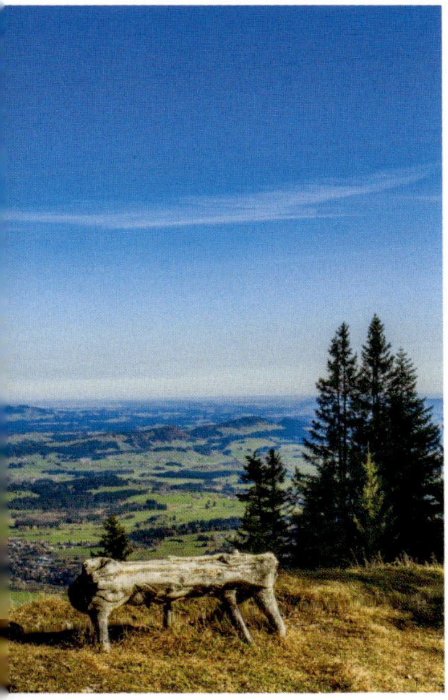

Weit schweift der Blick vom Breitenberg.

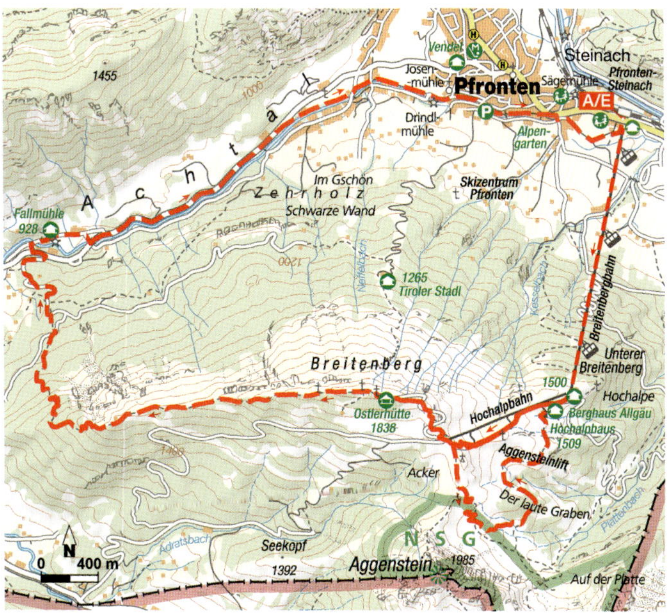

26 Pirschling und Schönkahler

Gemütlicher Weg von Zöblen

leicht | 9,4 km | 560 Hm | 4.15 Std.

Tourencharakter
Zuerst breite Straße, später einfache Bergwege

Ausgangs-/Endpunkt
Gasthof Zugspitzblick oberhalb von Zöblen

GPS-Daten
47.512885, 10.477486

Anfahrt
Bahn & Bus: Von München mit dem Zug nach Reutte und weiter mit dem Bus nach Zöblen
Auto: A7 bis Ausfahrt Oy-Mittelberg und weiter über Wertach oder Pfronten ins Tannheimer Tal. Am westlichen Rand von Zöblen führt eine schmale Straße zum Gasthof Zugspitzblick.

Einkehr
Gasthof Zugspitzblick

Karte
Kompass-Wanderkarte 1:50000, Nr. 4 Füssen/Außerfern

Information
www.tannheimertal.com

Beim Anstieg von Zöblen über das Gasthaus Zugspitzblick zum Schönkahler spazieren wir über schöne Wiesenhänge hinauf zum aussichtsreichen Gipfel. Aufgrund der geringen Gipfelhöhe können wir diese Tour bereits früh im Jahr unternehmen.

Gasthof Zugspitzblick Sind wir mit den öffentlichen Verkehrsmitteln angereist, folgen wir vom westlichen Ortsrand von Zöblen der schmalen Straße in Richtung Gasthof Zugspitzblick. Die Straße führt nordwärts aus dem Ort, überquert den Steinebach

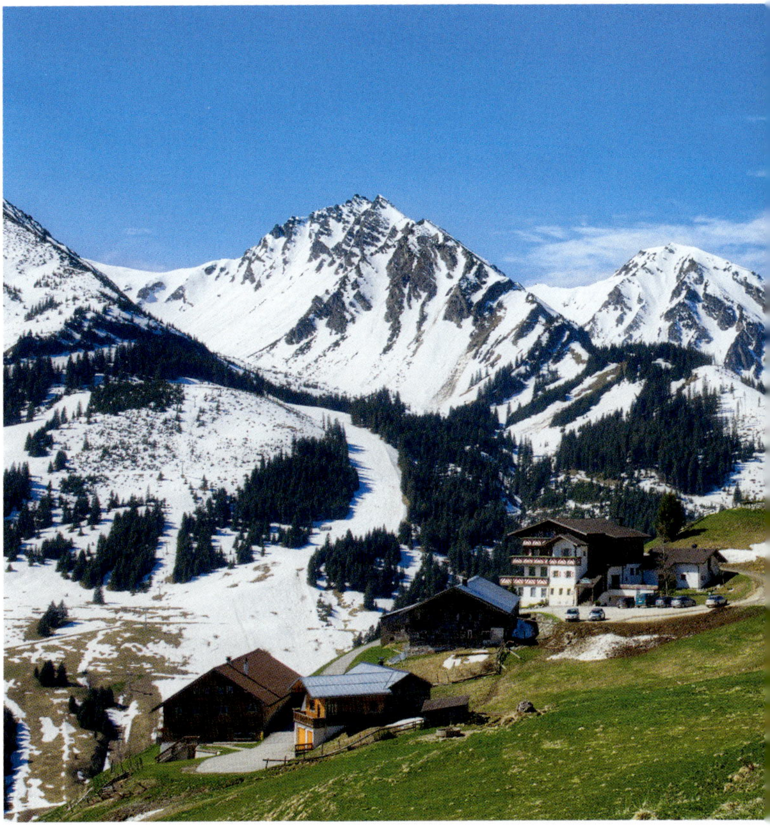

Gemütlicher Start

und schlängelt sich über sonnige, aussichtsreiche Wiesenhänge vorbei an einer Kapelle und den Höfen von Unterhalde zum Gasthof Zugspitzblick, der mit dem Auto auf der schmalen Bergstraße erreicht werden kann.

Zum Pirschling Vom Parkplatz am Gasthof spazieren wir am Wegweiser »Schönkahler« vorbei auf der sanft ansteigenden Forststraße nach Nordosten. An einer Weggabelung halten wir uns links und wandern auf der breiten Straße weiter zu einer Almwiese. An der nächsten Kreuzung gehen wir noch geradeaus, orientieren uns dann aber bald nach rechts. Die Straße zieht kurz bergauf, wird dann jedoch wieder ziemlich flach. Nach rechts zweigt ein rot markierter Pfad ab (Wegweiser »Schönkahler«), über den wir den Berghang empor bis zum Rand einer Hochfläche aufsteigen. Hier leitet der Pfad nach rechts zu einem kleinen Hochmoor. Holzstege helfen jetzt über die feuchten Stellen. Wenig später dreht der markierte Steig nach links ab,

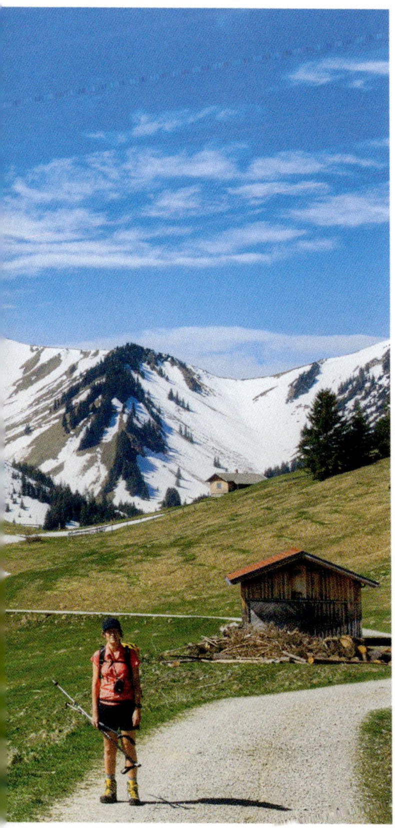

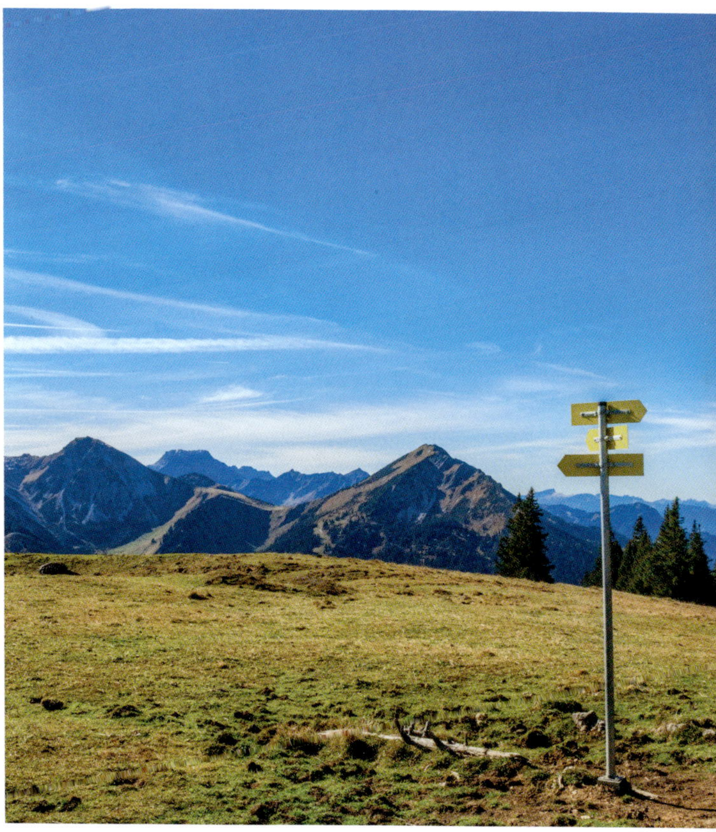

Schöner Blick in die Allgäuer Alpen

und wir stehen vor einer sumpfigen Mulde, zu der wir ein Stück absteigen. Durch diese Talmulde wandern wir zum sonnigen Südrücken, der vom Pirschling herabzieht. Im Frühjahr liegt in der Talmulde meist noch ein wenig Schnee, wenn die Südhänge schon schneefrei sind. Der sonnige Anstieg über den breiten Rücken ist der einzige echte Anstieg auf dieser schönen Wanderung. Problemlos gelangen wir zum Gipfel des Pirschlings, den wir nach eineinhalb Stunden erreichen. Hier bietet sich eine herrliche Rundsicht auf die umliegenden Berggipfel. Auch das eigentliche Ziel der Tour, der Gipfel des Schönkahlers, ist von hier oben erstmals zu erkennen.

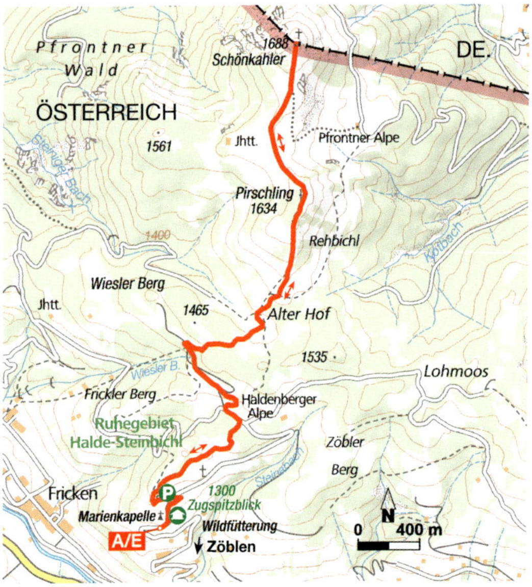

Weiterweg zum Schönkahler Auf den ersten Blick erscheint der Weg ziemlich weit, erweist sich dann aber als deutlich kürzer. Wir wandern am Kamm ein wenig weiter und steigen dann in den weiten Wiesensattel zwischen den beiden Gipfeln ab. Über die sanften Wiesen spazieren wir zum breiten Gipfelkamm des Schönkahlers. Hier steigt der Weg nochmals an, doch bald schon stehen wir am Gipfelkreuz. Wie der Name des Berges schon sagt, beeinträchtigen keine anderen Berge die großartige Aussicht vom Gipfel. Deshalb planen wir besser eine lange Rast ein, damit genug Zeit bleibt, das Panorama ausgiebig zu genießen. Vor allem der Nachbar Einstein mit seiner düsteren Nordseite und der links danebenstehende Aggenstein ziehen die Blicke auf sich. Dazwischen erheben sich die Felszacken der Tannheimer Kletterberge, allen voran Rote Flüh, danach Gimpel und Köllenspitze. Weit reicht der Blick ins Alpenvorland und zu den Füssener Seen. Im Süden erheben sich das steile Gaishorn und der Ponten mit seinem dunklen Nordgrat, und daneben steht der B'schießer. Im Westen blicken wir auf das Sorgschrofenmassiv, das sich ebenfalls früh im Jahr überschreiten lässt.

Rückweg Nach einer ausgiebigen Gipfelrast auf dieser breiten, behäbigen Kuppe wandern wir am Anstiegsweg zurück in den Sattel zwischen Pirschling und Schönkahler. Anschließend wartet der kurze Gegenanstieg auf den Pirschling auf uns, ehe wir

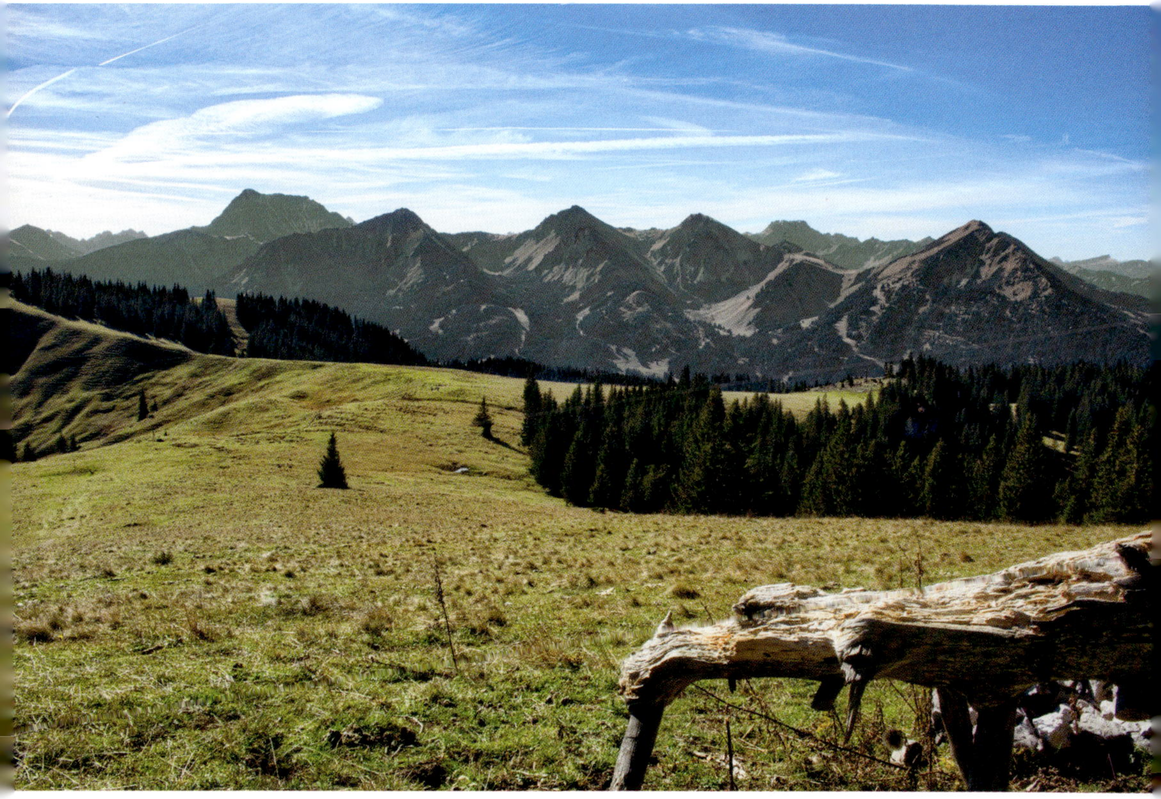

Kurz unterhalb des Gipfels: weitläufiges Wandergelände

über den Südrücken wieder zu der breiten Talmulde und dem Hochmoor gelangen. Hier ist ebenfalls ein sehr kurzer Gegenanstieg zu bewältigen, dann geht es über den Berghang hinab zur breiten Forststraße, auf der wir wieder zurück zum Gasthof Zugspitzblick wandern. Hier sollten wir einkehren (vor allem bei Benutzung des Parkplatzes) und die schöne Aussicht auf das Tannheimer Tal bewundern. Sind wir mit dem Bus angereist, müssen wir noch auf der Zufahrtsstraße nach Zöblen hinablaufen – es sei denn, wir finden jemanden, der uns zurück in den Ort mitnimmt.

Herz-Jesu-Feuer

Am dritten Sonntag nach Pfingsten stehen die Berge im Tannheimer Tal in Flammen. Das Feuer geht auf die Zeit der Bedrohung Tirols durch Napoleon zurück: 1796 erbat man mit den Feuern göttlichen Beistand des »Heiligsten Herzen Jesu« gegen die Eindringlinge. Diese Tradition wird bis heute in Tirol fortgeführt. Auch im Tannheimer Tal werden auf den Bergrücken Sägemehlsäcke in religiösen Formen angeordnet und bei Einbruch der Dämmerung zeitgleich angezündet. Dieses grandiose Schauspiel zieht inzwischen jedes Jahr viele interessierte Beobachter in die Tiroler Ferienregionen.

27 Wege am Füssener Jöchle

Wunderparadies im Tannheimer Tal

leicht–mittel	4,6 km	375 Hm	2.30 Std.

Tourencharakter
Guter, einfacher Bergweg zur Otto-Mayr-Hütte, mittelschwere Wege zur Bad Kissinger Hütte, zur Großen Schlicke und zum Schartschrofen

Ausgangs-/Endpunkt
Grän, Bergstation der Gondelbahn am Füssener Jöchle

GPS-Daten
47.513437, 10.596162

Anfahrt
Bahn & Bus: Von München mit dem Zug nach Reutte und weiter mit dem Bus nach Grän
Auto: A7 bis Ausfahrt Oy-Mittelberg und weiter über Wertach oder Pfronten ins Tannheimer Tal

Einkehr
Otto-Mayr-Hütte, Füssener Hütte

Karte
Kompass-Wanderkarte 1:50000, Nr. 4 Füssen/Außerfern

Information
www.tannheimertal.com

Die Gondelbahn am Füssener Jöchle bringt uns in ein großartiges Wandergebiet. Zwei grandiose Berggipfel und zwei wunderschöne Hütten sind lohnenswerte Ziele. Nach Lust und Laune können wir unser Ziel aussuchen oder auch Wanderungen kombinieren.

Zur Otto-Mayr-Hütte Relativ kurz und einfach ist der Weg zur Otto-Mayr-Hütte im Reintal. Von der Bergstation wandern wir nordöstlich an der Läuferspitze vorbei und steigen kurz zum nahen Reintaler Jöchle auf. Hier wenden wir uns nach links und folgen den Wegweisern in Richtung Otto-Mayr-Hütte. Der Weg quert leicht abfallend den Südhang des Hahnenkopfs. Bald zweigt nach links der Wanderweg zur Vilser Scharte und zur Großen Schlicke ab. Hier halten wir uns rechts und steigen weiter auf gutem Bergweg ab. Wir kommen zu einem Denkmal

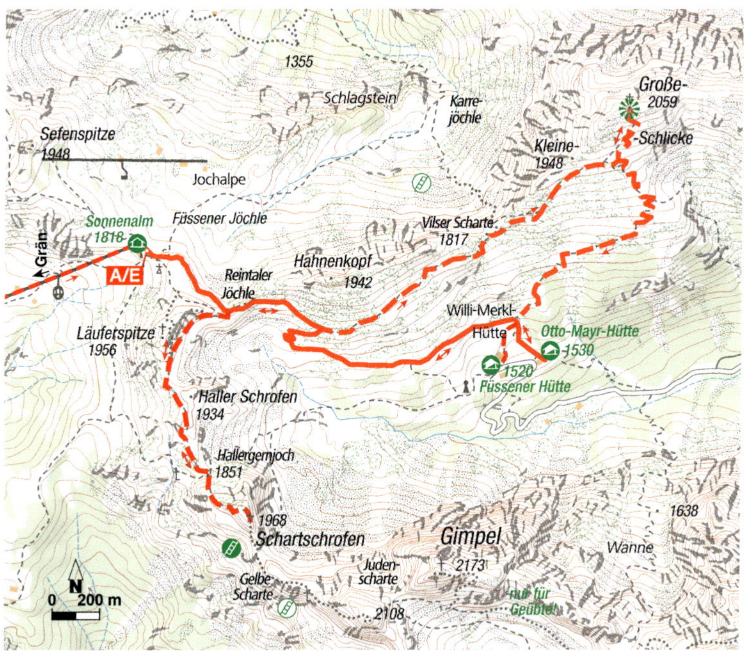

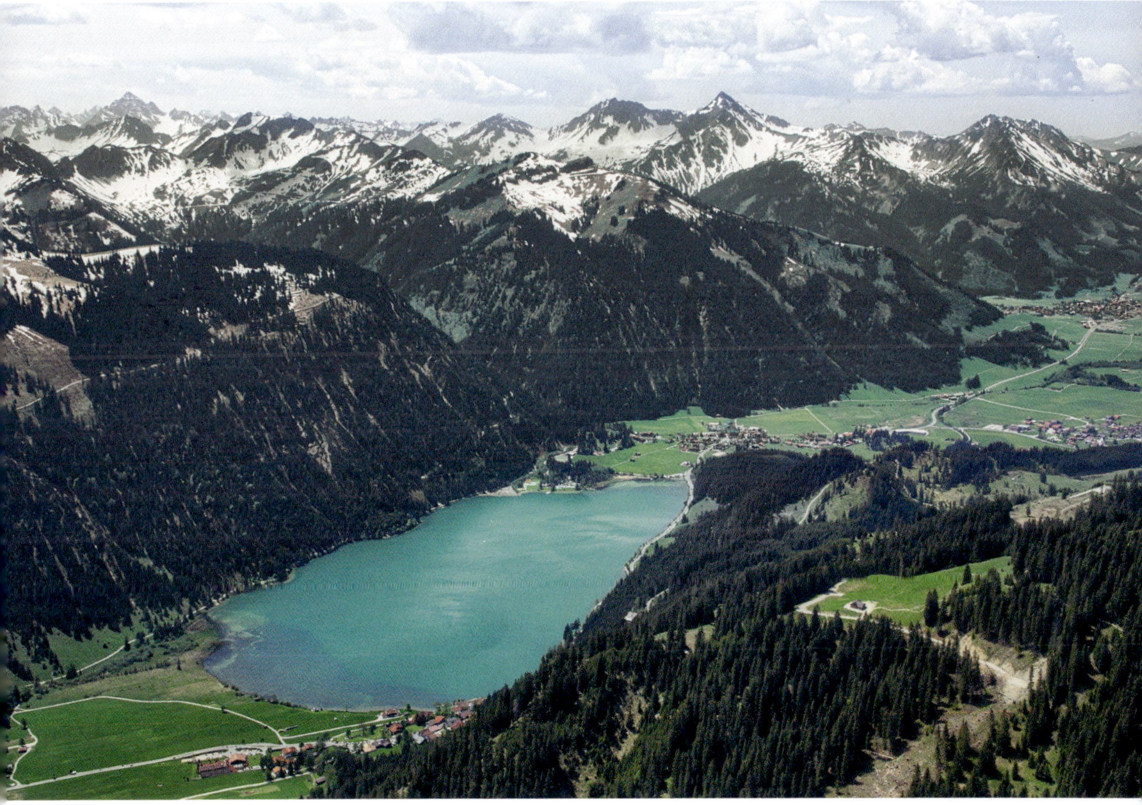

Tiefblick zum Haldensee

der Sektion Augsburg und stehen wenig später an der Füssener Hütte. In dieser oder in der ein paar Minuten talauswärts liegenden Otto-Mayr-Hütte lässt es sich auf einer der Terrassen gut einkehren und die schöne Aussicht auf die Felswände von Gehrenspitze, Köllenspitze, Gimpel und Roter Flüh bewundern. Nach der Rast wandern wir am bekannten Weg zurück zur Bergstation der Gondelbahn am Füssener Jöchle.

Variante: Zur Großen Schlicke
(4.30 Std./650 Hm/6,7 km)

Die Große Schlicke ist der beherrschende Gipfel auf der Nordseite des Reintals. Vom Füssener Jöchle wandern wir wie beim Weg zur Otto-Mayr-

Gräner Höhenweg

Neben den genannten Wegen gibt es noch den Gräner Höhenweg. Er führt von der Bergstation zur Sebenalm hinauf zur Bad Kissinger Hütte am Südhang des Aggensteins. Nach der Hütteneinkehr können wir von hier direkt hinunter nach Enge und zurück zur Talstation der Gondelbahn in Grän wandern (5.30 Std./940 Hm Auf- und 330 Hm Abstieg/9,1 km).

Hütte zum Reintaler Jöchle. Vom Joch wenden wir uns nach links und folgen dem leicht abfallenden Weg durch Latschengassen in Richtung Schlicke. Den bald rechts abzweigenden Weg ins Reintal lassen wir unberücksichtigt. Wir wandern immer schön aussichtsreich oberhalb des Tals ziemlich eben zur Vilser Scharte hinüber. Hier lohnt es sich, einmal innezuhalten und die fantastische Aussicht auf die steilen Felswände von Köllenspitze und Gimpel zu bewundern. Von der Scharte steigt der Weg nun das erste Mal deutlich an. Unterhalb des Gipfels treffen wir auf einen weiteren Anstieg aus dem Reintal. Ab hier zieht der Steig ziemlich steil über die sonnigen Südhänge hinauf zum Gipfel der Großen Schlicke, den wir bald erreichen. Wie schon erwähnt ist der Blick von hier oben auf die Nordwände der Tannheimer »Berühmtheiten« sehr beeindruckend. Nach ausgiebiger Rast und Genuss dieses wunderschönen Panoramas wandern wir am bekannten Anstiegsweg zurück zum Füssener Jöchle.

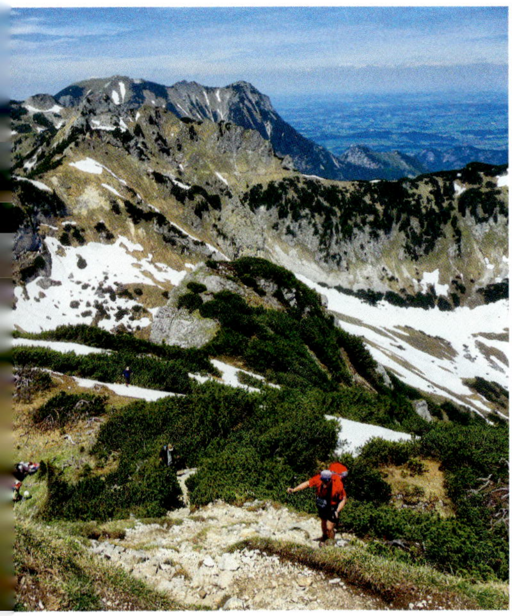

Im Schlussanstieg zum Schartschrofen

Rechte Seite unten: Die Otto-Mayr-Hütte

Abstiegsvariante Will man die kurze Tour zur Großen Schlicke ein wenig erweitern und noch gemütlich einkehren, so bietet es sich an, ins Reintal abzusteigen (1.30 Std. Abstieg). Hierzu wandern wir vom Gipfel zurück zur ersten Abzweigung und gehen geradeaus weiter. In zahlreichen Kehren schlängelt sich der Steig durch Latschengassen talwärts. Durch einen kleinen Waldgürtel gelangen wir zur Wiese oberhalb der Otto-Mayr-Hütte, von wo wir auf direktem Weg zurück zur Bergstation am Füssener Jöchle wandern.

Variante: Zum Schartschrofen
(2.30 Std./350 Hm/2,8 km)

Seit dem Bau des Friedberger Klettersteigs in den 1970er-Jahren zählt der Schartschrofen zu den am meisten bestiegenen Gipfeln in den Tannheimer Bergen. Von der Bergstation am Füssener Jöchle spazieren wir hinüber zum Reintaler Jöchle. Hier halten wir uns rechts und gehen unter der Ostflanke der Läuferspitze in die Scharte zwischen Hallerschrofen und Läuferspitze. Anschließend umgehen wir den felsigen Gipfel des Hallerschrofens auf der Westseite und erreichen in leichtem Auf und Ab, zuletzt absteigend, das

Hallergernjoch. Nun folgt der Schlussanstieg zum Gipfel des Schartschrofen. In Serpentinen windet sich der Weg zuerst recht steil bergan, legt sich aber später zurück und bringt uns durch Latschengassen bis kurz unters Gipfelkreuz. Die letzten Meter dort hinauf sind nochmals etwas steiler, aber völlig unschwierig. Am Kreuz des Schartschrofen angekommen, werden wir aus dem Staunen nicht mehr herauskommen: Gegenüber sehen wir die Klettersteigler, die aus der Gelben Scharte über den Friedberger Klettersteig zur Roten Flüh ansteigen, und daneben ragt mächtig der Gimpel in die Höhe, auf dessen Westgrat man häufig Kletterer beobachten kann. Der Rückweg erfolgt auf dem Anstiegsweg.

Wegweiser an der Großen Schlicke

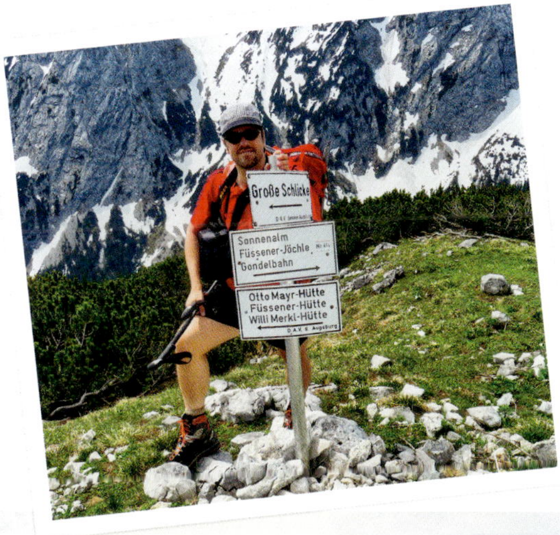

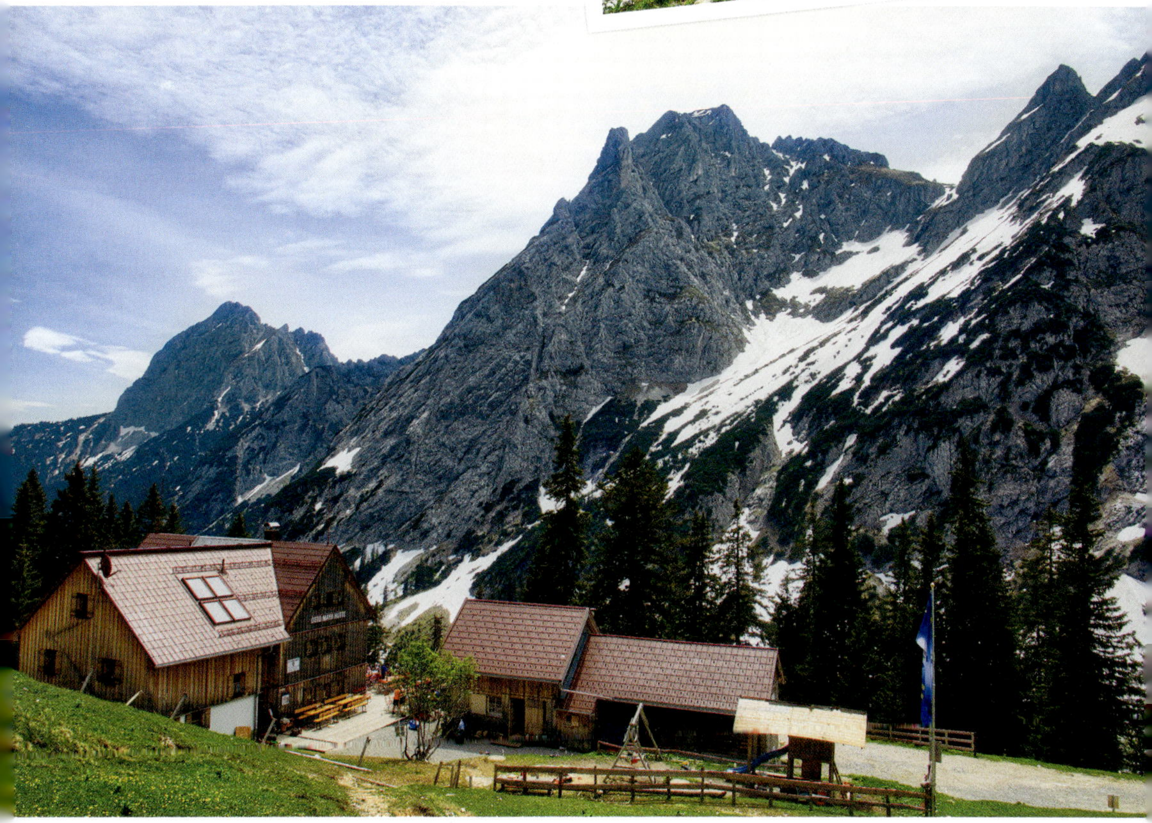

28 Aufs Neunerköpfle

Zum größten Gipfelbuch der Alpen

leicht | 10,8 km | 760 Hm | 5.15 Std.

Tourencharakter
Gute, einfache Wanderwege ohne besondere Schwierigkeiten. Die Tour kann mit der Seilbahn verkürzt werden.

Ausgangs-/Endpunkt
Schmieden bei Tannheim

GPS-Daten
47.491839, 10.519633

Anfahrt
Bahn & Bus: Von München mit dem Zug nach Reutte und weiter mit dem Bus nach Schmieden
Auto: A7 bis Ausfahrt Oy-Mittelberg und weiter über Wertach oder Pfronten ins Tannheimer Tal

Einkehr
Hubertushütte, Gundhütte, Usseralpe

Karte
Kompass-Wanderkarte 1:50000, Nr. 4 Füssen/Außerfern

Information
www.tannheimertal.com

Das Neunerköpfle erhebt sich direkt oberhalb von Tannheim. Neben dem Gipfelkreuz erwartet uns das größte Gipfelbuch der Alpen. Auf einem einfachen Weg erreichen wir vom Ortsteil Schmieden den schönen Gipfel. Oben genießen wir ein prächtiges Panorama auf die Allgäuer Alpen.

Aufstieg von Schmieden Weitere Pluspunkte neben der leichten Route sind auch die bewirtschafteten Almhütten, die auf dieser Wanderung zu einer Einkehr einladen. Von der Ortsmitte in Schmieden wandern wir in östlicher Richtung aus dem Ort in Richtung Usseralpe und kommen nach einer Linkskurve zu einer Wegteilung. Hier gehen wir geradeaus und folgen dem Schotterweg in vielen Serpentinen bergauf bis zu einer weiteren Wegteilung. Nun nehmen wir den Weg in Richtung Hubertus-

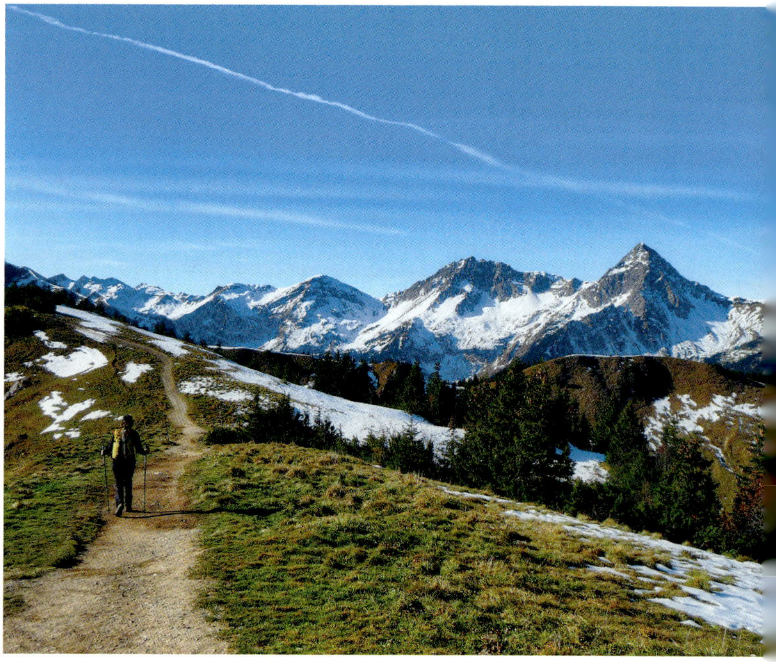

Wunderschönes Wandergelände

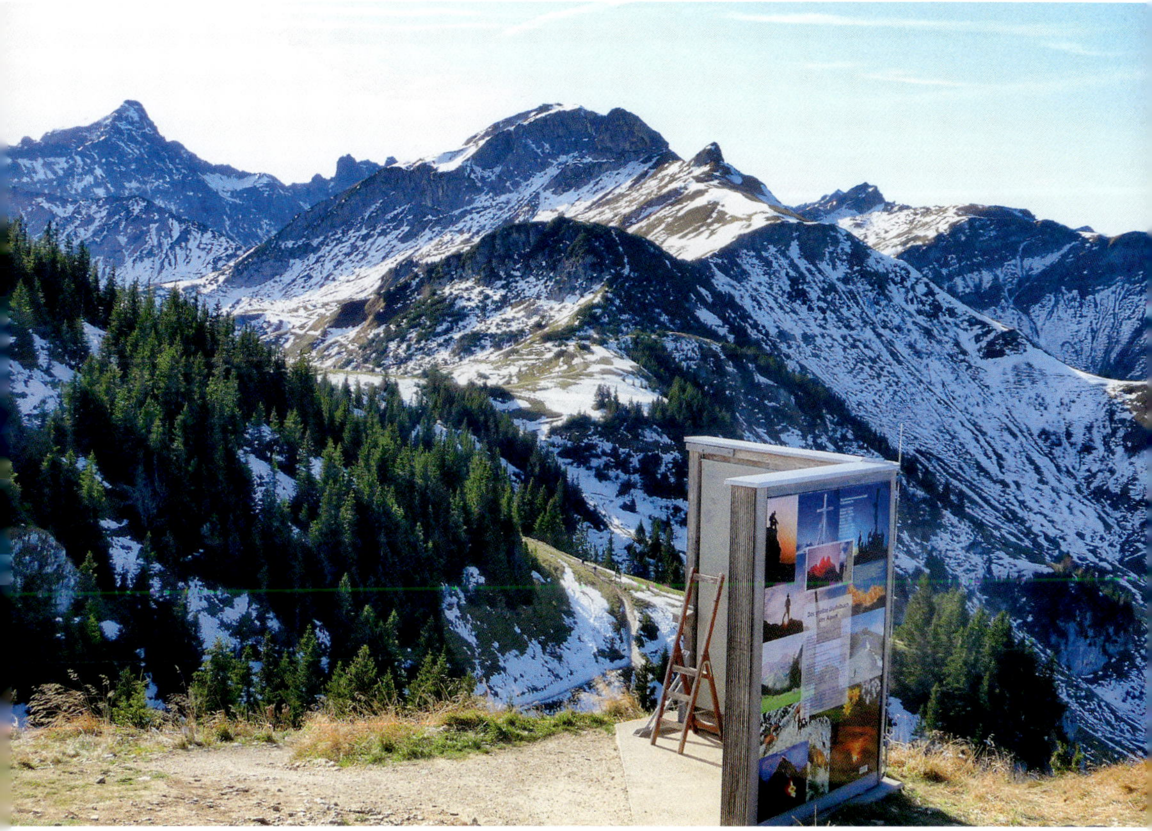

Am Gipfel des Neunerköpfles

hütte, die wir bald erreichen. Die gemütliche Almhütte bietet eine willkommene Möglichkeit für eine Pause. Anschließend spazieren wir auf gutem Weg hinauf zur Bergstation der Gondelbahn. Von hier bringt uns ein gut ausgebauter Weg zum Gipfelkreuz auf dem Neunerköpfle. Wir genießen ein wirklich tolles Panorama. Nicht umsonst wird schließlich das Tannheimer Tal auch als »schönstes Hochtal Europas« bezeichnet: Herrlich grün breitet es sich unter uns aus, und auf der gegenüberliegenden Talseite erheben sich die Felsgipfel von Gimpel, Roter Flüh und Köllenspitze. Ein wahrhaft eindrucksvoller Anblick!

Drei-Seen-Tour

Wer fit ist, kann von der Bergstation in Richtung Sulzspitze wandern. Den Gipfel passieren wir und gehen hinüber zur Schochenspitze. Anschließend steigen wir hinunter zur Landsberger Hütte, wo wir übernachten und am nächsten Tag über den Oberen Traualpsee zum Vilsalpsee absteigen. Diese Tour übersteigt dann allerdings schon den Anspruch für einen Wandermuffel (4.30 Std./300 Hm Ab- und 930 Hm Aufstieg/10,5 km).

Auf dem Neunerköpfle

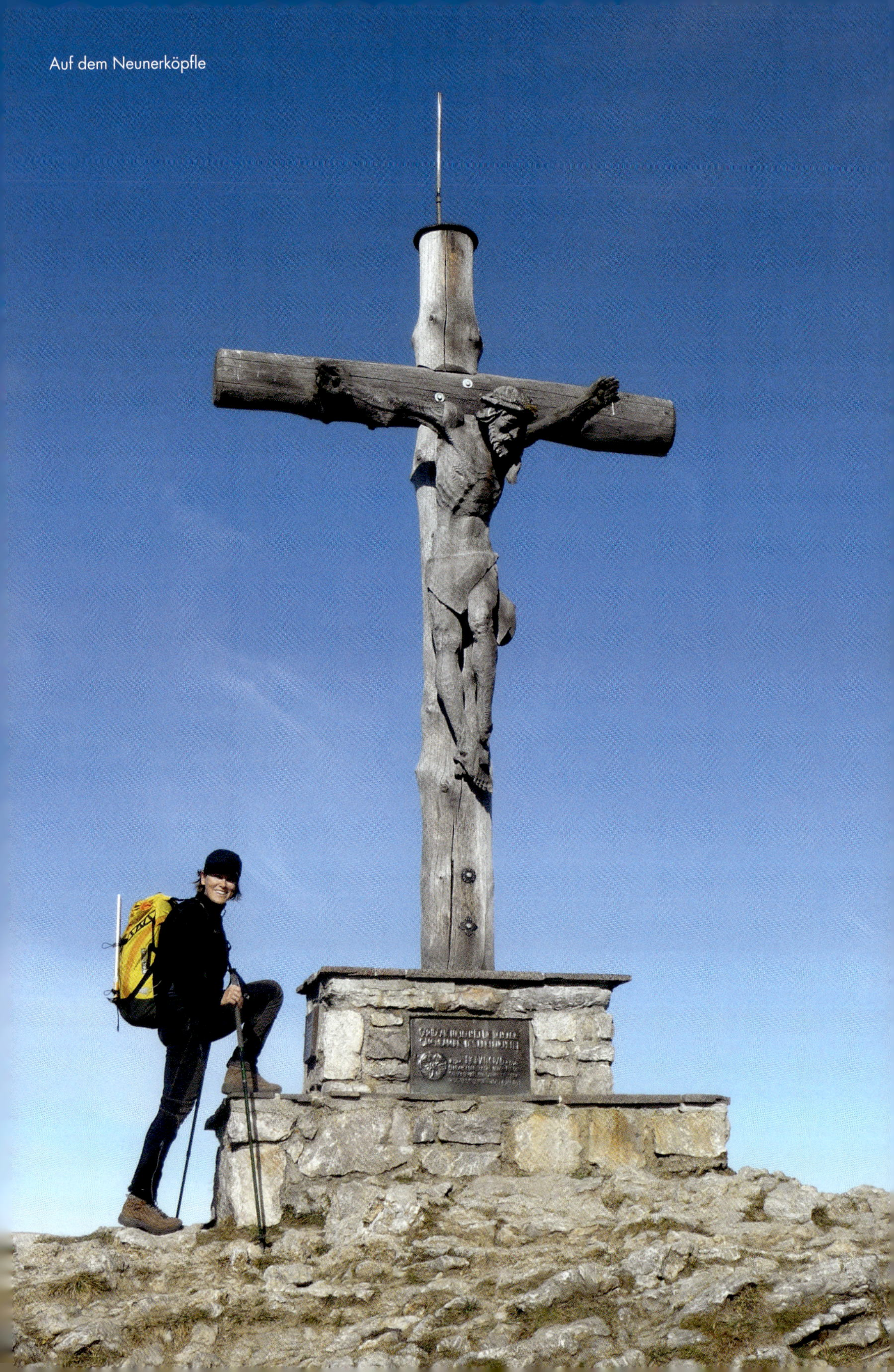

Rückweg über die Usseralpe Nach der Gipfelpause folgen wir dem Wanderweg in südlicher Richtung unter dem Vogelhörnle hindurch in Richtung Usseralpe. Die Almhütte bietet sich ebenfalls für eine schöne Einkehr an – hier lassen wir uns den selbst gebackenen Kuchen schmecken, und auch Butter, Käse, Joghurt und Speck (alles selbst hergestellt) begeistern uns.

Links: Die Gundhütte, links im Hintergrund der Aggenstein

Unten: Wegweiser an der Bergstation

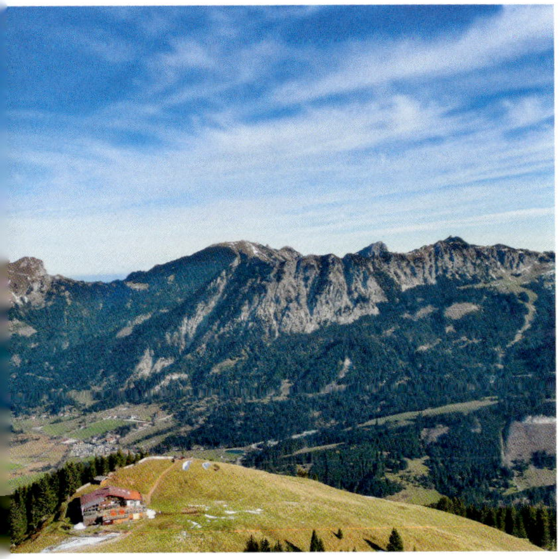

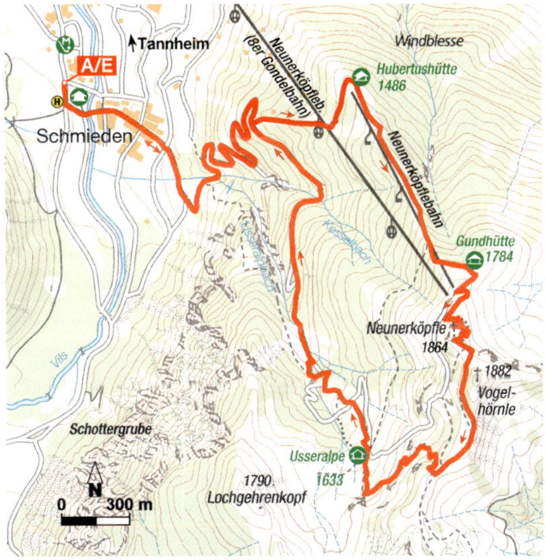

Nach der ausgiebigen Einkehr wandern wir auf dem Fahrweg hinunter in Richtung Schmieden. An einer Wegkreuzung bleiben wir auf dem Fahrweg und überqueren wenig später den Usseralpbach. Der Weg bringt uns zum Kesselbach und weiter zur Wegteilung unterhalb der Hubertushütte. Auf dem vom Aufstieg her schon bekannten Fahrweg wandern wir nun hinunter bis in die Ortsmitte von Schmieden.

Variante für eine kürzere Tour Für eine Verkürzung der Wanderung bietet sich natürlich die Seilbahn von Tannheim zur Bergstation an. Von hier sind es schließlich nur noch wenige Minuten bis zum Gipfel des Neunerköpfles.

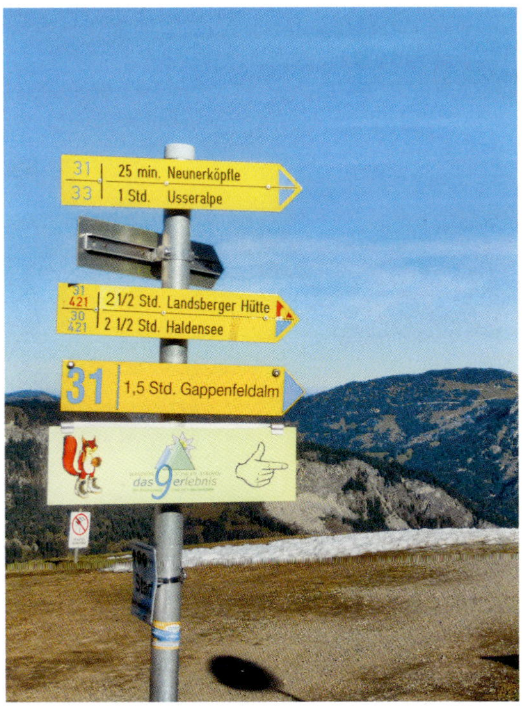

29 Auf die Krinnenspitze

Kurz und steil oder länger und flach?

leicht | 8,4 km | 500 Hm | 3.45 Std.

Tourencharakter
Der Normalanstieg über die Gräner Ödenalpe ist einfach. Am Gamsbocksteig felsige, mit Drahtseilen versicherte Passagen

Ausgangs-/Endpunkt
Nesselwängle, Bergstation des Krinnenlifts

GPS-Daten
47.479518, 10.591617

Anfahrt
Bahn & Bus: Von München mit dem Zug nach Reutte und weiter mit dem Bus nach Nesselwängle
Auto: A7 bis Ausfahrt Oy-Mittelberg und weiter über Wertach oder Pfronten ins Tannheimer Tal

Einkehr
Nesselwängler Edenalpe, Gräner Ödenalpe

Karte
Kompass-Wanderkarte 1:50000, Nr. 4 Füssen/Außerfern

Information
www.tannheimertal.com

Die Krinnenspitze über Nesselwängle bietet schaurig-schöne Ausblicke auf die Kletterwände von Roter Flüh und Hochwiesler. Es gibt zwei Wege auf den Gipfel: den kurzen, aber teilweise versicherten Gamsbocksteig und den gemütlicheren Weg über die Gräner Ödenalpe, den wir hier vorstellen.

Über die Gräner Ödenalpe Zuerst schweben wir gemütlich mit dem Krinnenlift von Nesselwängle hinauf zur Bergstation. Für den gemütlicheren Anstieg folgen wir dem Wegweiser in Richtung Nesselwängler Edenalpe. Der aussichtsreiche Alpenrosensteig bringt uns zu einer breiten Schotterstraße, auf der wir zur Nesselwängler Edenalpe spazieren. Auf der Straße wandern wir nun weiter in Richtung Gräner Ödenalpe. Auf den letzten Metern zur Alpe können wir die Schotterstraße auf einem Steig

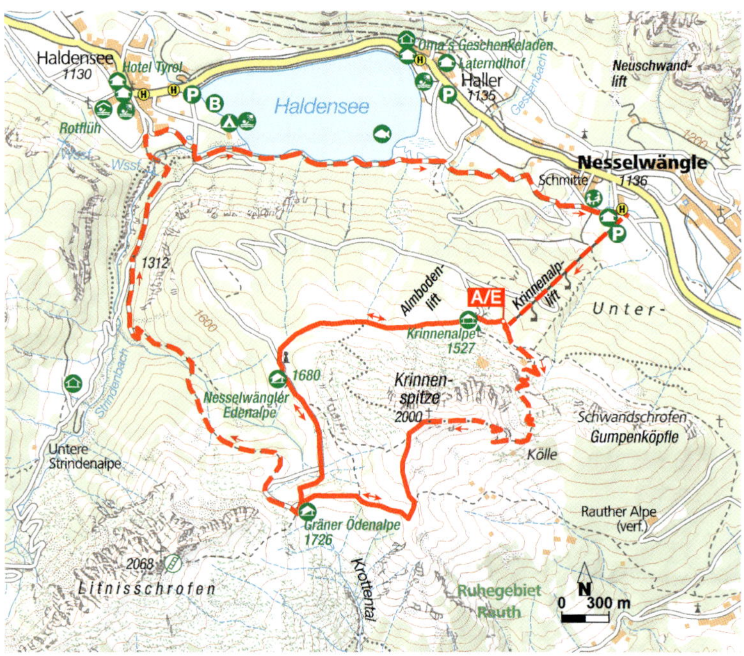

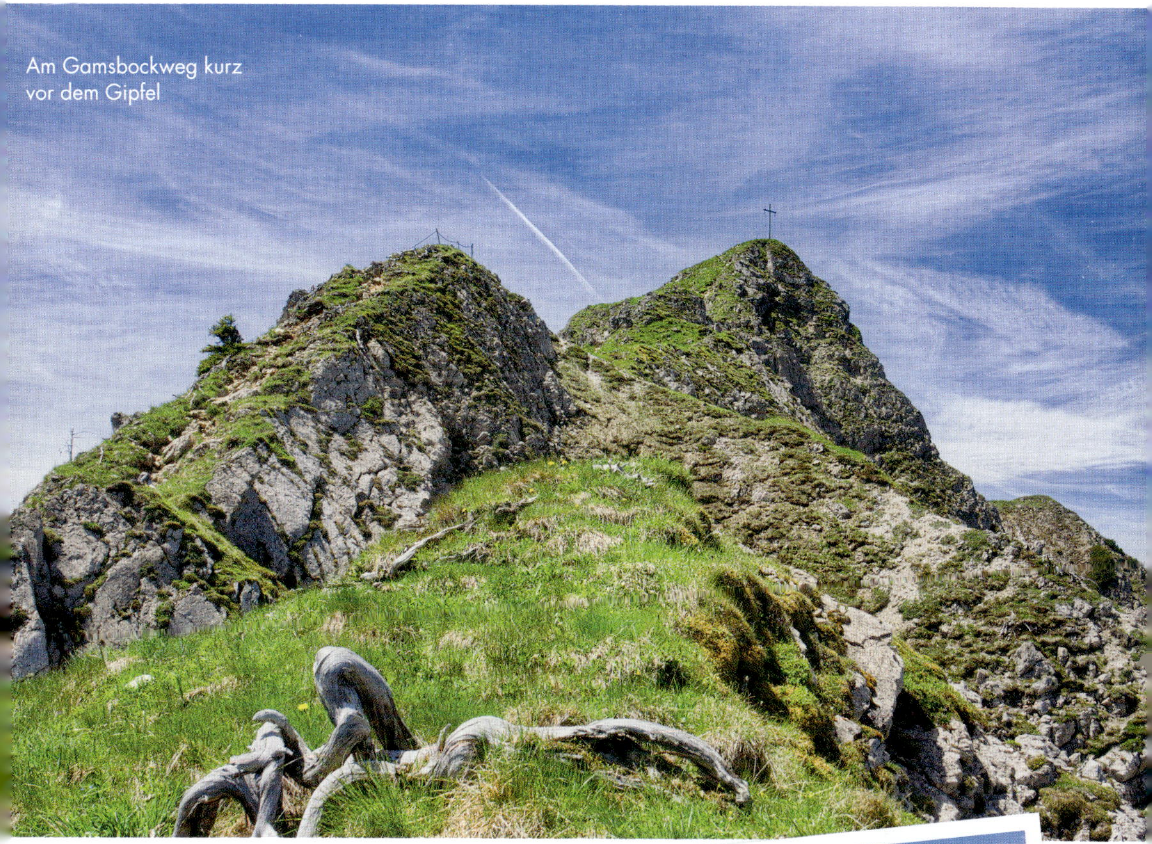

Am Gamsbockweg kurz vor dem Gipfel

abkürzen. Hier vom Sattel, in dem die Alm steht, bietet sich ein wunderbarer Ausblick nach Süden. Von der Alpe wenden wir uns nach links und steigen über den breiten Wiesenrücken hinauf zum aussichtsreichen Gipfel der Krinnenspitze.

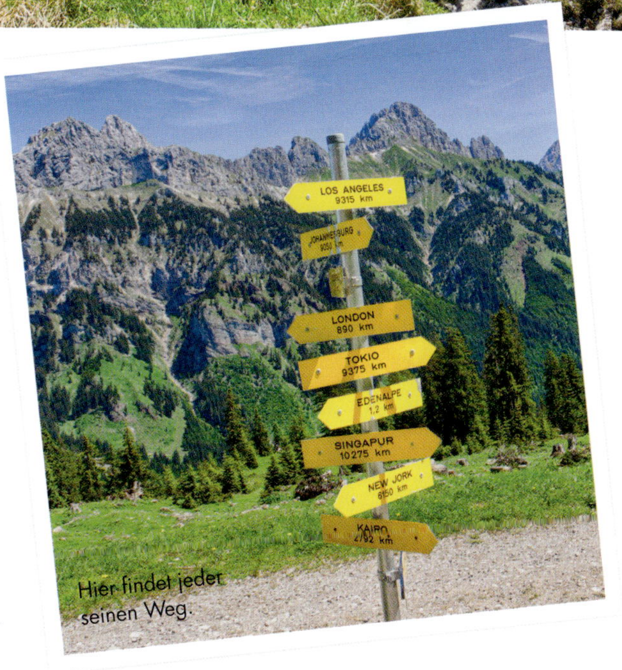

Hier findet jeder seinen Weg.

Abstieg Egal wie man zur Krinnenspitze aufgestiegen ist: Idealerweise wandert man über den Südhang wieder hinunter zur Gräner Ödenalpe und weiter über die Nesselwängler Edenalpe (beide Almen bieten sich für eine Einkehr an) und den Alpenrosensteig zurück zur Bergstation des Krinnenlifts.

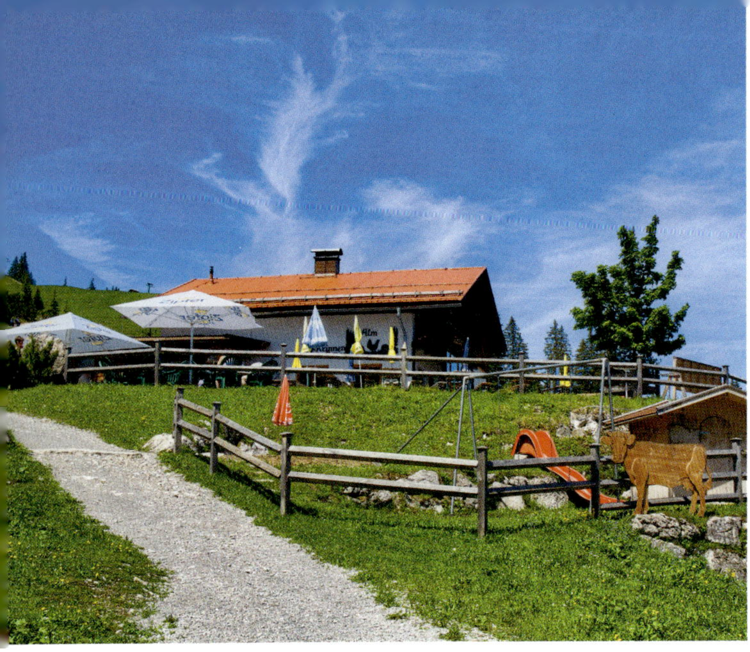

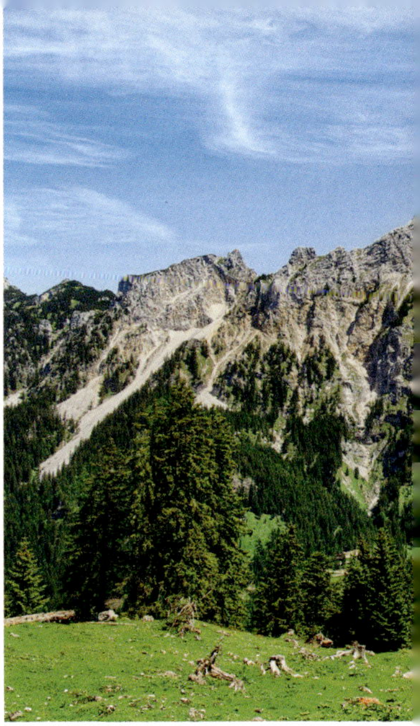

An der Krinnenalpe

Variante: Gamsbocksteig
(2 Std./480 Hm/1,7 km – nur Aufstieg)

Nach der Auffahrt mit dem Sessellift zur Bergstation oberhalb von Nesselwängle gehen wir auf einem breiten Weg nach links. Bald schon zweigt nach rechts der Gamsbocksteig ab. Der schmale Wanderweg schlängelt sich an einem Lift vorbei in einigen Kehren durch Latschen steil bergauf zum Kamm östlich der Krinnenspitze. Hier bewundern wir den herrlichen Blick nach Süden zu den Lechtaler Alpen. Wir wenden uns nach rechts und steigen steil über den Rücken bergauf. Der Weg führt nun über die aussichtsreiche Südflanke der Krinnenspitze hoch zum Ostgrat. Das Gipfelkreuz ist bereits sichtbar. Bis wir die Aussicht vom Kreuz genießen können, müssen wir allerdings noch die felsigen und etwas ausgesetzten Passagen am Ostgrat überwinden. Einige Drahtseile und Ketten helfen über die schwierigsten Stellen hinweg, sodass wir bald das fantastische Panorama vom Gipfel der Krinnenspitze bestaunen können. Neben dem großartigen Ausblick auf Rote Flüh und Hochwiesler begeistert uns vor allem der Tiefblick auf den blauen Haldensee im Tannheimer Tal.

Rund um den Haldensee

Auf einer wunderschönen Runde können wir den idyllisch im Tannheimer Tal liegenden Haldensee umrunden (Ausgangspunkt in Haller; 1.30 Std., ca. 5 km). Gerade an warmen Sommertagen bietet sich dann noch das Strandbad für eine Abkühlung an.

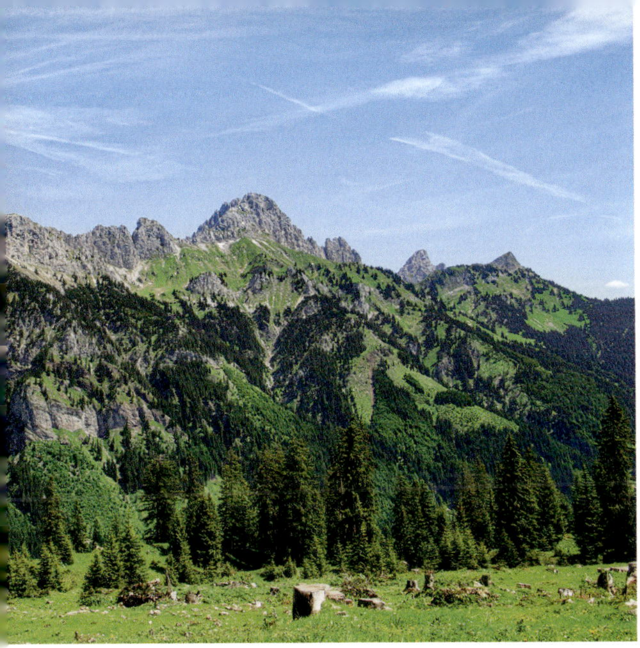

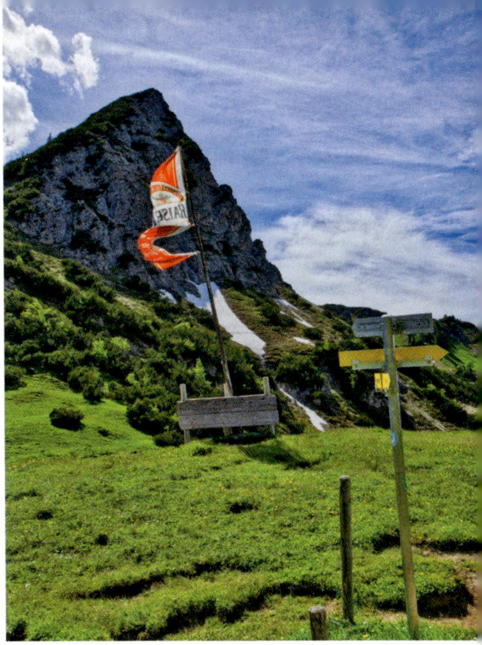

Aber auch nach Süden zu den Lechtaler Alpen hin ist die Sicht sensationell, ebenso zur davorstehenden Leilachspitze und zum Litnisschrofen daneben. Für eine Rast lassen wir uns am besten auf einer der Wiesenflächen am Gipfel nieder.

An der Gräner Ödenalpe

Links: Blick zu den Tannheimer Kletterbergen

Variante: Abstieg ins Tal

(2.45 Std./640 Hm Abstieg/6,7 km)

Anstatt mit dem Sessellift können wir auch zu Fuß zurück nach Nesselwängle wandern. Von der Gräner Ödenalpe gehen wir auf der Forststraße kurz ein Stück Richtung Nesselwängler Edenalpe und zweigen dann bald links auf einen Steig ab. Auf diesem Weg spazieren wir über aussichtsreiche Almwiesen mit lockerem Baumbestand bergab zu einem Bach, den wir auf einer Brücke überqueren. Anschließend stehen wir an einer Wegverzweigung; hier kommt von rechts ein Wanderweg von der Nesselwängler Edenalpe herab. Wir gehen nach links und wandern zu einer Materialseilbahn und zu einem etwas breiteren Weg hinunter. Weiter abwärts gelangen wir zu einem Forstweg oberhalb des Strindenbachtobels. Diesem Weg folgen wir talauswärts in Richtung Haldensee. Kurz vor seinem Ende halten wir uns links und wandern durch eine steilere Waldpassage zum Ausgang des Tobels, wo sich ein beeindruckender Blick auf den Wasserfall bietet. Anschließend kommen wir zum Weg nach Haldensee, halten uns hier rechts und spazieren am Südufer des Sees entlang zurück zur Talstation des Krinnenlifts.

30 Abstieg vom Tegelberg

Gemütliche Runde zum Schloss Neuschwanstein

leicht | 15,6 km | ↑160 Hm ↓1040 Hm | 5 Std.

Tourencharakter
Schmale, aber einfache Wanderwege

Ausgangspunkt
Bergstation der Tegelbergbahn

GPS-Daten
47.559245, 10.778071

Endpunkt
Talstation der Tegelbergbahn bei Schwangau

GPS-Daten
47.567695, 10.755955

Anfahrt
Bahn & Bus: Mit dem Zug nach Füssen und mit dem Bus nach Schwangau
Auto: Über die A7 bis Ausfahrt Füssen, dann nach Schwangau

Einkehr
Tegelberghaus, Berggasthaus Bleckenau

Karte
Kompass-Wanderkarte 1:50000, Nr. 4 Füssen/Außerfern

Information
www.schwangau.de

Am Gipfel des Tegelbergs erwartet uns ein großartiges Panorama: Weit reicht der Blick ins Alpenvorland. Aussichtsreich ist auch der Übergang in die Bleckenau. Nach dem etwas eintönigen Abstieg auf der Forststraße kommen wir zu einem weiteren Highlight: Schloss Neuschwanstein mit der eindrucksvollen Pöllatschlucht.

Zur Jägerhütte Nach Auffahrt mit der Seilbahn zum Tegelberg genießen wir erst einmal die großartige Aussicht auf das Alpenvorland. Hier lohnt sich auch ein kurzer, etwas ausgesetzter Abstecher zum Branderschrofen. Aber Achtung: Der Gipfel verlangt etwas Schwindelfreiheit! Anschließend wandern wir auf dem Naturlehrpfad »Ahornreitweg« durch die Südhänge des Branderschrofens in den Sattel vor der Ahornspitze. Von hier steigen wir nicht direkt hinab in die Bleckenau, sondern spazie-

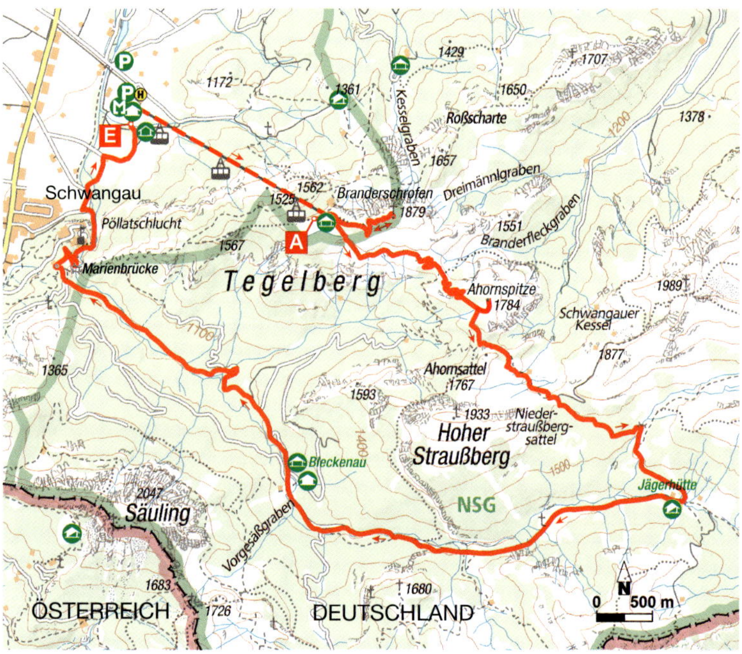

ren weiter in Richtung Ahornsattel. Zwischendurch besuchen wir mit einem kurzen und lohnenswerten Abstecher den Gipfel der Ahornspitze. Vom Ahornsattel könnten wir wiederum direkt in die Bleckenau absteigen, aber nehmen den geradeaus weiterführenden Weg zum Niederstraußbergsattel und wandern hinunter zur schön gelegenen Jägerhütte, die im Sommer einfach bewirtschaftet ist.

Bleckenau und Schwangau Über die breite Forststraße spazieren wir nun entlang der Pöllat bis in die Bleckenau mit dem bewirtschafteten Gasthof, in dem wir gern einkehren. Später folgen wir der Fahrstraße entlang der Pöllat in Richtung Schwangau. Dann erblicken wir rechts die Marienbrücke mit dem Schloss Neuschwanstein und erreichen wenig später die breiten Wanderwege im Umfeld des Schlosses. Wir gehen hinauf zur Marienbrücke und genießen den wohl spektakulärsten Blick auf das Schloss des bayerischen Märchenkönigs Ludwig II. Von der Brücke spazieren wir weiter in Richtung Schloss, biegen davor rechts ab und wandern durch die eindrucksvolle Pöllatschlucht weiter in Richtung Schwangau. Die Schlucht war jahrelang wegen Steinschlaggefahr gesperrt, ist inzwischen aber wieder geöffnet und bietet einen sensationellen Abstieg vom Schloss. Wer möchte, kann natürlich vorher das Schloss besichtigen. Nach der Schlucht folgen wir den Wegweisern durch Waldstücke und über freie Wiesen zur Talstation der Tegelbergbahn bei Schwangau. Wem die Forststraße zu lang ist, der kann von der Bleckenau auch mit dem Bus zurück nach Schwangau fahren.

Prächtiger Blick aufs Allgäuer Seenland

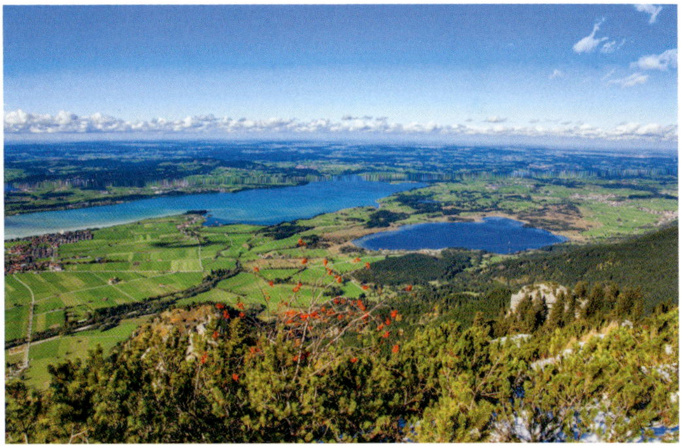

Alpsee

Unterhalb des Schlosses Neuschwanstein liegt der Alpsee. Dieser schöne Gebirgssee kann auf einem einfachen Wanderweg umrundet werden. An seinem Südufer befindet sich ein Strandbad, wo wir uns an heißen Sommertagen abkühlen können. Die Szenerie des Sees mit den Königsschlössern und den großartigen Bergen, die sich darüber erheben, ist einfach sensationell schön.

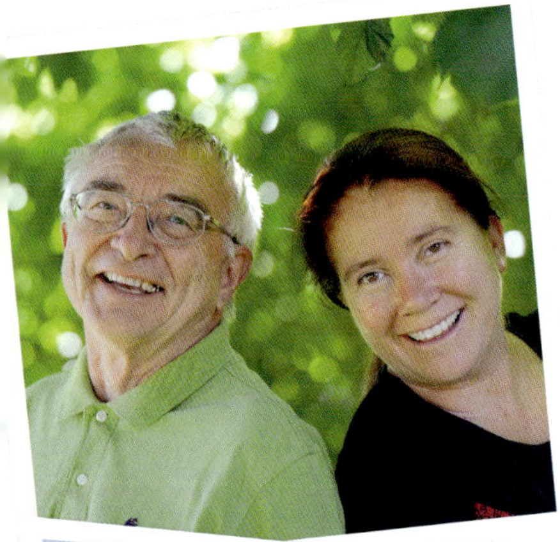

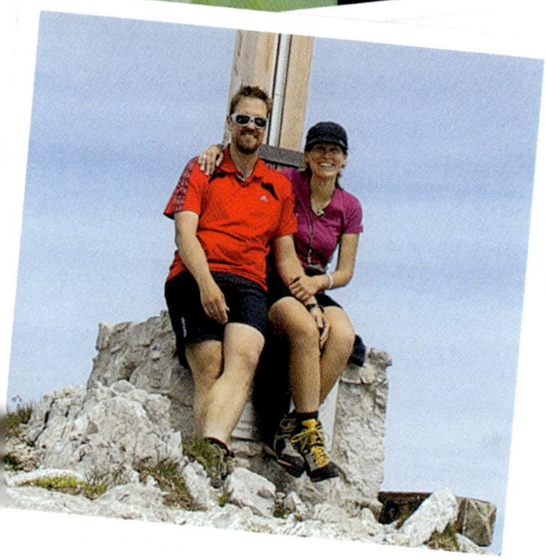

Zugabe

***Im Allgäu** bleibt wohl keiner lange ein Wandermuffel, die herrliche Landschaft weckt einfach alle Lebensgeister. Dabei erwartet uns nicht nur ein Rendezvous mit der fantastischen Natur – urige Alpen, bunte Bergwiesen, kulinarische Gaumenfreuden mit Allgäuer Spezialitäten (allen voran feinster Käse), das eine oder andere kulturelle Highlight und jede Menge Aussichtpunkte zaubern selbst dem eingefleischtesten Wandermuffel ein breites Grinsen ins Gesicht.*

***Woher wir das wissen?** Auch wenn wir eher das Gegenteil von Wandermuffeln sind – denn wir wandern das ganze Jahr über mit großer Leidenschaft, um neue Touren zu erkunden –, gibt es auch bei uns diese Tage, an denen wir einfach nicht lange unterwegs sein wollen.*

***Ja, auch wir** sind manchmal wanderfaul und können uns kaum aufraffen. Gut, dass es dann kurze, einfache Wege gibt, die uns locker, schnell und bequem in die herrliche Allgäuer Bergwelt entführen. Probiert es einfach mal aus!*

***Wir freuen uns** auf die netten Begegnungen mit einem freundlichen »Griaß Eich« im Allgäu!*

Register

In gleicher Reihe erschienen ...

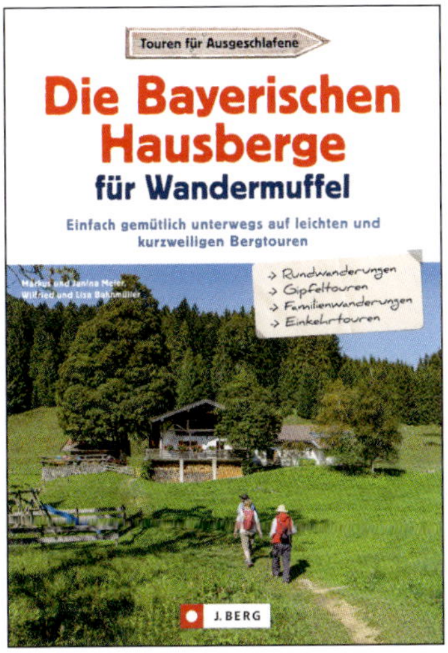

ISBN 978-3-86246-608-5

Wandermuffel aufgepasst! 30 kurze und erlebnisreiche Touren in den bayerischen Hausbergen für alle, die entspannt Bergluft schnuppern wollen.

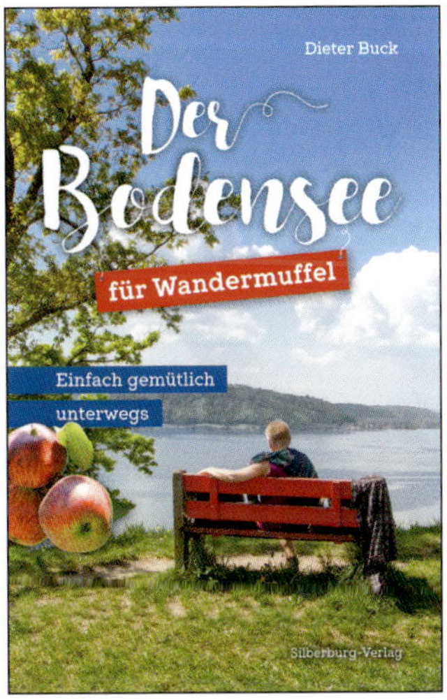

ISBN 978-3-8425-2050-9

Auf diesen 30 Routen lässt sich die deutsche Bodensee-Region ganz entspannt erkunden – und es sind trotzdem keine Spaziergänge.

J. BERG

www.j-berg-verlag.de

Impressum

Verantwortlich: Sabine Klingan
Redaktion und Lektorat: Anette Späth
Layout: Eva-Maria Klaffenböck
Repro: Cromika
Kartografie: Bruckmann Verlag GmbH, Heidi Schmalfuß
Herstellung: Barbara Uhlig
Printed in Slovenia by Florjancic

★★★★★

Sind Sie mit diesem Titel zufrieden? Dann würden wir uns über Ihre Weiterempfehlung freuen. Erzählen Sie es im Freundeskreis, berichten Sie Ihrem Buchhändler, oder bewerten Sie bei Onlinekauf. Und wenn Sie Kritik, Korrekturen, Aktualisierungen haben, freuen wir uns über Ihre Nachricht an Bruckmann Verlag, Postfach 40 02 09, D-80702 München oder per E-Mail an lektorat@verlagshaus.de.

Unser komplettes Programm finden Sie unter www.j-berg-verlag.de

Alle Angaben dieses Werkes wurden von den Autoren sorgfältig recherchiert und auf den neuesten Stand gebracht sowie vom Verlag geprüft. Für die Richtigkeit der Angaben kann jedoch keine Haftung übernommen werden, weshalb die Nutzung auf eigene Gefahr erfolgt. Insbesondere bei GPS-Daten können Abweichungen nicht ausgeschlossen werden. Sollte dieses Werk Links auf Webseiten Dritter enthalten, so machen wir uns die Inhalte nicht zu eigen und übernehmen für die Inhalte keine Haftung.

In diesem Buch wird aus Gründen der besseren Lesbarkeit das generische Maskulinum verwendet. Weibliche und anderweitige Geschlechteridentitäten sind dabei ausdrücklich mitgemeint, soweit es für die Aussage erforderlich ist.

Empfehlung der Redaktion
Sie sind auf der Suche nach weiterführender Literatur? Dann empfehlen wir Ihnen den Titel »Leichte Wanderungen im Allgäu« von Lars und Annette Freudenthal. Oder Sie werfen einen Blick in die Zeitschrift »BERGSTEIGER«. Hier werden Sie bestimmt fündig.

Bildnachweis: Alle Aufnahmen im Innenteil stammen von den Autoren.
Umschlagvorderseite: Tegelberg (Tour 30)
Umschlagrückseite: Gaisalpsee mit Rubihorn (Tour 18)

Die Deutsche Nationalbibliothek verzeichnet diese Publikation in der Deutschen Nationalbibliografie; detaillierte bibliografische Daten sind im Internet über http://dnb.d-nb.de abrufbar.

Infanteriestraße 11a
80797 München

ISBN 978-3-86246-682-5